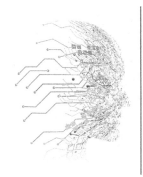

智能制造系列丛书

智能工厂从这里开始
——智能工厂从
设计到运行

主　编　李俊杰

副主编　李仲涛　武　凯

参　编　赵华江　魏　照　谭　丰

　　　　李纪园　张严林

机械工业出版社

本书是作者智能工厂建设运营实践的经验总结。书中结合流程工业智能工厂的实际案例，分6章从智能工厂的由来、智能工厂的模样，到智能工厂的规划建设、数字化设计、强基固本，以及智能工厂的应用案例，深入浅出地讲解了智能工厂从设计到运行的全过程，展示了智能工厂建设的关键要素和本质，提供了智能工厂建设过程中的诸多注意事项。

本书兼具系统性、全面性、实用性，可供智能工厂建设运行人员、企业管理人员、相关领域工程技术人员使用，也可供高等院校相关专业师生参考。

图书在版编目（CIP）数据

智能工厂从这里开始：智能工厂从设计到运行/李俊杰主编；李仲涛，武凯副主编. —北京：机械工业出版社，2022.6（2024.7重印）

（智能制造系列丛书）

ISBN 978-7-111-70829-2

Ⅰ.①智…　Ⅱ.①李…　②李…　③武…　Ⅲ.①智能制造系统-制造工业-研究　Ⅳ.①F407.4

中国版本图书馆 CIP 数据核字（2022）第 087345 号

机械工业出版社（北京市百万庄大街 22 号　邮政编码 100037）

策划编辑：孔　劲　　　　责任编辑：孔　劲　何　洋

责任校对：张　征　贾立萍　封面设计：马精明

责任印制：李　昂

北京捷迅佳彩印刷有限公司印刷

2024 年 7 月第 1 版第 3 次印刷

184mm×260mm·15.5 印张·353 千字

标准书号：ISBN 978-7-111-70829-2

定价：89.00 元

电话服务　　　　　　　　　　网络服务

客服电话：010- 88361066　　机　工　官　网：www.cmpbook.com

　　　　　010- 88379833　　机　工　官　博：weibo.com/cmp1952

　　　　　010- 68326294　　金　书　网：www.golden-book.com

封底无防伪标均为盗版　　机工教育服务网：www.cmpedu.com

序

　　智能制造的时代正大步向我们走来。党的十九大报告指出，加快建设制造强国，加快发展先进制造业，推动互联网、大数据、人工智能和实体经济深度融合。国家"十四五"规划纲要提出，深入实施制造强国战略，坚持自主可控、安全高效，推进产业基础高级化、产业链现代化，保持制造业比重基本稳定，增强制造业竞争优势，推动制造业高质量发展。随着以5G、大数据、云计算、人工智能、工业互联网等为代表的新兴信息技术与制造业的不断深度融合，智能工厂已经成为制造业向现代化工业发展的必然趋势。如何通过数字化、智能化转型建设智能工厂，增强竞争力、创新力、控制力和抗风险能力，已经成为企业在危机中育新机、在变局中开新局的战略性支点。

　　石油和化学工业是我国工业经济的基础原材料产业和战略性新兴过程产业。2020年9月第十一届中国国际石油化工大会上，中国石油和化学工业联合会会长李寿生表示，我国已成为世界石油和化工大国，占据全球市场份额的40%。从"十三五"规划开始，我国就提出了由石油和化工大国向强国跨越的宏伟目标，而实现跨越的一个重要标志，就是产业发展的质量和效率走在世界的最前列。质量和效率的提升，是一个艰巨的系统工程，也是一次扎实的管理飞跃，必须大力实施智能制造，才能实现产业的升级。石油和化学工业具有鲜明的系统性、复杂性、集成性和协同性，这些特征正是智能工厂的强项，也是培育智能工厂的肥田沃土。石油和化学工业同智能制造的有机融合，可以说是为石油和化学工业插上了腾飞的翅膀，也可以说是为石油和化学工业找到了新时代高质量发展的全新引擎。石油和化学工业应该主动、热情地拥抱智能制造时代！智能工厂的"扬帆远航"，将为我国石油和化学工业的发展带来令人难以想象的巨大变化和令人惊叹的崭新成果。

以李俊杰为首的编写团队经过多年的实践磨炼,对智能工厂的建设运营形成了独特的见解,提出了一套有效解决企业难点、痛点、堵点问题的方法理论。他们已成功打造了两个国家级流程行业智能制造试点示范项目,为企业创造了价值,为行业树立了标杆,为流程工业的数字化转型留下了浓墨重彩的一笔。编者的一个显著优势,就是既有信息技术专业的扎实底蕴,又有石油化工生产的丰富实践,他们对信息专业技术和石油化工产业的融合有着深刻的理解、超前的思考和务实的谋划。

编者将多年积累的智能工厂的建设运行实践经验加以总结凝练,编写了《智能工厂从这里开始——智能工厂从设计到运行》一书。全书既具有系统性、全面性,又突出了实用性,从智能工厂建设者和运营者的角度阐述了对智能工厂的理解和认识,并结合实际案例,深入浅出、图文并茂地对流程化工智能工厂的实际情况进行了细致的讲解,力求让读者能够全面理解智能工厂从设计到运营的全过程,了解智能工厂建设的关键要素和本质。编者深知全面推进数字化转型、努力建设智能工厂是促进企业高质量发展的根本,也是打造制造强国、实现中国产业升级、发展方式转变的新路径,期望该书能够对相关领域工程技术人员、广大从业人员、在校学生认识智能工厂有一定的指导作用和参考价值。

该书是复合型人才关于跨界技术应用的务实之作,它逻辑清晰、重点突出、思路开阔、操作性强,不仅有理论、有数据、有设计,还有实践、有案例,对我国正在由石油和化工大国向强国跨越的关键时期来讲,是难得的恰逢其时的好书。我愿意把该书推荐给有志于在数字化、智能化发展中勇立潮头的各位企业领导和专业人员,相信你们学一学、翻一翻该书,一定会得到不少灵感和启发。

当写到这篇序的结尾时,我脑海中不由自主地想到了高尔基的《海燕》中那优美的散文诗句:

"在苍茫的大海上,狂风卷集着乌云。在乌云和大海之间,海燕像黑色的闪电,在高傲地飞翔。

一会儿翅膀碰着浪花,一会儿箭一般地直冲向乌云,它叫喊着,——就在这鸟儿勇敢的叫喊声里,乌云听出了欢乐。

在这叫喊声里——充满着对暴风雨的渴望!在这叫喊声里,乌云听出了愤怒的力量、热情的火焰和胜利的信心。

……

这是勇敢的海燕,在怒吼的大海上,在闪电中间,高傲地飞翔;这是胜利的预言家在叫喊:

——让暴风雨来得更猛烈些吧!"

面对智能制造时代的来临,多么希望有更多搏击暴风雨的精灵的呼喊和行动啊!

李寿生

前言

当前，以数字经济为特征的新历史阶段已拉开大幕，它正成为经济发展的驱动力量。随着大数据、云计算、人工智能等新兴技术为产业、企业赋能的程度不断加深，数字化转型已经成为企业实现高质量发展的必由之路。作为数字化转型工作的积极倡导者和推动者，在国家创新驱动发展战略思想的指引下，在精耕领域、聚焦前沿的同时，编者深切感受到加快数字化发展，助推产业数字化、数字产业化，建设数字中国的重任在肩；深刻认识到应时刻把握住数字化转型的历史发展机遇，充分发挥数字化、智能化有力支撑管理体系和管理能力现代化的重要作用。助推科技强国和制造业强国蓬勃发展的责任与心愿，旦夕萦绕在心，夙夜未敢忘怀，也是编者编纂本书的初衷与最终付诸出版的动力所在。

桃李不言，下自成蹊。一代人有一代人的使命，一代人有一代人的担当。面对中华民族伟大复兴与第四次工业革命的历史交汇，为驱动基础研究、拉动应用创新、助力推动行业乃至国家数字化转型工作，编者立足于化工企业，综合运用5G、大数据、云计算、人工智能等新一代数字技术为业务赋能，倾力打造新一代信息技术与工业深度融合的关键基础设施和新型应用模式，促进人、机、物全面互联，努力实现全要素、全产业链、全价值链的全面连接，建成了适合企业高质量发展的智能工厂模型，有效提升了企业综合竞争实力，推动了生产与组织模式的智能化变革，实现了价值提升，为管理理念、管理体制、管理方式的转型变革提供了有效支撑。由此沉淀下来的技术、工具、案例、场景以及大量的实践经验等，将在本书中一一呈现，助力企业在数字化时代乘风破浪、有所作为。

授人以鱼，不如授人以渔。本书主要基于能源化工行业，以智能工厂建设者、运营者、管理者的视角，从智能工厂的由来到规划建设，及至数字化设计等理论基础、要素融合、实际应用、经营管理等，一步步娓娓道来，再结合实际应用案例，对运营中的全流程化工智能工厂进行了全方位的分析和阐释，为读者提供了一幅智能工厂的现状及未来智能工厂发展趋势的"全景"视图，希望能为广大数字人才在全面认识智能工厂的战略高度，培育数字化转型的思维能力、管理能力、领导能力等方面提供帮助，为在校学生提前做好个人职业生涯规划指明方向。

浩渺行无极，扬帆但信风。 党的十八大以来，党和国家多次强调要推动工业化与信息化在更广范围、更深程度、更高水平上实现融合发展；2021年发布的国家"十四五"规划纲要更是将"加快数字化发展　建设数字中国"作为独立篇章，标志着新时代的"数字人"将得到来自国家层面的更多要素支撑、政策支撑、相关设施支撑等，数字化、智能化将成为实现"碳达峰""碳中和"的重要手段。希望这本"引玉之砖"能激励大家共同担起数字化转型发展之责，承担起创新发展之使命，共同推动中华民族伟大复兴的航船乘风破浪、扬帆远航！

凡是过往，皆为序章，以智领航，未来可期。 经数载潜研之酝酿，集以总结并梳理，得成本书。在此，真诚地感谢各界同仁的支持与帮助！期盼我们能一如既往地共同推动中国数字经济的发展，打造数字化、智能化驱动管理提升的新引擎，早日实现制造强国的宏伟目标。

在本书的编写过程中，很多专家做了大量的工作，付出了辛勤劳动，在此表示衷心感谢！由于时间和水平的限制，书中难免存在疏漏之处，敬请批评指正，以便持续改进。

编者

目录

第 1 章
智能工厂的由来

人类从很久以前就能够运用化学加工方法制作一些生活必需品，如制陶、酿造、染色、冶炼、制漆、造纸，以及制造药品、火药和肥皂等。公元前后，出现了炼丹术、炼金术，在研究过程中人们调配出了硫酸、硝酸、盐酸和有机酸，当时生产这类产品的是手工作坊，没有边界，没有精准计量，手工操作，危险性大，属粗放型、高污染、低附加值作业。随着社会和生产技术的发展，手工作坊逐步演变为工厂，并逐渐形成了化学工业。

　　初期的化工厂，如小氮肥厂，需要人工上料，发生炉为常压操作，有的利用污染严重的焦炉气，生产设备"傻大黑粗"、生产工具落后、车间配置简陋，生产过程粉尘弥漫、气味大，噪声刺耳、废液横流。在那个阶段，有很多设备采用带式传动，运行的时候需要人力配合才能转动，异常麻烦，操作过程还非常危险，一不小心传送带就容易把工人的手卷进去。生产现场有许多工人拿着F型扳手手工开启或关闭阀门，有的阀门甚至需要两三个操作人员同时操作，十分费力。有的岗位几乎是纯手工操作，体力劳动繁重，工人一天到晚站着或弯腰干活，导致了很多职业病。操作室工作台上摆放的是机械指针式仪表盘和手动操作器，不仅显示不灵敏，而且很容易操作失误。20世纪70年代，我国化工厂大多采用的生产装置是用气动仪表或电动仪表控制的，控制室采用的是模拟仪表或单回路控制器。模拟仪表装在控制室的仪表盘上，现场仪表送信号到控制室，用模拟仪表盘上的仪表操作。随着过程控制系统的发展，从采用气动仪表、电动仪表、单回路控制器，自动化系统逐渐升级成了分散控制系统（DCS）和可编程逻辑控制器（PLC）系统。

　　随着化学工业的不断进步，化工生产已经从过去落后的手工操作、间断生产转变为高度自动化、连续化生产，生产设备由敞开式变为密闭式，生产装置从小型化走向大型化，操作压力由常压逐渐升级到高压，生产操作由分散控制变为集中控制，并且由人工手动操作变为仪表自动操作，进而又发展为计算机控制，连续化与自动生产成了化工生产大型化的必然趋势。随着自动化系统的革新，工厂里现场的设备传感器和电动、气动执行器代替机械阀门的比例增加了，自动化系统逐渐升级，基本上实现了自动化工厂。操作人员现场的操作越来越少，只需要在固定的工位上进行特定的操作。由于各类需要操作的物料都是自动输送过来的，在生产率大大提高的同时，操作人员的劳动强度也逐渐降低，其主要工作是将指令输入计算机，完成生产任务。

现在，随着物联网、5G、人工智能、云计算、先进传感器等技术的"核聚变"式爆发，各主要工业国家围绕智能制造所制定的"再工业化"战略逐渐兴起，"数据+算力+算法"引领的智能制造带来了工具革命，也带来了决策的革命。海量机器类通信（mMTC）和超可靠时延（URLLC）将分布广泛而零散的人、设备和机器全部连接起来，构建统一的互联网络，并广泛地运用到智能制造的核心场景和技术中。先进传感、监测、控制、过程优化的技术和实践组合，将信息和通信技术与制造环境融合在一起，贯穿设计、生产、管理、服务等制造活动的各个环节，构建出具有信息深度自感知、智慧优化自决策、精准控制自执行等功能的智能制造系统和生产模式。其具有以智能工厂为载体、以关键制造环节智能化为核心、以端到端数据流为基础、以网络互联为支撑等特征，可实现能量、生产率、成本的实时管理。在高度数字化的环境下，基于大量的数据和算法演进，努力探索让正确的数据在正确的时间以正确的方式传递给正确的人和机器，从而以数据的自动流动化解生产制造企业所面临的市场的高度不确定性，已经成为包括芯片、传感器、网络设备等硬件，以及数据库、生产管理软件等在内的复杂系统。设备的数字化、智能化，连接的即时化，都已经在越来越多的行业和企业成为现实。

近年来，关于智能工厂的话题一直是国家、政府、企业和行业专家所关注的热点，有关智能工厂的见解也被大量的媒体进行了重点报道。但是，尚有许多人还并不十分清楚智能工厂是什么样的，以及智能工厂的由来。在"工业 4.0""工业智能化""互联网+"等概念满天飞的环境下，很多企业迷失了方向，不知该如何下手。但也有很多企业通过智能工厂的建设落地，就像插上了一双翅膀，通过对数据的感知和分析，能够更清楚地看到企业生产运营的各个方面，能够让工厂的运行更加安全、高效、平稳，让企业更高效、更自信地做出业务决策。那么，现在的工厂正在发生什么变化？就让我们先从智能工厂的由来谈起吧。

1.1　技术发展推动智能工厂的诞生

首先宏观地看一看，人类历史上真正的快速发展是在 20 世纪 60 年代之后，因为计算机的发明让人们的信息处理能力和认识世界的速度大幅度提升。这就带来了很多改变，技术已经成为一种独立的力量，比人类自身的发展要快得多。凯文·凯利（Kevin Kelly）甚至认为科技已经是一种新的生命形式，它在自己独立行进，已经让人类跟不上步伐。从第一次工业革命机械化、第二次工业革命电气化、第三次工业革命自动化到第四次工业革命智能化，技术的发展不断推动社会的进步。以物联网、大数据、机器人及人工智能等技术为驱动力的第四次工业革命正以前所未有的态势席卷全球。第四次工业革命是继蒸汽技术革命、电力技术革命和信息技术革命后的又一次使人类社会经济生活大为改观的大事件。这场技术革命的核心是网络化、信息化与智能化的深度融合，它在提高生产力水平、丰富物质供给的同时，也会重塑人力与机器力结合的劳动形式和要求。那么，在当今技术背景下，如果仍然采用之前的技术进行企业生产运营，就很难在与其他企业的竞争中取得优势，甚至有可能会被淘汰。所以，必须依托数字化、网络化、智能化等理念对企业的生产、管理、运营进行改造，采用先进的技术提升企业核心竞争力，这样才能使企业在未来的发展中立于不败之地。

此外，已经被证明成熟的有效技术，如集成制造、网络化制造、虚拟制造、协同制造，以及新技术，如云计算、物联网、5G、大数据等的发展和应用，使企业打造智能工厂成为可能，并使智能工厂的发展成为一种必然趋势。技术已经作为独立的力量引领着我们，在数字化时代，只有充分发挥数字技术的引领作用，才能产生最大价值。在智能工厂的建设过程中，谁能更好地通过智能工厂建设成功转型，谁能更好地在市场竞争中抢占先机，谁就能更好地生存下去。

1.2 数字经济发展促使智能工厂快速发展

2021 年中国信息通信研究院发布的《中国数字经济发展白皮书》显示，我国数字经济规模不断扩张、贡献不断增强，2020 年我国数字经济规模达到 39.2 万亿元，占 GDP 比重达到 38.6%，数字经济增速比 GDP 增速要快两倍多（见图 1-1）。

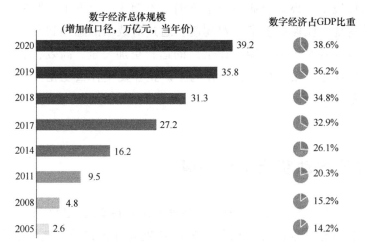

图 1-1 我国数字经济总体规模及占 GDP 比重情况

2008 年全球市值前十位的企业其产品都是实物的，到了 2018 年，全球前十位的企业多半来自信息技术行业，它们利用数字技术向顾客提供产品及服务。Facebook 全球 2020 年月活跃用户达 24.5 亿人，约占世界人口的 1/3。财报显示，2020 年 Facebook 全年营收为 859.65 亿美元，较 2019 年的 706.97 亿美元增长 22%，其中广告营收为 841.69 亿美元，较 2019 年的 696.55 亿美元增长 21%，其他业务营收为 17.96 亿美元，较 2019 年的 10.42 亿美元增长 72%。作为抖音的海外版，TikTok 成为具有全球影响力的社交软件。西方媒体估算，TikTok 已被下载 20 亿次，2020 年 TikTok 的下载量达到了惊人的 8.5 亿次，2020 年第一季度成为全球下载量最大的 APP，其中 16~24 岁青少年占比 41%。

全球最具竞争力的企业都在利用数字技术实现高质量发展，出行（Uber、滴滴）、社交（Facebook、腾讯）、搜索（Google、百度）、零售（阿里巴巴、Amazon、eBay、京东）、娱乐（Netflix、YouTube、头条）、电子产品（Apple、华为、三星、小米）等，都变成企业用来获利的途径。全球主要经济体都在推动数字经济，新一轮科技和产业革命正在兴起，制造业发展态势和竞争格局面临重大调整。环顾全球，世界各国都已将智能制造作为未来工业发展的重点，试图赢得制造业竞争新优势。德国工业 4.0 发挥其传统制造业优势，借助工业互联网平台实现价值从业务需求到设备资产的纵向延伸；英国要强化战略引领作用，打造数字化强国；美国聚焦前沿高端制造业引领全球数字化转型浪潮；日本以技术创新和"互联工业"为突破口建设超智能社会；我国政府大力推动数字经济的发展，把数字化经济、人工智能和大数据作为国家的发展战略，深化信息通信技术与制造业融合，推动中国制造实现由大变强的历史性跨越。这是我国首次把数字化发展上升到国家战略的高度，自上而下以国家政策的形式提出转型升级的要求。在这一背景下，在数字经济蓬勃发展的过程中，企业通过数字化转型打造智能工厂就成为势不可挡的趋势。

1.3 "存量时代"使得智能工厂建设成为企业必经之路

全球经济一体化导致企业的经营环境更加复杂，产业格局发生深刻变化。当前化工产业面临产能过剩、资源环境约束、成本上升等矛盾和问题，将长期影响产业的发展，而通过智能工厂建设改造传统产业是解决产业突出矛盾和问题的必经之路。

全球经济已经从原来的增量发展阶段进入了存量竞争阶段。在过去的增量发展阶段，主要利用人口、资金、土地和能源资源等要素投入增长，实现经济的长期发展。所以蛋糕能做大，大家重点考虑的是如何把蛋糕继续做大和分享、分配的机制。但在存量竞争阶段，面临劳动力、土地、能源等资源低速增长，以及碳排放、能源消耗总量受国际承诺的限制，过去以劳动力、土地、自然资源等增量推动经济发展的时代已经结束，我们进入了真正意义上的存量时代。全球市场竞争将更加激烈，总体表现出来的就是经济萧条、需求不足，为了刺激经济的发展，各国往往采用一些新的政策，比如继续扩大投资，这就会导致产能的进一步过剩，而这种过剩又会导致经济进入恶性循环。所以，在存量发展时代，如果我们找不到新的出路，这种争端就会日益加剧。

从环境资源方面看，由于全球的工业发展对资源能源的需求是巨量的，所以从某种程度上讲，现在全球的能源资源很难长期支持经济规模继续不断的扩大、加速发展，能源资源已经接近枯竭。而随着工业的不断发展，我们已经清晰地感受到环境正在不断恶化，所以，通过智能工厂建设实现降本增效、绿色生产成为企业生存下来的重要出路，也是流程化工行业供给侧结构性改革的着力点，是提高行业本质安全水平的主要技术手段，也是建设化工强国的重要途径。

2017 年世界经济论坛发布的《第四次工业革命对供应链的影响》白皮书指出，数字化变革可以降低 20%~30% 的设计和工程成本，20%~50% 的库存持有成本，将产品上市时间缩短 20%~50%，质量成本下降 10%~20%，总体生产率提高 3%~5%，物流服务业成本降低 34.2%，自动化的应用可将生产率提高 44%~55%，设备总停机时间减少 30%~40%，预测准确率提高 85% 以上。所以，对于传统企业来说，通过数字化转型建设智能工厂是企业的重要出路。而与其他行业相比，流程化工行业存在复杂的物理化学过程，原料复杂，生产工况波较动大，生产过程耦合性强，难以建立数学模型，难以实现数字化，安全环保风险高，在迈向智能制造的过程中面对着更多的挑战，因此推进智能工厂建设的重要性和紧迫性更为突出。

1.4　客户倒逼企业转型升级加速智能工厂建设

在过去的 30 多年中，我国很多企业原有的"低成本投入、低水平扩张、低价格竞争"的增长模式面临重大挑战。由于核心技术受制于人，技术创新、科研投入较为薄弱，造就了很多大而不强、多而不优的制造企业，只能寄期望于市场需求旺盛，通过不断压缩原料和人工成本来缓慢发展。而如今，市场已经发生变化，规模与成本不再是企业的制胜法宝，产品同质化问题严重，产能过剩问题集中爆发，企业的发展重心也需要随之进行调整。过去的商业模式是企业生产什么消费者就得买什么，但现在已变为消费者需求什么企业就生产什么，这给企业的业务模式和生产运营带来了颠覆式的改变。

在产品过剩时代，一切用户说了算。我们每个人都是用户，用户已经变得和以前大不一样。我们穿的衣服、使用的物品、支付的手段、学习的工具、工作的方法等都发生了极大的变化，用户变得越来越个性化，用户的需求与以前相比也发生了翻天覆地的变化，每个用户会围绕自己的个性化需求定制属于自己的高品质产品。在某些方面，用户已经数字化，用户的需求已经数字化，所以，企业要满足用户的需求，就一定要随之发生变化，通过数字化转型满足用户的需求，如图 1-2 所示。所以，数字化转型的压力已经从用户侧传导到企业侧，企业只有通过建设智能工厂才能满足用户不断增长的个性化、高品质需求，以适应时代的发展。

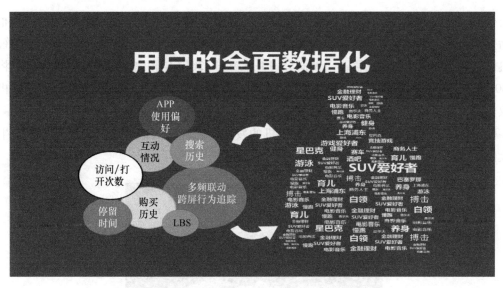

图 1-2　用户需求决定企业发展

智能工厂数字化能力成为企业高质量发展的重要引擎

1.5.1　数字化能力是企业的必备要素

随着社会的不断发展，人类从农耕文明走向工业文明，又从工业文明逐步走向数字文明，生产力和生产关系已经发生了极大的变化。在农业经济时代，劳动力和土地是关键生产要素，不管哪种类型的农业都需要用土地作为资源投入、资源汇聚的主导型要素。在工业经济时代，资本和技术是关键生产要素，它们替代了土地的作用，用资本去实现大规模生产要素的汇聚，然后靠技术创新创造价值。某种意义上讲，我们把技术剥离出来，用机械装置、自动化装置及软件承载了人的一部分知识经验，然后直接作用在物质资料上去创造价值，实现了规模经济的发展。进入数字经济时代，数据将替代资本、技术，成为数字经济时代的资源汇聚的主导型要素。基于数据我们能够发展出新的能力，就是基于数据加算法、算力，基于大数据、知识图谱、人工智能的发展，我们可以预期，很多的专家知识、经验能够被剥离出来，同时这种能力能够被快速分享、传播。也就是说，所有的一般劳动者都能够被人工智能赋能，那么这个能力就成为数字经济时代推动经济发展的新的重要引擎。所以说，数据正逐渐成为驱动工业企业的关键生产要素和新引擎，数字化能力成为企业全面实现与运营数字化、决策智能化的前提，也是企业实现转型升级必须具备的条件。

1.5.2　数字化促使员工工作方式升级

"每隔一段时间，就会有一款革命性的产品横空出世，改变一切。"这是苹果公司掌门人史蒂夫·乔布斯在 2007 年 6 月 29 日推出第一款 iPhone 时所说的话（见图 1-3）。乔布斯的话并不夸张，iPhone 确实带来了革命性的变化。短短十余年时间，像 iPhone 一样的智能手机已经成为人们生活的必需品。调研公司 IHS Markit2017 年预测全球智能手机保有量将达到 60 亿部，人均手机持有量已经超过 1 部，平均每天使用手机的时间超过 4h，智能手机已经取代了个人计算机，成为最重要的智能连接设备，智能手机本身也成为人们生活中的一部分。数字化的发展就如同 iPhone 等智能手机的发展，已经使人们的生活、工作方式发生了巨大的变化。

图 1-3 2007 年 6 月 29 日，史蒂夫·乔布斯在美国首次推出第一款 iPhone

在信息获取中，如果发生重大事件，相关信息第一时间就会推送到人们的手机上，大家可以在第一时间获得同一条重要的信息。那么，在企业中出现的重要事件，比如某一条管道出现泄漏、某一台设备故障报警或者某一个员工在巡检路上摔倒等，是否能够在第一时间将信息传到相应负责人员、主管领导的手机上，从而进行快速处置呢？

在智能家居环境中，远程使用手机就可以随时查看房间里家人或宠物的一举一动，了解每个房间的温度、空气质量，控制门窗、电灯、空调、音响、厨卫等设备，还可以在手机端随意切换地点，瞬间进入所监控空间的控制界面，并实现一键开关机。那么，在企业中，员工的工作是否可以获得同样的便利，可以随时查看自己所负责的装置、设备的运行状态、报警信息，并进行相应的在线处置？

在信息查找中，人们已经习惯使用搜索的方式快速获得信息，不论是利用搜索引擎还是专业网站，都可以便捷地找到所需的信息；无论信息存放在哪里，都可以通过互联网在智能手机或计算机上展示。那么，在企业中，内部的各类信息是否也可以如此方便、快捷地获得？员工在工作时需要的关键信息，能否像使用智能手机一样快速、高效地查找？

在学习和工作中，如果遇到了技术上的问题，大家都会很快通过微信或者是电话会议、视频会议连线专家朋友或老师进行答疑。在工厂环境中，工程师到现场解决出现的问题能否获得同样的便利？同样一个专家，能否同时指导多个现场工作人员进行工作？

毋庸置疑，上述问题的答案都是肯定的，数字化已经促使员工的工作方式实现了升级。但在当今的企业中，日益加剧的矛盾就是生活上使用便利的数字化、智能化工具与工作上采用传统的工作方式和方法之间的矛盾。如果不能尽快解决这个矛盾，企业不仅会面临招聘不到优秀人才的情况，还会在与率先进行数字化、智能化升级的同行企业的竞争中失去优势。智能工厂能够帮助企业员工和职能部门提高效率，掌握更多、更全面的信息，获得及时的通知和报警，帮助员工改善现有的工作环境和工作方式方法，为企业带来更多的便利和运营改善。企业智能工厂建设，将为企业员工和管理者提供方便快捷的数字化工具，改变已有的工作方式方法，这是不可逆转和不可阻挡的必然趋势。未来，我们每一个人不仅能在生活中享受数字化和智能化带来的便利，而且在工作中也要通过数字化、智能化提高效率，创造更多的价值。

1.5.3　数字化促使企业生产方式和管理方法升级

企业数字化和智能化转型升级是由长期按照摩尔定律指数级提升的信息化技术水平所驱动的企业生产方式和管理方法的升级，是一个长期不间断的升级和改造的过程。每一家企业从购买第一台计算机、编写第一个电子表格、部署第一台数控机床或安装第一台机械手开始，就已经踏上了数字化和智能化转型升级的旅程。早期的数字化和智能化通常是由部门或局部具体功能需求所驱动的，每个部门建立服务于自己部门的应用，如生产管理系统、人事管理系统、实验室管理系统、销售系统、库存系统等。这些系统已经具有了局部企业数字化和智能化的功能属性。进入智能制造和工业 4.0 时代，企业数字化和智能化就要求是全厂级的，甚至是全产业链级的。不仅要求企业内部各部门、各系统贯通，统一数字化管理，还要求与产业链上下游一起把与企业运营和管理相关的各个环节都进行数字化和智能化改造升级。

有些企业可能已经使用了类似电视台天气预报的形式，在一张大的地图上实时展示企业经营情况。可是仍有很多企业的董事长要在每天晚上查看每个部门提供的报告。这些报告在不同的文档中，需要一一打开，并找到关键部位进行分析。这种方式既费力，又低效。其实，天气预报就是一个典型的数字化和数据流自动化的体现，各地区汇报的天气数据统一汇总到中央气象局，通过计算机展示到大屏幕上面，每一个需要使用天气数据的人都能一目了然。类似地，在工厂里，能否可以将每天需要的数据自动展现在企业管理者面前？以"双十一"购物为例，2020 年"双十一"一天全网包裹数达到 6.75 亿件，从信息实时传递到货物出库、物流运输直至快递到家，各个环节均有条不紊、准确无误。那么企业中的采购部门、销售部门能实现同样的高效、准确、便捷吗？答案是肯定的。现在，大部分企业在生产经营过程中，都会思考如何通过数字化、智能化的手段以及对企业各类数据的深度分析，从而更好地帮助企业实现生产方式和管理方法的升级。

世界经济论坛和波士顿咨询公司（BCG）共同发起的调查发现，跨企业数据共享是未来企业数字化和智能化转型中的重要组成部分，这部分数字化升级预计将为工业企业带来超过 1000 亿美元的新的价值，如图 1-4 所示。

未来率先实现数字化转型升级的企业将实现实体企业和数字化企业并行的运营模式。实体企业产生数据，数据在企业数字化平台上产生智能决策，决策数据在实体企业得到执行。智能工厂的核心信息将以数据流的形式高效、自动地在企业决策机制中流动，进而从根本上推动企业生产方式和管理方法的升级。

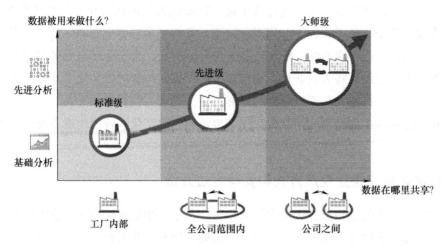

图 1-4 世界经济论坛和 **BCG** 联合调研《分享到收益：制造业中释放价值》

 第 2 章
智能工厂的模样

2.1 　初识智能工厂

2015 年 5 月国务院印发了《中国制造 2025》。它是部署全面推进实施制造强国的战略文件，"智能工厂"这一概念正是在这一背景下产生的。《中国制造 2025》中提出，基于物理信息系统的智能装备、智能工厂等智能制造正在引领制造方式变革。

显然，智能工厂是针对制造业企业而言的。那么，怎样从企业实际运行管理的角度去理解智能工厂呢？中国工程院院长周济曾说，智能工厂是实现智能制造的重要载体，主要通过构建智能化生产系统、网络化分布生产设施，实现生产过程的智能化。智能化生产系统中各组成部分具备协调、重组及扩充等特性，具备自我学习、自行维护能力。而智能生产就是以智能工厂为核心，将人、机、法、料、环连接起来，实现多维度融合的过程。因此，智能工厂实现了人与机器的相互协调合作，其本质是人机交互。

从信息化发展的角度来看，我们又该怎么理解智能工厂呢？中国工程院院士、清华大学教授吴澄提出过这样一种理解：智能工厂是信息化发展不同阶段的产物，是两化深度融合的一种具体表现形式，本质上还是信息化。今后随着新技术的发展，智能工厂还会有新提法，它的内涵和外延将会不断延伸。

那么智能工厂到底能给企业解决哪些具体问题？我们试着通过以下描述，希望大家既能够对传统工厂有一个简单的认识，又能够对智能工厂有更加具体和场景化的理解。一是传统工厂在生产运行方面自控投用率、自控数采率较低，仍有部分生产环节没有实现全自动生产控制，未能实现数据的全过程、全方位采集；二是在生产操作中，传统工厂仍然有很多需要手工操作的环节，人员经常暴露在风险较高、危险较大的环境中；三是传统工厂的设备运行监控往往凭经验，很少利用物联网、大数据、人工智能等技术对设备运行进行异常诊断和预警监测，导致设备综合运行效率不高；四是生产运行中涉及的工艺仿真、基于工艺大数据的 PID 整定、程序自动化、实时优化、先进控制等技术应用较少或应用不成熟，不能有效提高生产管控能力和劳动生产率；五是安全管理缺乏有效的技术手段，不能够对重大危险源、设备的不安全状态、人的不安全行为、环境的不安全因素进行安全可靠的监控，导致不能提前或及时发现安全隐患，事故应急处理能力不强。

另外，在企业管理方面，传统工厂没有让数据发挥出真正的价值，没有让数据去驱动企业的运行管理。传统工厂在经营管理中缺少通过对项目建设数据、生产运行数据以及管理过程数据的分析、利用，大部分企业仅仅停留在生产统计、台账记录和财务报表层面，业务模型和数据价值的作用远没有发挥出来。在安排生产计划、调度应急及调整生产策略方面，仍然采用人工开会协调、电话调度指挥，无法实现高效智能决策。在供应链管理方面，原材料材料、设备购置、库存、生产、销售及市场价格的数据无法形成闭环，存在大量数据孤岛现象，无法实现企业利益最大化。

因此，数字化时代，以物联网为基础建立的智能工厂，其外观、运行和管理模式都与传统工厂截然不同。智能工厂能够实现高度自动化，工厂的运营不再局限于标准化的工作时间，能实现全天候运营，从客户的订单提出到原材料、生产、交付和维护等，都由一套系统掌控，智能化装备得到广泛应用，数据价值被充分挖掘。除了能够保障生产的"安稳长满优"运行，生产、经营的每个流程都受到严密的监控，几乎完全消除质量缺陷，还能降低经营成本，提升员工的幸福感和获得感，同时还能够为企业的客户创造更多的价值。

2.2　如何理解智能工厂

智能工厂是两化深度融合的一种具体表现形式，未来将会为企业运营模式带来颠覆性的改变。因此，智能工厂应从企业整体层面去理解，不仅仅是技术的问题，还应考虑工业化发展、企业管理等多方面的因素。从工业领域的实施路径和落地方案来看，智能工厂不只是"机器换人"，不单纯是设备改造，也不是软件的简单堆叠，而是制造系统的集成、制造体系的重建、制造模式的再造。智能工厂是基于企业可持续发展、多重因素叠加和影响的新型工业化发展模式。

智能工厂与人类的结构和行为模式具有高度相似性。人类通过皮肤、视觉和内部神经感知内外部环境，并将感知的信息传递给大脑，大脑经过处理后指导人的具体行为，同时可以根据周围环境的变化随时对行为做出调整。智能工厂与人类行为的产生过程高度相似，首先需要对内外部环境进行感知，并将感知的信息经过处理传输到智能经营管理中心（类似人类的大脑），通过智能经营管理中心指导企业的生产运营行为。生产运营中心（类似人类的心脏）是生产管理过程的核心，智能工厂的信息流相当于人体的血液循环，各类生产管理系统相当于人体的各类系统。虽然用智能工厂与人体直接进行比较可能不是那么全面，但是从"智慧"这一角度可以更加形象地说明智能工厂的运行模式和基本要素，如图2-1所示。

让工厂变得智能，就是要把工厂变为一个智能结构体，需要建立工厂的意识，协调工厂的行为，洞察工厂的数据。首先，让工厂有意识，就要建立对工厂物理世界的感知能力，通

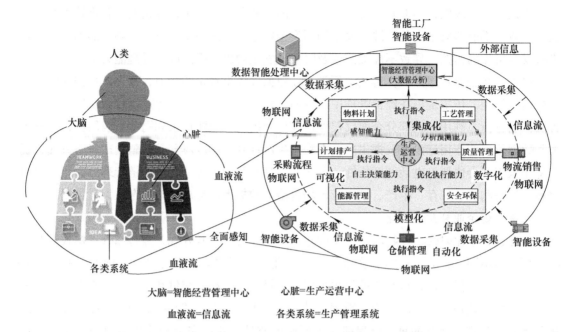

图2-1　智能工厂与人类行为的比较（该图引用于2016年石化行业智能工厂课题研究报告）

过以操控技术（OT）为代表的自动化与工业协议的发展，为人们用信号量来描述、感知和反馈物理世界提供了基础，基于对现场作业的工业数据（包括环境数据、设备运行数据、产品数据）进行不间断采集，形成了对工业物理世界的感知。通过感知与认识的结合，建立一个面向产品全生命周期的数据采集体系，获得标准认知能力，构建出智能工厂的可靠基础，从而达到"弦动别曲，叶落知秋"。其次，协调工厂的行为，指导企业运营。通过业务协同的价值链，从销售订单开始，全面管理生产计划、原料供应、生产制造、质量检验、产品销售和售后服务一系列价值增值环节，保障企业生产运营的有效组织和协同。通过制造过程的产品链，从产品设计开始，对生产制造过程中的工艺数据、投入产出、能源消耗、过程质量等制造数据进行数字化采集和分析，全面提升对产品制造的管控能力。通过设备运行的设备链，实现生产装备的数字化运维和运行监视，指导设备的全生命周期管理。最后，通过业务数据、制造数据、设备运行数据的采集和集成，形成不间断的工厂大数据流，建立对生产运行的数据洞察，并反馈给业务运营，实现生产的不断优化。

事实上，从工业经济迈向数字经济，人类生产正在经历两种自动化：一种是看得见的自动化，如数控机床、机器人等各种各样先进的生产设备，不用或少用人为干预就可以完成人们预想的动作、实现相应目标；另一种是看不见的自动化，就是数据流自动化。如果说机器人、立体仓库等生产设备的自动化可替代的是体力劳动者，那么数据流动的自动化将有可能替代脑力劳动者，实现智能决策替代人脑决策。如果生产设备的自动化是"工业3.0"，那么数据流动的自动化则是智能工厂或者"工业4.0"的本质。未来智能工厂将以数据驱动企业的生产运营，使其具有全面感知、分析预测、自主决策、优化执行的能力，最终达到动态平衡、最优生产、无人干预、效益最佳的目标。同时，它也是一种科技含量高、经济效益好、资源消耗低、环境污染少、人力资源发挥充分的生产制造模式。

案例实践一：智能工厂的一天（结合智能工厂场景）

凌晨 5：00，正是人们最容易犯困的时刻，但操作员们靠顽强的精神意志，仍在完成着工艺操作平稳率、交接班日志等工作。这是操作员们在盯了一晚上的屏幕、熬了一夜后的真实状态，他们已经非常疲惫了，但还要 3 个小时才能等来交接班，才能下班，因为按照规定需要和早班人员进行面对面对的交接班工作。这就是传统化工厂的真实运行模式。把场景切换到智能工厂的"神经中枢"——中央控制室，同样是凌晨五六点，中央控制室的操作员们精神抖擞，因为他们在状态康复室刚刚睡了 2～3 个小时了，在轻快的背景音乐下，正在轻松地做最后的数据检查和确认，包括物料数据、水电气能耗数据、产品、中间产品、副产品的产量、三剂消耗、质量化验指标等，并在生产监控系统中挑选和记录当班出现的故障和存在的问题（用于电子交接班提醒）。10～20min 后，他们便轻松完成了当班的最后工作，然后又做了做眼保健操，甚至还做了个腰椎按摩，在手机 APP 点了一份早餐，"酒"足饭饱后，愉快地下班回家了。

早上 8：00，再把镜头切换到传统的交接班场景。熬了一夜的员工，要与在 8：00 刚上班的内操人员、外操人员和值班主任进行交接。他们要进行面对面口头交接，把存在的问题逐一、反复叮嘱，包括操作日志、工作情况交接、故障问题以及未完成的任务等。再看看现代化智能工厂的交接班情景：早上下班时间 8：00 到了，员工可以直接下班，因为所有过程都有数据实时记录，对故障也有记录，操作日志有电子记录，另外还有各种影像和数据支持进行场景回放。若有特殊情况，在现场的外操人员可以直接通过 5G 视频信号与交接班室人员进行高效沟通和视频交接。

正是这些信息化、智能化手段的支持和管理理念的转变，改变了传统交接班模式，让大家的交接班效率提高了、下班回家时间提前了，幸福感也增强了。

早上 8：10，再把场景切换到化工厂的生产调度中心，看看员工的工作状态。调度值班人员又开始忙碌了，传统化工厂至少要在 6：30 就开始各种数据的准备，调度电话会持续工作 90min 左右，进行各种数据填报和收集；再看看智能化工厂的生产调度中心，他们通过生产一体化的管控系统，只需要 20min 就能查看、总结和分析当天的生产数据情况，包括物料、能耗、质量指标、工艺操作平稳率、交接班日志，以及巡检记录和设备运行状态及故障等信息，确认这些数据是否有异常，同时可完成绩效奖励排名和问题分析跟踪。20min 内，通过模型分析和异常问题排查的数据也全部完成。根据系统统计的设备、工艺等异常情况，得出生产调度会议上需要的准确决策数据。

早上 8：30，数字化生产调度会议准时召开。指挥中心的调度员点开系统，瞬间把刚才整合的各种单耗、产量、库存、物流和能源的数据全部展示出来，用物料管理、能源管理、质量管理以及横大班管理系统详细解答了参会人员不解和困惑的地方，并通过信息系统一一给大家查看和解释了其中数据。基于公平的信息系统和真实的系统数据，数字化生产调度会议上，各部门的单耗指标和问题都一目了然。接下来需要落实和跟踪新的任务和问题闭环处理。调度员单击"确认"键，把刚才的问题通过信息系统下发到各责任人，生成电子待办任务。第二天继续通过数字化调度会议分析前一天的生产数据问题，下发新的任务和跟踪处理要求。

早上9：10，临近会议结束，只听见指挥中心领导说："光靠说不管用，咱们还是用数据说话。××中心昨天夜班物耗指标比白班明显增高，电耗数据也有问题，比××公司还差了不少，今天务必查清问题，上游的问题找上游解决，仪表不准的去校验仪表……明天让数据说公道话。"

以上是化工厂生产运行的比较关键和重要的一些环节，也是化工企业普普通通一天的场景记录。每天生产调度会议结束后，其实还有很多意外的事情要协调，而且若遇到非计划停车、工艺牌号切换、应急事故处置，还要非常安全、高效地协调处理，进行生产优化，及时调整产量、联系上下游；每月中旬、月底，还要进行经营统计分析等工作。如果没有一个高效的信息化、数字化、智能化工具平台，那简直无法想象。

数字化、智能化时代已经扑面而来。现在的工厂已经或正在发生翻天覆地的变化，如果不能跟上时代的步伐，用最先进的技术和措施助力我们的工作，那么我们很可能会被淘汰。

案例实践二：智能巡检代替传统人工巡检，智能工厂颠覆传统企业外操工作模式

化工企业生产一线员工主要分为外操和内操两类员工。内操员工在中央控制室工作，主要负责工艺平稳操作；外操员工在装置现场工作，主要负责在现场进巡检和处理问题，具体来说就是靠人工、肉眼，按照2h一次的频率巡检，查找"跑冒滴漏"的地方，并处理问题。化工企业传统现场巡检模式存在的痛点主要有：一是巡检质量因人而异，人员安全风险较大，周期性巡检存在时间和空间盲点；二是现场作业处理问题过程缺乏实时数据支撑；三是缺乏对现场装置运行的预警体系和能力支撑。

当下，随着智能传感设备和数据算法分析手段不断迭代升级，智能化设备和大数据分析手段可以全时无死角地监测设备设施健康状况，建立装置运行预警体系、替代人工现场巡检成为可能。

某公司打破惯性思维，结合先进管理理念，建设了"气化装置智能化巡检项目"，在煤气化装置上运用了智能传感设备，替代听针、测温仪、测振仪或巡检仪等传统监测手段，实时采集装置运行参数。例如，运用红外热成像技术、光纤测温、无线测温传感器以及设备自有的温度传感器，监测设备温度；利用光纤声音侦听技术（声音侦听单模光纤、测温多模光纤）、无线测振传感器，监测设备的振动、位移、异响；利用无线腐蚀监测传感器监测设备、管道设施的减薄、腐蚀情况；利用视频流分析和红外热成像技术，监测设备的"跑冒滴漏"，以及有毒有害气体是否存在泄漏情况。智能化巡检系统的实施，集成了设备管理、三维可视化、LIMS、视频监控、大机组及关键机泵状态监控、在线腐蚀监测、光纤声音侦听、光纤测温等系统和DCS数据，充分融合了装置业务管理知识，开发了声音侦听自学习模型、气体泄漏分析黑盒模型、设备设施腐蚀监测计算模型等多种数据模型，构建了具有预

警能力的装置管理新模式，并结合公司装置运行相关管理规定，将告警、预警进行了等级化，分级推送、分级处置。该公司在煤气化装置方面开展了智能化巡检系统的试点建设，实现现场环境的全面感知与监控，研究利用智能化手段代替人工的现场巡检新模式，积极探索智能安全生产运行新模式。公司将红外热成像、光纤声音侦听、超声测厚、视频流智能分析、光纤测温等先进感知手段深度应用在巡检作业中，集成 10 多套业务系统，结合大数据分析手段，实现了装置、设备的全时无死角监测，提高了巡检质量和装置管控水平，降低了人员暴露在危险区内的安全风险和作业强度，消除了人工巡检的时间和空间盲点，改变了传统巡检模式，提升了生产管理人员对生产现场的预警能力。智能化巡检系统的上线运行，为全面推广装置智能巡检提供了参考，随着该案例在行业内逐步推广，将会改变传统人工巡检模式，推动行业安全管理和计划性维护思维的转变，使得企业生产管理模式转型发展，有助于行业高质量发展。

2.3　智能工厂会为企业带来的变化

2.3.1　在万物互联、全面感知的基础上，实现企业可视化、透明化管控

传统工厂的人与设备、设备与设备，还有人与人之间在信息传递方面是存在缺陷的、有断裂的，很容易导致信息不对等或者信息出错的情况。而智能工厂通过物联网、5G、云计算等先进制造技术、信息技术和智能技术的深度结合，以传感器做连接，使工厂具有感知能力，每个设备都可接入云服务器并与之进行超低延时的高效互通，海量的信息将进入云服务器网络，并不断"喂食"人工智能。这意味着，可以通过云端服务器的应用效率和人工智能的学习进化，将大量工业数据汇总到云服务器形成巨大的网络，工业机器人拥有一个"远在天边，近在眼前"的大脑帮助它进行计算、识别、分析、推理、决策及控制功能，把人与设备、设备与设备、人与人全部联系起来，全面打通工厂的各类数据，规划最佳生产模式。

在生产现场，通过实时数据收集，利用这些数据可以全面掌握工厂运行情况。首先，通过各类传感器及个人穿戴设备并结合人工智能（AI）等技术，可以实时掌握一线员工的工作行为，是否有为违章行为，如未戴安全帽、防护用具，出入危险区域等，以及员工当前处于工厂的哪个位置、生命体征是否正常、精神状态是否饱满、是否适合当天的作业等。其次，能够全方位地掌握全厂设备的运行状态，并通过对设备运行状态、可靠运行的因素进行综合分析，制定检修内容，确定检修时间，减少因系统故障造成的偏差，确保设备安全稳定运行。同时，在生产过程中，包括物料、能耗、工况、质量等信息，均可直接实时展示于工作人员眼前，而生产过程中的相关数据均可保留在数据库中，让管理者得以拥有完整信息进行后续生产规划，实现过程管控的可视化。再次，能够对工厂的现场环境进行全方位实时监测，哪里有气体泄漏、哪里有火灾报警、哪里排放不达标都能够一目了然地在 GIS（地理信

息系统）地图上展现出来，让工作人员第一时间发现问题、解决问题。最后，通过对各类数据多种形式的分析，把握整个生产流程，了解每个环节是如何执行的，一旦有某个流程偏离了标准工艺，就会产生相应的报警信息，并能够快速地发现错误或者瓶颈所在，也就能更容易地解决问题。在生产决策方面，对管理者制定决策也有极大的借鉴作用。这样工厂就变成了一个透明工厂、一个完全的可视化工厂，让管理者能更便捷、更快速、更高效地掌握工厂运行的状态、出现的问题、经营的情况，更科学地安排工厂安全生产各项工作。

万物互联、全面感知的智能工厂能够为企业创造一个向客户提供全新服务的机会。而事实上，改善客户体验已成为智能工厂项目最吸引人的业务能力。比如在消费市场中，个性化定制的趋势越来越明显。生产商可以按照不同的需求交付商品，消费者趋之若鹜。互联感知能够帮助企业挖掘产品的独特卖点。例如，金宾（Jim Beam）是全球知名的威士忌品牌之一，它们的每桶威士忌都经历了多年的精心酿造。如今，部署一套工业物联网解决方案，不仅可以追踪并管理每桶威士忌的生产情况，让威士忌的生命周期变得更加透明，而且还能拉近与消费者之间的距离，为金宾的威士忌品牌注入新的"生命力"。无论是 to B 还是 to C，互联感知已经是企业的基础和关键。客户可能需要可用性及物流等详细信息来指导购买决策，而企业则需要具备交付高度定制化订单的能力。毋庸置疑，通过互联感知，智能工厂能拉近制造企业与客户之间的距离，24h 实现"面对面、心与心"的交流。

2.3.2 在高度自动化的基础上，提升企业的优化控制能力

自动化是智能工厂的标准配置，智能工厂须在全厂自动化的基础上，实现进一步的优化提升，发挥出其自身的价值。例如，通过提升自控投用率及回路优化控制等方式可极大降低操作人员的工作强度，并在异常报警中给予更加有力的支撑。又如对于重要的仪表变量，可建立仪表故障的预警诊断模型，判断除了智能仪表自诊断以外的仪表故障，包括仪表的冻结、跳变等，与工艺相关的故障判断，物料平衡和能量平衡等。在调节阀预警诊断的基础上，可结合调节阀执行机构问题、调节阀芯与阀体问题、工艺条件变化对调节阀的影响等进行系统分析；在工艺异常诊断的基础上，通过对原料组成变化、负荷变化、环境（包括公用工程）变化、反应条件变化进行分析，更科学高效地定位出现的问题等。在设备日常监测的基础上，准确高效地分析出故障所在，帮助现场人员提升处理问题的能力。

基于巡检机器人及各类在线传感器的投用，结合现场数据多维度分析，能够在保证现场数据和巡检数据真实、准确、可靠的同时，大幅降低巡检工作强度，提高巡检效率，保证巡检过程的人员安全，逐步实现真正意义上的无人巡检。再在这个基础上实现对所有安全环保指标的实时监测和溯源调控，根据对在线数据和历史数据的分析对未来可能出现的问题进行预警，并自动对出现的问题进行回溯，让工作人员能够快速发现问题、找到问题的原因，并及时处理问题。如在受限空间作业中，对作业环境、作业规程、人员生命体征进行全方位管控，牢牢把握环境监测、违章作业、身体状况可能出现的风险，保证人员的生命安全。

未来的智能工厂能够自行优化控制并自动运行整个生产流程，自行适应并实时或近实时学习新的生产条件，以应对不确定的外部变化。随着技术的进步及人工成本的逐渐上升，未

来工厂内的多项工作将逐渐由系统控制的核心生产设备来实现，工作人员不直接参与生产第一线工作，只是从事一些新产品开发、生产工艺改进、新机器设备发明创新等高技术复杂劳动。

2.3.3 在管控效率提升的基础上，数据决策代替人工决策

相比传统工厂，智能工厂在从订单下达到产品制造完成的整个生产过程中，将以数据为核心进行优化管理，减少企业内部无附加值的活动和人工干预，有效地指导工厂生产运作过程，提高产品质量、降低物耗能耗。首先，在企业和供应链之间以双向交互的形式提供生产活动的基础信息，使计划、生产、资源三者密切配合，从而确保决策者和各级管理者可以在最短的时间内掌握生产现场的变化，做出准确的判断，并快速制定应对措施，以保证生产计划得到合理而快速的修正、生产流程畅通、资源得到充分有效的利用，进而最大限度地提升生产率。其次，在生产过程中，将所有的设备、操作岗位统一联网管理，使设备与设备之间、设备与信息系统之间能够联网通信，使设备与操作人员能够紧密关联。例如，根据生产计划进行智能调度，下发生产指令；根据生产指令的要求，形成各个装置的生产任务；生产任务明确后，按照规定的顺序，全厂设备自动运行，将运行过程中的各项数据实时反馈；操作人员、工艺人员在人工智能或优化软件的辅助下进行实时分析、对比、优化与调整，使人与设备之间能够高度协同，从而保证整个生产过程实现自动化、可视化、智能化的管理。工厂资深的技术操作人员根据多年经验，针对装置的实际情况进行稳态数据建模，并通过智能模拟手段验证自己创新的优化方案，也可通过"离线+在线"的方式，对生产现场出现的故障现象进行还原，分析故障原因，避免各类故障给生产带来的不利影响。这样能够提高生产技术人员的故障案例分析能力，提高操作人员的故障处理水平，从而达到安全生产的目的。最后，在生产工艺改进方面，利用生产过程中采集的数据，能够分析整个生产流程，了解每个环节是如何执行的。一旦某个流程偏离了标准工艺，就会产生一个报警信号，能快速地发现错误或者瓶颈，也就能更容易地解决问题。同时，利用大数据技术还可以针对生产过程建立虚拟模型，仿真并优化生产流程，当所有生产流程都能在系统中重建时，这种透明度将有助于企业进一步优化其生产流程。此外，在能耗分析方面，在生产过程中利用传感器集中监控关键能源消耗点，能够快速发现能耗的异常或峰值情况，由此便可在生产过程中科学高效地优化能耗。如果对所有流程进行分析，将会大大降低能耗，有效提高能源管控水平。

2.3.4 在数据共享的基础上，实现工作模式的创新

在传统企业中，数据分散在企业的各个部门及各个信息系统中，并且产生了种类繁多的纸质文件，如工艺过程卡片、操作记录、操作手册、设计图、设备资料、质量文件、应急预案等。这些纸质文件大多分散管理，不便于快速查找，就造成了数据不能在企业中进行充分共享，往往导致获取数据难、数据口径不一致、不能进行实时追踪，对企业生产运营与决策造成了极大的影响。智能工厂建立企业的数据资产管理平台，将企业所有数据按照统一标准

进行汇总存储。各个业务部门、信息系统可以根据所拥有的数据访问权限，合理地使用数据，这样就极大地提高了数据使用效率，降低了各个业务部门获取数据的成本，并且使数据能够在企业中进行充分共享，促进企业各个业务部门之间的上下协同。同时，基于对企业数据的全面掌控和大数据基础条件的日益成熟，企业能够获得完整的生产运营大数据。例如，通过在供应链方面数据的分析，可预测原材料、备品备件的价格走势、库存等情况，克服传统供应链中缺乏协调和信息共享等问题，避免牛鞭效应的发生，实现供应链的优化。基于大数据的供应链管理削减了智能工厂整个供应链条的成本和浪费，提升了仓储和配送效率，实现了无库存或库存达到极小。数据就是企业的财富，没有良好的信息化管理系统，没有自动化的数据采集系统，没有智能化的大数据分析，没有形象直观的展示系统，这些数据就白白丢失了，企业就只能处于凭经验、拍脑袋的粗放型管理阶段。按照传统工厂管理方式来设计的业务流程由于受时间、空间尤其是信息获取手段的限制，难以产生最佳的效果。采用智能工厂中数据自动化流转方式，改变信息获取方式，可以摆脱这些束缚，实现流程再造，在业务处理流程上实现由串行执行转为并行执行，极大地提高管理效率。

传统的化工企业是依靠组织的运行体制、业务规则来维系各业务单元，有序执行特定的任务的，而智能工厂则是通过建立各项业务单元之间的数据关系、逻辑关系，将企业运营过程中各业务单元之间的投入、转换、产出等横向相互依赖关系协同起来，消除信息孤岛，打通业务连接，形成一个新的业务集合，具备业务创新能力，从而实现"1+1>2"的效应。

第 3 章
智能工厂从
规划建设开始

3.1 立足实际，做好智能工厂评估

由于制造企业发展水平良莠不齐，处于不同发展阶段的企业普遍存在，这种现状决定了智能工厂建设方案没有标准答案可寻，所以需要针对行业特点、企业实际发展水平，通过智能工厂成熟度评估模型进行量化评估，分析诊断企业当前数字化发展水平，助力企业把握实施数字化转型的最佳切入点和行动方向。

判断一个企业的智能工厂水平，可以通过智能工厂成熟度评估模型，围绕战略规划、组织管理、技术装备、生产运营、运行保障这五个维度进行评估（见图3-1）。

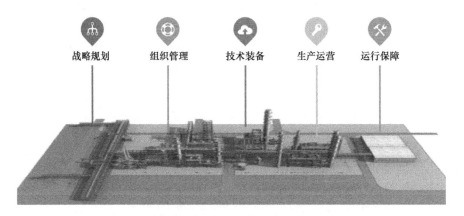

战略规划　组织管理　技术装备　生产运营　运行保障

图3-1　智能工厂成熟度评估模型

3.1.1　战略规划评估

1. 智能工厂建设战略规划在企业发展战略中的定位

（1）是企业的重要战略之一，由企业管理层调动各个部门配合推动执行。

（2）是企业的重要工作任务之一，由企业管理层委任一个或多个部门推

动执行。

（3）是企业的主要工作任务之一，由企业某个相关部门负责执行。

（4）企业的例行工作任务之一。

（5）未曾涉及相关话题。

2. 针对智能工厂建设制订战略规划和实施计划方面

（1）已经制订了系统的规划和详细的实施计划，并已按步骤稳步推进实施。

（2）初步拟订了相关规划和实施计划，但仍在探讨完善过程中。

（3）正在制订相关规划和实施计划，尚在学习准备过程中。

（4）有计划制订相关规划，但尚未启动。

（5）既没有相关规划，也没有启动的计划。

3.1.2　组织管理评估

1. 针对智能工厂建设设置了专职团队推进数字化转型与创新方面

（1）设置了跨部门的负责中央统筹协调的专职工作部门。

（2）设置了跨部门的负责中央统筹协调的兼职或半兼职工作团队。

（3）设置了跨部门的负责中央统筹协调的部分职能工作人员。

（4）有计划对相关组织架构进行调整，但尚未实施。

（5）无相关调整计划。

2. 在数字化人才培养方面

（1）全面制订了适应不同层级员工实际需求的数字化人才培养计划。

（2）针对部分工作实际相关人群，制订了相应的数字化人才培养计划。

（3）当前正在制订相应的数字化人才培养计划。

（4）有计划制订数字化人才培养计划，但尚未启动。

（5）无相关计划。

3.1.3　技术装备评估

1. 生产现场自动化覆盖率

（1）生产现场所有工序均实现了自动化。

（2）生产现场 80% 以上工序实现了自动化。

（3）生产现场关键工序均实现了自动化。

（4）生产现场部分关键工序实现了自动化。

（5）生产现场未部署自动化设备，所有设备均需现场手动操作。

2. 装备自动化控制

（1）关键工序设备、单元、产线等是否可实现基于工业数据分析的自适应、自优化、自控制等，并与其他系统进行数据分享。

（2）关键工序自动化设备是否具有远程监测、远程诊断以及故障预警功能。

（3）关键工序自动化设备是否建立了三维模型？是否具有数据管理、模拟加工、图形化编程等人机交互功能。

（4）关键工序自动化设备是否具有标准通信接口并支持主流通信协议，如OPC、OPC UA、Modbus、PROFIBUS等。

（5）是否在关键工序应用了自动化设备。

3. 生产现场标准化程度

（1）企业均拥有完善统一的工控自动化、工业通信等管理标准。

（2）部分车间内有统一的底层工控自动化、工业通信等管理标准。

（3）一个车间的部分生产线上有统一的底层工控自动化、工业通信等管理标准。

（4）无任何标准。

4. 生产现场数据采集情况

（1）能够针对整个生产过程，完整高效地采集数据（80%~100%）。

（2）能够针对关键生产环节或设备，完整高效地采集数据（60%~79%）。

（3）限于设备与技术能力，仅针对个别生产环节或设备实现数据采集（40%~59%）。

（4）限于设备与技术能力，仅针对个别生产环节或设备实现数据采集（20%~39%）。

（5）限于设备与技术能力，仅能实现零散的数据采集（0~19%）。

5. 企业网络覆盖情况

（1）建立了完备的工业互联网体系、基于SDN（Software Defined Network，软件定义网络）的敏捷网络，实现网络资源优化配置。

（2）建立了全厂完善的工业控制网络、生产网络、办公网络，各网络之间可有序互联互通。

（3）实现了全厂工业控制网络、生产网络、办公网络的覆盖，但各自独立。

（4）实现了局部工业控制网络、生产网络和办公网络覆盖。

（5）未进行网络覆盖或仅限于本地网络覆盖。

3.1.4　生产运营评估

1. 在工艺设计、工程建设等活动中，运用了虚拟仿真技术，通过虚实之间数据的双向流通，实现工艺关键环节的仿真分析、迭代优化以及设计过程的动态协同

（1）各个环节都有应用。

（2）多于一个环节有应用。

（3）个别环节有应用。

（4）没有应用。

（5）没有了解。

2. 是否已经部署了产品生命周期管理（PLM）、企业资源计划（ERP）、生产执行系统（MES）、仓库管理系统（WMS）、企业服务总线（ESB）、工控集成软件平台、先进规划与排程系统（APS）、先进过程控制（APC）、仿真软件、设备资产管理等信息系统对生产运

营业务进行覆盖，以及上述提及的已经部署的信息系统互相集成、互联互通程度

（1）覆盖率 80% 以上，集成互通偶尔依赖人工。

（2）覆盖率 50%~79%，集成互通部分依赖人工。

（3）覆盖率 20%~49%，集成互通较大限度依赖人工。

（4）覆盖率 20% 以下，集成互通彼此之间相对孤立。

（5）只上线了个别系统，不涉及系统集成与互联互通问题。

3. 生产运营业务智能化应用程度

（1）计划调度方面。

1）是否可通过工业大数据构建生产运行实时模型，实现动态实时的生产排产和调度，并支持企业间生产作业计划异常情况的统一调度。

2）是否基于先进排产调度的算法模型自动给出优化的生产作业计划，在实时监控各生产要素的基础上，实现对异常情况的自动决策和优化调度。

3）是否可自动生成有限能力生产计划，实时监控各生产环节的投入和产出进度，出现异常情况自动预警。

4）是否可通过信息系统自动生成主生产计划，并基于人工经验开展生产调度。

5）是否可基于销售订单编制主生产计划并开展生产调度。

（2）生产作业方面。

1）是否可实现生产资源自组织、自优化、生产过程非预见性异常的自动调整，满足柔性化、个性化生产的需求。

2）是否可构建模型实现生产作业数据的在线分析，优化生产工艺参数、设备参数、生产资源配置和产品质量精准追溯。

3）是否可对生产作业计划、生产资源、质量信息等关键数据进行动态监测，实现生产过程中原材料、中间产品、产成品等质量信息的追溯。

4）是否通过信息技术手段采集生产过程数据，实现生产过程信息自动记录。

5）是否制订生产作业相关规范，并记录关键工序的生产过程信息。

（3）设备管理方面。

1）是否采用了机器学习、神经网络等，实现设备运行模型的自学习、自优化。

2）是否可基于设备运行模型和设备故障知识库，自动给出预测性维护解决方案。

3）是否实现了设备关键运行参数数据的实时采集、故障分析和远程诊断，并依据设备运行状态，自动生成检修工单，实现基于设备运行状态的检修维护闭环管理。

4）是否通过信息技术手段制订设备维护计划，实现设备点巡检、维护保养、维修预警等状态和过程管理。

5）是否通过人工或手持仪器开展设备点巡检，并依据人工经验实现检修维护过程管理和故障处理。

（4）仓储管理方面。

1）是否可通过企业与上游供应链的集成优化，实现最优库存或即时供货。是否通过智

能仪表、互联网、云计算和大数据技术，实现罐区阀门自动控制。

2）是否通过仓储管理系统、配送设备与信息系统集成，实现关键件及时配送，并根据储罐状态实时数据进行趋势预测，自动给出纠正和预防措施。

3）是否基于仓储管理系统与制造执行系统集成，依据实际生产作业计划实现半自动或自动出入库管理。是否基于工业无线网对储罐状态进行实时监测，储罐状态异常时可自动报警，避免冒罐事故发生。

4）是否建立了仓储管理系统，基于条码、二维码、射频识别（RFID）技术等，实现货物库位分配、出入库和移库等管理。是否建立了罐区管理系统，实现储罐中介质相关数据的实时采集和分析。

5）是否制订了仓储（罐区）管理规范，基于管理分类和规范要求实现仓储合规管理。

（5）安全环保方面。

1）是否应用了大数据分析等技术，实现环保、生产、设备等数据的全面实时监控、一体化管理，以及应用了数据分析模型预测生产排放并自动提供生产优化方案。

2）是否基于安全作业、风险管控等数据的分析，实现危险源的动态识别、评审和治理。是否通过环保监测数据和生产作业数据的集成应用，建立了数据分析模型开展排放分析及预测预警。

3）是否建立了安全培训、风险管理、隐患治理等数字化管理手段，并在现场作业中应用作业受控、定位跟踪等方法，强化现场安全管控。在环保管理中，是否实现了从清洁生产到末端治理的全过程环保数据的采集，实时监控及报警并开展可视化分析。

4）是否通过信息技术手段实现了员工职业健康、安全作业管理、环保管理，以及环保数据的采集和记录。

5）是否制订了企业安全管理机制和环保管理机制，具备安全和环保操作规程。

（6）能源管理方面。

1）是否实现了能源的动态预测和平衡，通过能源数据与其他系统数据共享，为业务管理系统和决策支持系统提供能源数据。

2）是否建立了节能模型，实现能流的精细化和可视化管理，并可根据能效评估结果及时对空压机、锅炉、工业窑炉等高耗能设备进行技术改造和更新。

3）是否对高能耗设备能耗数据进行统计与分析，制订了合理的能耗评价指标。是否通过能源管理信息系统，对能源输送、存储、转化、使用等各环节进行全面监控，进行能源使用和生产活动匹配并实现能源调度。

4）是否通过信息技术手段，对主要能源的产生、消耗点开展数据采集和计量，建立水、电、气等重点能源消耗的动态监控和计量，实现重点高能耗设备、系统等的动态运行监控。

5）是否建立了企业能源管理制度，开展主要能源的数据采集和计量。

（7）供应链方面。

1）是否可与供应商在设计、生产、质量、库存、物流上协同，实时监控采购变化及风险，自动做出反馈和调整，并实现采购模型和供应商评价模型的自优化。是否可采用大数据、云计算和机器学习等技术通过数据挖掘、建模分析全方位分析客户特征，实现满足客户需求的精准营销，并挖掘客户新的需求促进产品创新，实现产品从接单答复交期、生产、发货到回款全过程自动管理的销售模式。

2）是否可与供应商的销售系统集成实现协同供应链，并基于采购执行、生产消耗和库存等数据建立采购模型，实时监控采购风险并及时预警，自动提供优化方案。是否可通过对客户信息的挖掘、分析优化客户需求预测模型，制订精准的销售计划，综合运用各种渠道实现线上线下协同统一管理所有销售方式，并可根据客户需求变化情况动态调整设计采购、生产、物流等方案。

3）是否能够将采购、生产和仓储等信息系统集成自动生成采购计划，实现出入库、库存和单据的同步，并通过信息系统开展供应商管理，对供应商的供货质量、技术、响应、交付、成本等要素进行量化评价，根据客户数据模型进行市场预测并生成销售计划。

4）是否通过信息系统制订物料需求计划，生成采购计划，管理和追踪采购执行全过程，并通过信息技术手段实现供应商的寻源、评价和确认。是否通过信息系统编制销售计划，实现销售计划、订单、销售历史数据的管理，并通过信息技术手段实现分销商、客户静态信息和动态信息的管理。

5）是否能够根据产品、物料需求和库存等信息制订采购计划，实现对采购订单、采购合同和供应商等信息的管理，并基于市场信息和销售历史数据，通过人工方式进行市场预测，制订销售计划，实现对销售订单、销售合同、分销商、客户等信息的管理。

4. 企业在生产运营中数据的利用效率和效果

（1）能够充分利用所采集数据产生分析洞见，改进生产运营（如预测性维护、机器学习等）。

（2）能够分析所采集部分数据，发现一些问题，实现一定程度的改进（如生产报表、可视化）。

（3）尝试利用所采集的数据，但收效甚微。

（4）有意愿利用所采集的数据，但不知道如何入手。

（5）所采集数据基本处于闲置状态。

3.1.5 运行保障评估

1. 在智能工厂建设方面是否有专门的投资计划

（1）有专项预算，已在相关领域进行投资。

（2）有专项预算，计划 2 年内在相关领域进行投资。

（3）有专项预算，但尚无详细投资规划。

（4）有规划，但尚无专项预算。

（5）暂无任何投资计划。

2. 是否建立了适应智能工厂建设的企业文化

（1）已经建立了智能工厂企业文化，并在企业内全面推进实施。

（2）初步建立了智能工厂企业文化实施计划，但仍在探讨完善过程中。

（3）正在建立智能工厂企业文化和实施计划或尚在学习准备过程中。

（4）有计划建立智能工厂企业文化，但尚未启动。

（5）既没有相关规划，也没有启动的计划。

3. 工控安全方面的实际情况

（1）基于企业安全策略，在生产现场拥有完善的网络信息安全防护体系（如纵深防御）。

（2）生产现场拥有相对标准的信息安全规范与相应的技术解决方案。

（3）能通过一定的技术解决方案，基本保证生产现场网络信息安全。

（4）能通过一定的单体技术手段，解决生产现场局部的网络信息安全问题。

（5）无任何管控手段。

对智能工厂的评估只是智能工厂规划建设的开始。对智能工厂的评估有助于判断企业智能工厂建设发展的阶段和水平，能够有效地帮助找出问题，并提高智能工厂关键环节的智能化水平。我们可以通过上述五个维度的 16 项评估子项，初步判断企业是否具备数字化转型的条件和智能工厂水平。

3.2 高屋建瓴，制定数字化转型战略

企业智能工厂的规划建设要从将数字化转型战略作为企业核心战略开始。这就要让数字化转型成为企业最高层管理者的共识和企业发展战略的重要内容。数字化转型不仅是信息技术的应用，更重要的是企业业务采用新的方式来完成。数字化转型的本质是改变工厂的工作方式，从手动和纸质工作任务转变为自动化、数字化、基于软件和数据驱动的工作方式，以实现企业卓越运营目标。

数字化转型的核心是转变企业的业务模型和员工能力模型，即企业业务策略、业务模式、业务流程和员工培养通过信息技术实现能力模型的扩展提升。数字化转型的实现方式是指用数字技术的新形式来完成业务活动。其中最为关键是企业业务活动本身不发生变化，而要用数字化技术来完成或帮助完成企业业务活动。换一种方式来表达，数字化转型就是"将业务活动用数字化技术换一种方式来完成"。例如，人工进行数据采集转换为自动化数据采集，专业人员分析转换为视频分析预警，课堂培训转换为网上授课等。通过数字化转型，在企业中能够让从总经理、厂长、工程师到操作人员时刻了解企业中正在发生的事情，能够让相应的人员快速看到工厂运行的全貌或者自己负责装置的详细运行状况。通过数字化转型落地，我们能够收集、获取和分析企业从未拥有或以前无法访问和分析的数据。即使我们的工厂运行状况良好，正确地使用数字化技术就像戴上一副智能眼镜，通过定量和定性信

息，使我们更清楚、更准确、更全面地看到业务现状，从而做出更科学、更高效、更自信的业务决策。

3.2.1　转化战略思维，构建数字化转型战略管控闭环

企业做数字化转型升级首先需要转化战略思维，如图 3-2 所示。

首先，企业高层的战略格局要更具有前瞻性，要把通过数字化转型建设智能工厂作为企业长期战略，抛弃短期机会主义思维，对智能工厂建设所需要的技术、人才、组织架构进行长期战略投入，要有战略定力。在战略执行上，需要企业高层以数字化思维，带领核心团队为企业制定数字化转型战略，并自上而下逐级推进，确保数字化完全整合到企业核心业务。

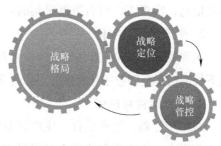

图 3-2　企业数字化转型战略

其次要明确战略定位，企业应清楚地知道智能工厂建设的最终状态和当前所面临的痛点，要有系统思考能力，跳出线性思维方式，并根据企业自身情况制定智能工厂建设的战略任务。明确企业智能工厂建设需要做哪些事情？价值导向是什么？比如，在技术方面，应该建设基于数字孪生的一体化运营平台。过去人们在物理世界中认识世界、改造世界，在未来的智能工厂中，要在物理世界的基础上再加上数字世界，通过数字世界与物理世界进行互动，就可以创造无限可能。在数据方面，要建立企业级的数据治理体系，建立集中统一的数据平台，形成企业数据资产，实现数据的充分共享、利用等。在组织模式方面，要形成组织与模式创新的机制和体系，也就是在战略任务中就确定这种机制和体系的要求，确保组织能够适应随着转型的变革，随着技术手段、数据开发利用的变化，而不断地创新。

最后是战略管控方面。智能工厂建设的专业人员必须成为战略制定的核心成员，而不能只是简单的支持者角色；在战略执行的时候，要制订专项的智能工厂建设年度计划，建立覆盖企业全员的数字化考核制度，形成战略闭环并促使战略落地。

3.2.2　明确智能工厂的建设目标

智能工厂建设目标要以企业数字化转型战略为导向，基于企业的具体发展需求，充分结合新兴前沿科学技术，坚持信息化和工业化的深度融合，以数据驱动企业生产运行，进行智能工厂建设的深化、扩展和提升，为实现企业的卓越运营提供有力的支撑。在企业发展战略的指引下，要让企业数字化战略落地，最有效的途径就是明确智能工厂的建设目标，将建设目标作为企业业务能力打造的方向，持续完善业务能力，对业务能力进行诊断优化，使其满足企业发展的要求。在智能工厂建设中，要实现以下几个方面的建设目标：

1. 生产控制自动化

现场过程控制、生产环节全部采用 DCS 进行集中控制，利用先进控制和实时优化系统来解决常规控制难以解决的操作控制问题，提升生产过程智能控制能力，对异常征兆、异常

事件进行智能检测、智能识别和报警管理；关键装置实现基于机理模型+大数据验证的装置优化控制及异常诊断。

2. 数据采集自动化

借助覆盖工业现场的感知网络，在设备的在线监测，能源管理、质量管理等方面，采用无线传感器技术替代现场操作人员进行频繁的现场检查和数据记录，快速感知与工厂相关的各类信息，实现工厂所有数据采集的自动化，增强对工厂现状的了解和监测能力。

3. 生产管理数字化

主要经营管理和生产运营业务全过程信息化，所有业务处理线上操作；主要装置、设备及地下管网档案全部数字化管理并与运营业务系统集成，实现工厂资产全生命周期管理。

4. 生产运营可视化

对生产计划、生产执行、生产状态实时跟踪，实现生产状态、工业视频等各类信息高度集中和融合，为操作和决策人员提供直观的真实场景，确保其迅速、准确地掌握所有信息，实现工厂及物理制造空间与信息空间的无缝对接。

5. 生产过程模型化

使用持续积累的生产运行数据和专家知识，将工厂的行为和特征知识理解并固化成各类工艺、业务模型和规则，根据实际需求，调度适用的模型来适应各种生产管理活动的具体需要。

6. 企业运营智能化

把经营管理、生产运营中人的经验、知识，以及各种相关信息和信息系统有机结合起来，构成高度集成的人机结合综合集成系统，辅助企业经营管理和生产运营智能化管控。

7. 系统建设集成化

综合运用系统论、信息论、控制论等方法论，逐步实现纵向集成、横向集成及端到端集成。

3.3 有的放矢，打造企业数字化运营能力

企业智能工厂建设目标明确后，为了确保目标达成，就需要根据企业的实际情况对企业应具备的数字化运营能力进行设计，持续打造并完善企业数字化运营能力，推动企业转型升级。在对企业数字化运营能力进行设计前，首先要进行能力诊断，基于能力诊断和企业价值效益诉求，明确能力建设目标，然后把能力分级分解，建立起与企业业务活动、业务流程和组织机构之间的映射关系，将每个能力形成相对应的包括数据开发、技术应用、流程优化和组织变革的系统性解决方案，从而实现能力的落地。智能工厂通常应具备如下数字化运营能力，如图3-3所示。

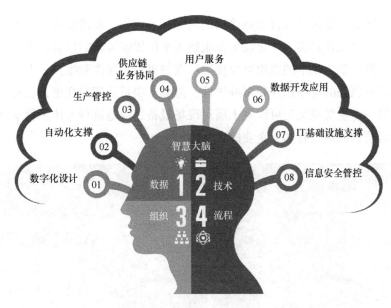

图 3-3　智能工厂通常应具备的数字化运营能力

3.3.1　数字化设计能力

1. 产品数字化设计

产品数字化设计就是基于数字孪生的多学科协同仿真和智能辅助设计，构建贯穿产品全生命周期的设计协同和动态优化的体系。过去的设计方法由于没有数字孪生技术，所以更多采用的是线性方式。有了信息化手段之后，基于产品数据管理（Product Data Manager，PDM）、工厂资源管理（Plant Resource Manager，PRM）系统就可以做并行工程，很多设计过程就可以快速迭代和反馈。在数字孪生技术成熟后，设计方法更进一步，不只是把线性变成并行，甚至可以基于数字孪生技术实现多方参与的跨界设计。这种设计方式极大地提高了创新效率，可以有效推动创新的网络化、生态化，为产品创新带来巨大的发展空间和未来。

2. 工厂数字化设计

采用传统纸质图样、CAD 等方法完成工厂设计后，验证工厂设计的方法是在工厂建设之前，在图样上或者在小型二维屏幕上查看 3D 模型。然而，这种方式仍然让人们很难想象工厂最终建成后的效果。比如，现场太过狭窄，导致难以近距离查看设备，或者无法详细查看设备的安装位置、安装方向、安装方式等。所以，现场设备的安装错误仍然会发生，只有当工厂建成后或设备安装完成后才能发现问题。但是，在这个阶段进行变更则是非常困难的，同时也非常耗时，往往会导致预算超支或项目建设延迟。

数字孪生技术打造的虚拟工厂是真实工厂的数字化映射，可以做到与真实工厂完全一致。我们可以用虚拟工厂来方便快捷地验证新工厂的各项设计，如图 3-4 所示。我们可以走进虚拟工厂，获得更加真实的感受，在虚拟环境下清楚地看到未来计划建设的工厂将是什么样的。现场操作人员可以在项目建设前，就进入虚拟工厂进行巡视和检查，以验证是否有足够的空间在工厂内四处走动，是否存在管道冲突，是否能够正常操作手动阀门，是否存在设备安装不正确的问题，是否存在仪表被遮挡的问题等。比如，发现反馈变送器位于不方便移动的位置，就可以尝试在真实工厂建设中在眼睛水平位置安装新的仪表，如远程指示器，以使工作更轻松。数字孪生技术的应用可以使工厂变得更容易操作和维护，人员和设备有足够的移动空间，具有更好的可操作性和可维护性，避免了项目后期的变更，也避免了高额成本和项目延误。另一个重要意义是可以施工前对现场设备、设施进行人体工程学改进，有效降低人员撞到障碍物的风险，有利于企业的安全生产。

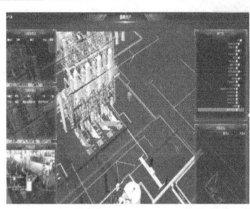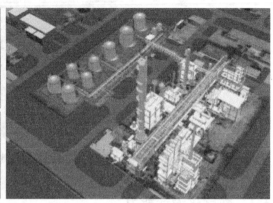

图 3-4   三维数字模型验证

此外，虚拟工厂也可以验证工厂布局、车间布局、货物流动是否合理，通过消除人、机、料、法、环各环节上的浪费，来实现五者的最佳结合，避免混乱而不合理的设备定位，使整体布局更加合理、物流距离更短、物流速度更快。在虚拟的生产环境下对工厂布局规划、车间布局规划、物料流动规划进行设计和测试，能够有效提高作业效率和产品生产的"一次"成功率，如图 3-5 所示。

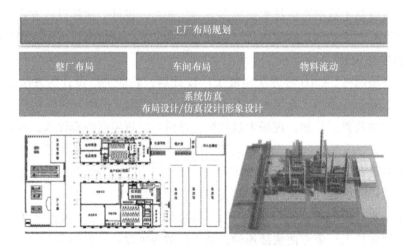

图 3-5   三维数字模型工厂布局规划

3. 工艺数字化设计

在项目设计阶段，设计院对新装置正常稳态运行的设计要求一般能够考虑得比较全面，但对其他工况，尤其是不断变化的开工过程，即使设计院有比较成熟的工艺流程，在结合了业主的实际生产状况和要求后，也经常会出现细节上的设计疏漏。如果在开工过程中才发现这些设计问题，即使是简单的管线或仪表改装也将大大延长开工时间，增加生产成本。

为保证项目建设和开车的成功，可以使用动态模拟仿真系统对工艺流程进行高精度建模，根据反应的机理模型、实际装置流程和工艺设备数据，配置出与实际相同的工艺动态模型。模拟仿真系统能够对装置和工艺的过程、条件、操作程序及过程参数的正确性进行检验，对不同的操作方案进行比较，对过程安全性进行检查，从而实现对整个工艺过程的验证。比如，在模拟仿真过程中进行物料与热量平衡计算，以发现物料与热量的不平衡问题；基于用户的设备资料进行严格的设备模拟计算，以发现各设备的生产能力、管道与阀门尺寸的不匹配问题。这些问题的及时解决将为装置正常开车提供帮助，以缩短生产准备时间、减少装置开车成本。

3.3.2　自动化支撑能力

1. 全过程自动化控制能力

自动化是工业、农业、国防和科学技术现代化的重要条件和显著标志。自动化技术已广泛用于社会各个方面，是企业数字化运营基础能力之一。企业应建成覆盖全厂的自动化控制系统，实现生产全过程自动化控制，提高生产率、稳定产品质量、降低生产成本，为企业生产运行提供强有力的支撑。

自动化控制系统总体划分为三层，如图 3-6 所示。第一层为智能执行结构及智能仪表，为工厂的在线感知、自动控制提供基础工具；第二层为以 DCS、SIS（安全仪表系统）为主的控制系统，实现过程控制、数据采集和批量控制，以及人员、环境、生产、设备的保护；第三层是以模拟仿真、异常诊断、预警管理、先进控制、报警管理、优化控制、PID 整定及工厂实时数据库等为现场生产控制优化和数据共享提供服务。

针对生产过程中劳动强度较大，涉及有毒有害、高温高压的危险生产环节，需要借助技术相对成熟的自动化设备，有效规避生产风险、降低劳动强度、提高劳动生产率。目前，自动采样、物料倒运、自动投料、巡检机器人、消防机器人等在流程行业中都有了较为成熟的应用，如图 3-7 所示。

2. 全厂数据自动化采集能力

数据是最客观的、最清晰的，能够帮助管理者化繁为简，透过复杂的流程看到业务的本质，更好地优化决策。现场数据是工厂高效运营的基本要素，如果不能全面、真实、实时地掌握工厂的运行数据，就无法挖掘新机会，也无法管理、衡量运营指标。对于现场数据，采集越敏感、测量越频繁，就能越早发现潜在的故障，采取措施的时间窗口就越长。然而，频繁的人工检查并不实际，为了让工厂更可靠、更高效地运营，企业需要实现数据采集自动化，才能获取来自传感器的实时数据。这样员工使用的是最新的数据，而不是一小时前、一天前甚至一周前的数据，所以可以更快地采取行动，使得工厂更具生产力和预测性。

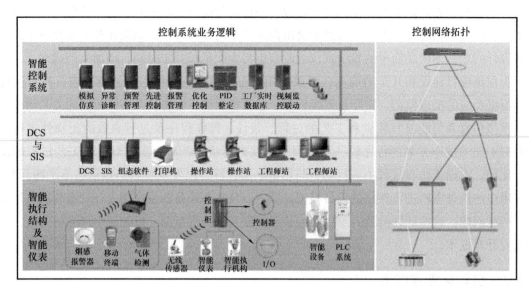

图 3-6　工厂自动化控制系统的结构

图 3-7　工业巡检机器人

3. 报警管理和设备异常预警能力

（1）报警管理。针对生产过程中的报警事件进行在线监测和分析，建立以每小时平均报警率、每小时峰值报警率、报警干预率、报警抑制为主的报警分析模型，能够快速发现报警信息中的不合理报警数据，通过管理制度的配合运用和 DCS 报警设置的逐步优化，能够切实降低报警数量，让操作人员将注意力快速放到重要报警上，并辅助操作人员进行报警原因分析。

报警出现后能够立即被推送到不同的管理岗位，为处理安全隐患赢得时间，同时跟踪和监控事件的处理过程，强化对安全生产的分层管理，为安全生产、从严管理提供技术支撑。报警管理能力的落地，能够打破岗位限制，实现安全生产全员参与。

（2）设备异常预警。对设备运行参数连续跟踪，建立设备故障模型，利用大数据等技术手段分析是否存在生产异常状况或事故发生的早期征兆（见图 3-8），同时与专家系统相结合对设备异常状况进行预警，从而可以更早采取措施，避免设备故障、减少经济损失，实现设备的长周期稳定运营。

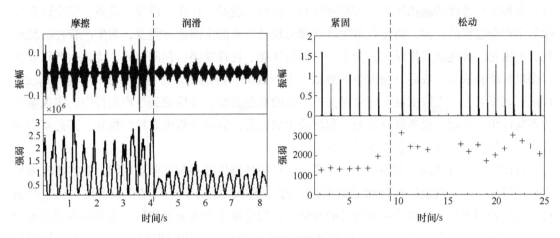

图 3-8　设备异常分析

例如，催化装置外取热事故如在早期发现，只需要做切换操作，以避免机泵损坏和产品质量不合格造成的损失。对于重要的仪表变量，可通过建立仪表故障的预警诊断模型，分析是否存在仪表的冻结/跳变，以及与工艺相关的故障，如物料平衡、能量平衡等问题。

4. 先进控制和在线优化能力

随着工业信息化水平的不断提高及过程控制技术不断发展，先进控制和在线优化成为实现流程化工企业目标与相关产品指标综合控制的重要手段。智能工厂利用先进控制和在线优化软件，基于严格的工艺模型，使用生产过程中的实时测量数据，根据外部环境的变化与操作目标的改变，经过装置稳态检测、数据整定和优化计算过程，自动给出决策变量的最优操作条件，并作为基本控制回路或先进控制系统的设定值加以实施，以取得最大的经济效益。

先进控制与在线优化的实施使过程控制更为平稳，有条件实现更严格的卡边条件在线优化控制，从而带来显著的经济效益。以石化行业为例，一个先进控制项目的年经济效益在百万元以上，其投资回收期一般在一年以内。通过实施先进控制与在线优化，可以改善过程动态控制的性能，减少过程变量的波动幅度，使之更接近其优化目标值，从而使生产装置在更接近其约束边界的条件下运行，最终达到增强装置运行的稳定性和安全性、保证产品质量的均匀性、提高目标产品收率、增加装置处理量、降低运行成本、减少环境污染等目的。先进控制和在线优化系统在不增加重大设备投资的情况下，充分发挥了现有生产装置的运行潜力，有效实现了增产、节能和降耗的目标，为企业创造了新增效益。因此，先进控制与在线优化的控制能力已经成为流程企业必须具备的自动化支撑能力。

3.3.3　生产管控能力

智能工厂的生产管控能力建设，首先要从建立对工厂物理世界的感知能力开始。基于运营技术（Operational Technology，OT）的边缘计算设备、智能传感器和工业软件对现场作业环境数据、设备运行数据、产品数据等工业数据的不间断、低延时、准确、可靠的反馈，来描述、感知工厂物理世界。其次，基于工业机理、工厂模型将生产工艺、业务规则、作业规程与各种生产管理活动相匹配，实现对计划、物料、能源、作业、质量、设备、安全以及环保等生产全过程的管控，满足日常生产管理与现场作业的全部业务需要，为生产管控的精细化、可视化、智能化提供保证，为下一步评估性能、发现缺陷、预测故障、优化生产作业流程提供标准和依据。最后，通过业务数据、生产数据，特别是设备运行数据的采集和集成，形成不间断的工厂大数据流，建立对生产运行的数据洞察，并反馈到生产运行中，实现生产的不断优化。比如，设备维修计划、预测能力的提升，质量分析可靠性的提升、工艺流程和操作规范优化，以及产能利用率的提高等。

具体来说，包括以下方面：①建设覆盖全厂的各类传感器和工业互联网，能够实时采集生产现场信息，实现全厂运行状态的实时、适时感知；②基于生产过程数字化，在生产制造、过程管理等环节信息化系统建设的基础上，构建覆盖全业务流程的、动态透明的可追溯体系，在统一的可视化平台上实现产品生产全过程的跨部门协同控制；③加强生产管理协同，各个业务部门在统一平台上协作，充分共享设备、工艺、能源、质量、安全、仓储等信息，以数据为基础实现业务的数字化协同，优化生产流程，提高工作效率；④依托工业互联网对生产过程中的各类数据进行实时监测、自动优化、动态预警，并通过对各类数据的综合分析和快速响应，在生产、设备、安全、质量、能源、环境等各个业务领域全面支撑企业生产管控，进一步增强企业生产运营协同、装置平稳运行、生产实时优化的能力；⑤推进供应链协同优化，基于原材料采购和配送需求，将企业信息系统拓展至供应商和物流企业，横向集成供应商和物料配送协同资源和网络，实现外部原材料供应和内部生产配送的系统化、流程化，提高工厂内外供应链的运行效率；⑥推进生产运营一体化，深化生产管控与经营管理、采购销售等业务融合，进一步增强企业内部资源和信息的整合和共享。

3.3.4 供应链业务协同能力

传统的供应链业务协同更多解决的是上下游的信息协同，在数字化时代，智能工厂在信息协同的基础上，不断向资源协同、能力协同努力。汽车行业因为其高度的标准化，在多年前就在供应链方面实现了基于库存的资源平衡。随着汽车行业的不断发展，基于库存的资源平衡已经不能满足企业追求价值最大化的发展诉求，很多汽车企业转向基于产能的能力平衡，以充分释放企业的产能。能力已经成为实现上下游衔接内部业务的重要准绳，未来供应链上下游的业务协同要基于能力才能实现更好的协同。企业如果能够实现这种能力级的智能协同，就可以根据企业内外部环境的变化，实现供应链的动态调整与合作，以适应市场的变化。此外，企业内部与外部的合作伙伴可进行生态共建实现业务的协调联动，通过供应链业务协同能力的共建共享达到整体价值最大化，如图3-9所示。

举一个食品加工制造商例子。首先，从制造商的角度来看，如果在原材料发货前就将原材料的分析检测电子证书传递给制造商，工厂就可以在原材料到达前做好该批次原材料的加

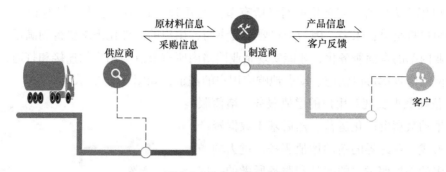

图 3-9　供应链信息传递

工准备工作，可以较好地节省时间和成本。其次，从供应商的角度来看，如果供应商拥有关于制造商需要什么和什么时间需要的信息，就可以更好地提供他们的产品。因为供应商通常会服务不止一家企业，所以如果供应商能够与多个企业建立业务协同关系并以适当的方式共享信息，那么供应商、制造商都将获得额外的好处。最后，从客户的角度来看，随着整个价值链中获取的数据越来越多，客户可以更好地了解产品的原材料、制造工艺和制造地点，这些信息能够让客户做出更好的决策，让客户知道他们在买什么，增强客户个人满意度；而且，当产品出现问题时，客户能够及时反馈，制造商根据客户反馈可以为客户提供更好的售后服务，这将成为制造商的竞争优势，并帮助制造商建立更好的品牌忠诚度。

3.3.5　用户服务能力

用户服务能力可以从以下三个方面进行分析：

（1）用户需求定义。基于大数据分析去构建用户画像（见图 3-10），建立用户的权威模型。企业通过用户画像预测用户的需求，并且与用户一起去创造对用户来说体验最好、最需要的个性化需求，然后再快速响应用户需求。

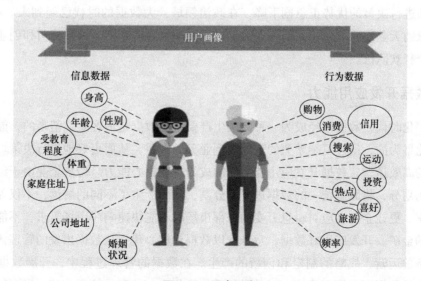

图 3-10　用户画像

（2）以用户为中心，实现价值网络所有节点与用户的连接。过去，只有销售部门、营销部门跟用户打交道；未来，因为用户要全程参与，用户的个性化需求要得到满足，所以只有实现企业内部的全面服务化，才能实现企业网络内所有节点与用户的连接和打通，保证企业的每个网络节点都可以快速、动态地响应用户的需求，如图 3-11 所示。

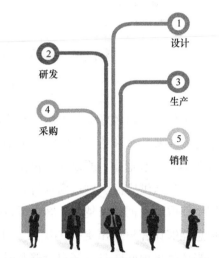

（3）依托数据实现对用户的增值服务。增值服务首先要推动数据资产化运营，然后基于数据资产化运营，形成一些跨界的新的增值服务。过去的增值服务更多的是按照过去的产品和服务所做的一些延伸服务，还是基于过去的产品服务。新的增值服务就是基于数据资产化运营，不只是在原来的产品基础上做延伸服务，可能还拓展一些关联业务，实现基于数据的跨界增值服务。比如，沃尔玛很好地运用大数据技术，成功地发现了"纸尿裤"和"啤酒"的潜在联系。原来，美国的太太们常叮嘱她们的丈夫下班后为小孩买纸尿裤，而丈夫们在买纸尿裤后又会随手带回两瓶啤酒。这一消费行为导致这两件商品经常被同时购买，所以，沃尔玛索性

图 3-11　企业每个网络节点都参与用户服务

就将它们摆放在一处，既方便了顾客，更提高了产品销量。2012 年 11 月，美国总统选举异常激烈，奥巴马在整个竞选过程中花了不到 3 亿美元，而罗姆尼却花了近 4 亿美元，但最终还是奥巴马赢得选举，打破了没有一名美国总统能够在全国失业率高于 7.4% 的情况下连任成功的惯例。在奥巴马获胜几小时后，《时代》杂志就刊发报道，认为奥巴马的成功，竞选团队的大数据战略功不可没。因为他的竞选团队进行了大规模且深入的数据挖掘，帮助奥巴马在获取有效选民、投放广告、募集资金方面起到重要作用。《时代》杂志更是断言，依靠直觉与经验进行决策的优势正急剧下降，在政治领域，大数据的时代已经到来。各色媒体、论坛、专家铺天盖地的宣传让人们对大数据时代的来临兴奋不已，无数公司和创业者都纷纷跳进了这个狂欢队伍。

3.3.6　数据开发应用能力

在数字化时代，数据已经成为一种新的生产要素。数据是最客观、清晰的，能够帮助企业管理者化繁为简，透过复杂繁芜的表象看到业务的本质，从而更好地进行决策。要实现对数据资产的高效运营，数据开发应用能力必须成为企业核心能力。传统企业由于组织机构和业务流程的划分，将原本统一的数据进行了分割，从而产生了不同的解读，不仅无法提高整体工作效率，更让企业在应对瞬息万变的外部市场时不能快速响应市场需求，不能抓住数据这座巨大的金矿。开发应用好数据，意味着以数据为核心建立从数据出发的管理体系，用数据驱动业务的运营、战略的制定和创新的产生。在数据的管理过程中，开展数据资产化运营，将企业的数据资产梳理清楚，对其进行采集、集成、共享、挖掘，从而发现问题，进而

驱动创新、优化流程。

传统商业智能的核心还是人的经验,而随着行业边界的消失、海量数据的汇聚,谁都无法掌握全面的信息,一个小的决策都会带来大量信息的关联分析,靠人的经验去决策所带来的风险巨大。在数据资产中,利用数据可视化、建模、算法可以发现经验不能触达的部分,从而发现规律、发现价值,能够产生更多的创新,特别是那些原来人的经验所不能够洞察和理解的。

举个实例来说,流程行业的优化控制是生产管理中非常重要的环节,整个过程中有大量的控制参数,调整哪一个参数,不调整哪一个参数,什么时候调整,调整回来需要多长时间,调整后的结果怎么样等,都非常关键。整个控制策略至关重要,调整得好坏会直接影响装置的收率、运行的稳定性和产品的质量。过去,这种类型的控制更多的是靠操作人员的经验"拍脑袋"进行的。但是,现在众多的化工企业都在利用大数据+机理模型来做装置的优化控制,结合工艺模型、实时工艺数据、历史工艺数据等来建立控制模型,以达到控制的最优化。

对于物流企业来说,可以在几百万条货运数据中尝试探索运力与区域的关系并建立模型,从而发现一些地区之间的货物运输是有规律的,这些规律在一定的时间内是生效的,这就带来了巨大的商业价值。原来的货运定价相对是固定的、静态的,而当物流企业洞察了这样的规律后,就可以动态定价,针对不同的地区、不同的路线、不同的货物差异化定价。所以,企业需要拥有一个全面、开放、方便、快捷探索数据价值的体系,从数据中发现洞察、产生创新。

3.3.7 IT 基础设施支撑能力

随着智能工厂业务的快速发展,企业对 IT 基础设施及配套服务有了越来越高的要求,期望 IT 基础设施及配套服务为企业数字化业务的发展提供更稳健的支持,满足上层业务对数据的采集、通信、转换、整理、应用和共享的需求。

智能工厂建设运行需要一个先进、高效、稳定、安全、标准、统管、开放式的 IT 基础设施,让各种业务解决方案、应用系统和数据都能不受约束地在其上实现有效配合。企业 IT 基础设施云化已是大势所趋,涉及 IT 基础资源的技术应直接采用行业内成熟的云计算解决方案,涉及企业自身业务发展的应用系统可以联合生态伙伴结合行业应用场景共同打造,涉及企业自身独特价值的核心技术应用的领域要集中优势资源重点研发,构筑行业竞争壁垒。

此外,企业要探索构建与自身的业务特点、发展需求、数字化水平、资金状况和人力现状以相匹配的"数据中台""业务中台"等新型 IT 架构模式,建设敏捷、高效、可复用的新一代数字技术基础设施,为业务数字化创新提供高效数据及一体化服务支撑。新型 IT 架构建设要杜绝"拿来主义",必须符合企业自身能力特点,能够不断优化与迭代并产生预期业务效果,否则很容易出现企业数字化现状与智能工厂建设规划相脱节的现象,而这种脱节现象靠任何先进的架构、平台都是解决不了的。

3.3.8 信息安全管控能力

智能工厂的建设意味着对很多业务能力进行了全面的数字化改造，技术、数据和业务实现了高度集成，如果没有相应的安全保障，一旦发生信息安全事件，将是很可怕的事情，企业将会遭受重大损失。首先，要系统地把握工业控制网络与企业信息网络的安全需求，针对网络运行连续性、操作周期性、功能实时确定性，以及现场环境易燃、易爆、高温、高压、强电磁干扰的工程特征，建立"本质安全、区域隔离、纵深防御、全生命周期管理"的网络安全技术体系，以满足工业企业持续不间断安全生产的需求。其次，建设态势感知平台，加强平台、系统、数据等安全管理，使用安全可靠的设备设施、工具软件、信息系统和服务平台，强化安全检测评估，开展攻防演练，从而提升信息安全管控水平。再次，安全解决方案本身也要做到安全可控，要保证所有的核心关键技术、系统、设备设施是安全可控的。最后，要建立可量化的安全防护措施和制度体系，核心数据可管控、安全事件可追溯、安全策略可审视。

3.4 能力落地，推动数据、技术、流程、组织四要素融合

企业数字化转型战略确定后，根据与竞争对手、合作伙伴之间的差异化分析，可以明确企业自身的可持续竞争优势到底在哪里，以及要打造哪些数字化运营能力。在这个基础上，要把对能力的打造要求转化为如何对数据、技术、流程、组织的充分融合，分析数据怎么开发利用、技术怎么应用创新、流程怎么优化、组织结构怎么调整，将四要素有机融合为系统的解决方案，贯彻到企业的每一项业务活动中，结合 PDCA（即 Plan（计划）、Do（实施）、Check（检查）、Act（执行））运营管理机制，推动持续改进，形成数字化运营能力建设路径（见图 3-12），确保数字化运营能力有效落地。

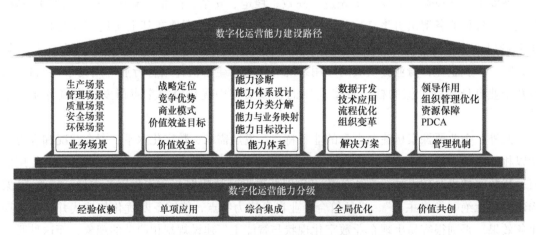

图 3-12　数字化运营能力建设路径

数字化运营能力设计好以后，为了能力的有效落地、创造价值，就需要通过数据、技术、流程、组织四要素的共同作用，实现融合创新，如图 3-13 所示。光靠技术应用是解决不了问题的，光靠组织变革也是解决不了问题的。人们认为技术很重要，但是在信息化时代，即使技术应用跟上了、组织变革跟上了，仍然会出现问题，还需要数据的开发利用，数据作为新要素的作用必须充分发挥。所以，数字化运营能力落地的过程，就是四要素融合的过程，要构建并实施包括数据、技术、流程、组织四要素，能够同步创新和迭代的系统解决方案。

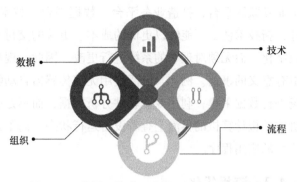

图 3-13　数据、技术、流程、组织四要素融合

要素融合过程主要包括四个部分：数据开发、技术应用、流程优化与组织结构调整。每个要素都有自己的要求，同时这些要素不是孤立的，要推动要素之间的集成融合、协调联动，还需要推动互动创新。

3.4.1　数据开发

数据是数字经济时代的新型生产要素。在企业数字化转型的过程中，数据将会凸显其核心价值和战略作用。随着各类数据采集、整理、分析相关技术的发展及应用，数据的价值逐步在更多方面得到体现，数据的管理能力已成为现代组织的核心竞争力之一。如果没有数据在线自动采集能力，没有数据加工能力，没有数据快速反馈能力，没有数据综合利用能力等，组织未来就会失去竞争力。因此，要重视数据作为关键生产要素的价值，构建企业级的数据平台，在数据更加全面、及时、准确、可靠的利用过程中，实现企业多元异构数据的在线交换和集成共享，挖掘、利用数据中潜在的关联和规则，激发数据的创新驱动潜能，使之成为组织生产、经营和决策的重要依据。

3.4.2　技术应用

新一代信息技术被确立为七大战略性新兴产业之一，是创新最活跃、带动力最强、渗透性最广的战略性技术，能够为其他产业的加速发展提供新的动力，已经成为世界各国抢占未来科技和产业发展先机、确立竞争新优势的战略制高点。在组织层面，随着技术应用创新和集成创新的深入推进，正在引发组织内部、产业链甚至全球范围资源优化配置方式的变革，研发创新、运营管理、市场服务、经营决策等方面的新理念、新模式层出不穷，为组织通过两化融合实现全局创新、整体提升提供了方法、手段和途径，是加速转型升级和创新发展的重要驱动力量。

在技术应用中，设备设施方面要建立企业级的设备设施集控平台，实现设备设施的互联、互通、互操作。IT 软硬件方面，要建立企业级的系统集成架构，推动 IT 资源的分层利用和 IT 资源的云化。在网络方面，要建立企业级的统一的网络基础设施，比如敏捷网络建设、工业互联网、工控网和 IT 网的打通等；在平台方面，要建立基于企业自身业务特点的工业互联网平台，打造业务平台、数据平台、技术平台，实现各类业务的平台化部署。此外，新技术使工厂能够以更低的成本、更快的交付来保持竞争优势，可以将以前的手动任务数字化，而无须对现有的系统进行更改。因此，现场工程师、操作人员可以集中精力于一些更有意义的事情。例如，广泛使用无线传感器自动收集数据，而不是使用便携式巡检仪到现场进行数据采集；利用专业软件分析数据，而不是手动进行数据分析和故障解释；在智能手机或平板计算机的界面上查看设备运行状态，而不是在中央控制室的操作界面上查看没有人注意的应用程序。

3.4.3 流程优化

在数字经济时代，业务流程优化要从以职能分工为主转变为以业务流程为中心，围绕业务流程建立组织，使组织具有更高的敏捷性和效益。对于一个企业来说，业务流程的固化过程中，有太多不同的声音、利益的博弈，格局的重组，风险的考量。所以，呈现在企业面前的业务流程，是附加了太多的组织、人员、利益、风险等因素的综合体，复杂而不能被清晰地理解。如果只从业务流程本身去优化，往往是不可能成功的，就像大力士不可能造出一个自己举不起的锤子。而所有的业务流程都会沉淀成数据，不论业务流程多么复杂，数据之间的关联是清晰的，从数据出发，可以越过纷繁复杂的流程，快速反映出业务的本质，因此，数据能够帮助企业优化已有的业务流程。

在互联网环境下的业务流程优化和再造，强调用户参与和持续改进，参与各方通过共建共享更加高效、透明、动态的业务流程，实现组织间实时在线的业务协作，提高总体资源效率，大幅提升快速响应能力和核心竞争力。所以需要将企业的核心数据资产梳理出来，对业务流程相关数据进行在线跟踪，发现那些不产生价值的过程数据、管理数据，以这些数据为源头和出发点，优化业务流程，促使企业运营从流程驱动转变为数据驱动。

3.4.4 组织结构调整

20 世纪最重要的，事实上也是最独特的管理的贡献，是将制造业中体力劳动者的生产力提高了 50 倍。在 21 世纪，管理需要做出的最重要的贡献则是提高知识工作和知识工作者的生产力。20 世纪"科层制管理"模式下金字塔式的层级结构已不能完全适应数字时代的要求，必须重新思考团队在整个企业中的合作方式。

随着数字化转型的深化推进，用户参与、服务个性化、生产分散化逐渐成为市场和服务的新要求，组织结构需要朝着扁平化、柔性化、网状化和分权化的方向发展，组织之间及组织与消费者之间的边界日益模糊化，过去高度集中的决策中心组织将逐步转变为分散的多中心决策组织。企业需要引入新的管理思维和技术手段，优化和重构现有业务流程，最大限度地实现技术上的功能集成、管理上的职能协同，打破传统的职能型组织结构壁垒，按照数字企业架构建立与数字化转型匹配的职能职责体系和沟通协调机制，更好地为用户创造价值，快速响应市场动态变化，提高可持续发展的能力。

这样，把数字化运营能力的要求转化为对数据、技术、流程、组织四要素有机融合的要求，贯彻到企业业务运行中，分解到每一个业务活动单元，形成企业所需要的能力解决方案，在 PDCA 运营管理机制的配合下，先进行项目策划，再进行项目实施和评测，在过程中持续改进，真正把能力打造出来，然后对能力进行差异化分析，判断是否能支持数字化转型战略实现，从而形成战略闭环。

3.5　积极尝试，转变工作方式

通过数字化转型打造智能工厂正发生在我们周围，不管我们怎么称呼这个过程，都意味着人们的工作方式将会改变。在数字化转型的过程中，过去手工和纸质的过程管理工作方式将转变成自动的、数字的、基于软件和数据驱动的工作方式。其中一个非常关键的因素是自动化数据收集。人们可以花费较少的时间完成数据收集以提高生产率，并且由于数据获取得更加频繁，可以获得更准确的预测结果。这意味着人们的工作将从收集数据转移到根据数据得出的信息去执行相关任务上来，过去往往需要几天时间处理的工作，现在几乎可以立即处理完成。总而言之，数字化转型升级的本质是企业管理手段的升级、员工工作方法的升级，以及企业内部各部门之间、企业与企业之间协同关系的升级。数字化技术已经开始影响并改变了人们与企业沟通、协作和互动的方式，人们能够利用新的数字化工具，更加便捷、科学、精准、高效地开展工作。

3.5.1　数字化运营报告

传统的工厂运营报告是手动编写的，但是，手动编写包含来自多个团队数据的报告非常耗时。智能工厂建设项目落地后，各类报告会自动生成，并为所有生产相关部门提供数字化运营报告。

3.5.2　个性化工作台

根据员工的角色和责任，每位员工都有不同的工作台。工作台根据需要可在任何地方基于网络进行访问，人们可以在控制室的大屏幕上、办公室的计算机屏幕上或者平板计算机和智能手机上，一目了然地了解自己职责范围内的工作。

3.5.3　业务通知

工厂人员不是一直在看仪表板，当工厂中的一些软件或子系统预测到与他们相关的问题时，他们的智能手机上就会收到一条个性化的消息。这条消息会优先标记出预测或检测到的问题，明确问题的原因，以及给出处理意见。

3.5.4　远程专家服务

远程专家服务是本地技术人员通过移动设备与专家连通，通过增强现实（AR）技术安全地共享他们的视野，使远程专家能够帮助他们排除和解决问题，如图 3-14 所示。软件能够自动识别目标设备位置及其维护历史和维修说明，并在本地人员的移动设备上显示安装、校准或维修操作的每一个步骤，以确保本地人员能够在第一时间解决问题、完成工作。

图 3-14　使用增强现实技术，远程专家可以建议和指导阀门维修

3.5.5　快速寻找设备

在一个已建成多年的工厂里，许多阀门的标牌可能已经脱落，或者磨损到不可读的程度，或者已经被油漆过，那么在许多阀门中找到一个特定的控制阀可能很困难。可以采用RFID 技术，通过射频识别器从远处扫描工作现场的环境，这些现场设备标签就会出现在防爆平板计算机上。当再次扫描并靠近时，信号强度条会告诉我们如何找到正确的控制阀，并且通过 RFID 标签读取阀门的基本数据，如图 3-15 所示。这样，即使标牌不见了，工厂人员也可以知道阀门所在位置并完成工作。

图 3-15　使用 RFID 技术快速定位设备

3.5.6　三维空间施工模拟

例如，在三维虚拟空间里对起重机的行进路线、工作地点、安全的工作空间进行施工设计，可减少起重机台班、优化吊装过程、降低吊装过程的安全风险，不仅能节省大量成本，而且使吊装过程风险可控，如图 3-16 所示。

图 3-16　在三维虚拟空间，进行吊装过程模拟

智能工厂正在改变人们每天上班时的各项工作，在智能工厂中工作不能像以前一样"凭经验、凭直觉开展工作"，而是要"查看数据、分析数据，看数据提示我们该采取哪些措施、如何去做，让数据作为人们得力的工具"。虽然数字化转型可能会带来现有工作形式的变化，但一定不是增加一个新的部门。其中一些新的工作就包括管理数据分析，使用无线设备跟踪生产制造过程，并且能够在出现问题时快速定位。虽然人员数量可以保持不变，但数字化转型增加了新的职责，这就需要加强协作沟通和提高应用新工具的技能。

3.6　脚踏实地，夯实智能工厂建设策略和保障机制

智能工厂的规划建设要从全局出发，使其能够完成企业所赋予的使命，同时科学应对建设和运行过程中的风险，帮助企业在智能工厂建设运行中理清思路，根据企业实际状况找到可行落地路径，确保企业数字化转型战略目标实现。

3.6.1　智能工厂建设策略

1. 要着眼长远、立足当下

智能工厂的建设是一项系统工程，涉及的业务领域比较广、建设周期较长、项目实施较为复杂，每个阶段建设都要以前一阶段为基础，逐步推进，坚决不能跨越式建设，因为很多问题并不是技术上的问题，而是管理、组织方式、观念的变革。

为了确保智能工厂建设成功，企业一定要着眼长远、立足当下，深刻汲取以前信息化系

统实施的经验与教训，不要过于理想化，不要过多强调自组织、自学习、自执行等高难度的智能技术。企业不是突破什么关键工业智能化技术的研究单位，而是以创造效益为根本目的，因此要总体规划、分步实施，以效益为驱动，确保成功率，在自动化的基础上，实现信息化、网络化，在管理方面深挖潜力，充分发挥人的作用，打造具有适度智能的数字化、网络化、高效化、个性化的智能工厂，切实做到明显的提质增效，提升企业的竞争力。

2. 要有全局的、系统的思想

企业在智能工厂建设时一定要有全局的、系统的思想，从各个方面进行优化、挖掘潜力。由于智能工厂是由一个个小的数字化项目构成的，因此数字化项目的落地要从全局出发，要构建一个支持多个信息系统的公共基础设施，打造一个全面的、有体系的智能工厂基础平台。如果一开始只考虑了一种业务或场景的解决方案及配套基础设施，最终很可能会得到许多不兼容的零碎解决方案，从而人为造成一个又一个信息孤岛。

3. 数字化运营能力的打造是一个渐进过程

在打造数字化运营能力的过程中，如果采取过于激进的方式，员工就会与工作方式的变化做斗争，这样将会极大地影响企业的正常运行。因此，为了让员工不要过度紧张并积极配合，企业要一个接一个地逐步完成企业内部数字化转型的小任务，以较小的步骤完成它，以使其成为一个渐进的转变，而不是一场突然的革命。所有这些渐进的改进加起来就成了真正能够颠覆以往工作模式的变革。微小的变化对人们来说很容易接受并采取相应行动，随着时间的推移，人们会采用新的工作方式，整个组织也会接纳并吸收新的变化，这样就使得工厂的数字化转型获得成功，让数字化运营能力真正落地。

4. 新技术的选择要合情合理

根据《哈佛商业评论》的调查，全球范围内70%以上的数字化转型投资没有达到预期的效果。很多企业并不是从一开始就了解数字化和智能化升级的流程，没有根据企业内部现有的业务流程、系统关系、数据结构、系统环境定制智能工厂建设战略，而是有一份它们想要使用的技术清单，而不管它们的流程是否需要这些新技术，如物联网（IoT）、人工智能（AI）/机器学习（ML）、移动设备、AR、虚拟现实（VR）、云计算等。

在智能工厂的建设过程中，需要选择最合适的技术，而不是最先进的技术。先进的技术并不一定能在企业智能工厂建设中发挥最大的效用，需要根据企业自身功能和用途需求合理决策。如在信息化程度还比较低的企业，5G技术的使用不见得比Wi-Fi技术更实用。

5. 新技术应用不应造成技能差距

对智能工厂来说，真正的挑战是让人们的工作方式变得不同，如果技术与员工不能有效地结合在一起，那么数字化技术的所有集成和应用都将变得无用，这将成为智能工厂建设过程中的最大障碍。在新建项目落地的过程中，需要部署那些直观且易于使用的设备，这样员工就不需要具备专业技术来调试、维护新设备，也不必由数据科学家或程序员来安装、部署智能分析软件。因为新技术会造成技能差距，如果技能差距不能有效缩小，新技术很快就会被人们抛弃。因此，新技术的复杂性应隐藏在内容中，这样操作人员就不会接触到它。

软件方面，如果软件需要进行大量的个性化开发或配置，那么一开始参与项目的人很有可能对项目充满热情。但是当那个人有其他工作时，这个系统就会出现问题，因为没有人及时维护系统，系统的部分功能将逐渐停止工作，随着时间推移，系统最终将被废弃。因此，应部署用户友好的软件，使得软件更容易部署并且需要较少的维护和管理。例如，将智能数据分析算法嵌入软件中，这样工厂就不必雇用数据科学家，软件可以很容易地被工厂现有的工程师和技术人员使用。

硬件方面，如果无线传感器等硬件需要特殊的安装工具和复杂的调试过程，那么这些工作很有可能在一开始由供应商提供。但是，当供应商停止供货后，将没有人支持硬件的继续使用。如果在工厂进行技术改造时没有及时维护网络基础设施，并且传感器发生磨损而没有更换，则相应的传感器就会被废弃。因此，最好部署更加用户友好的硬件，使硬件更容易安装部署，也更容易维护。

6. 要认识到员工有被机器取代的恐惧心理情绪

当员工认为数字化转型可能威胁到他们的工作时，他们可能会自觉或不自觉地抵制变革。如果数字化转型随后被证明是无效的，管理层最终会放弃努力，而员工的工作也会得到挽救，或者至少他们是这样想的。企业数字化转型领导者必须认识到员工的这些恐惧，并应强调数字化转型过程是员工提升专业知识以适应未来市场的机会。要让员工能够充分掌握数字化转型的开展方式，并将新技术定义为让员工在他们已经擅长的事情上变得更加出色的手段，以保证数字化转型的成功。

7. 要充分发挥企业每一名员工的力量

新技术往往不能有效提高组织的生产力，不是因为技术存在根本缺陷，而是因为在新技术应用过程中忽略了业务中的特殊情况。只有那些对日常业务运行中哪些可行、哪些不可行有深入了解的一线业务员工，才更清楚问题所在，才能知道在哪里改变和如何改变。所以，智能工厂的建设要将企业一线业务员工作为关键用户纳入智能工厂建设项目组，群策群力，最大限度发挥新技术在业务运行中的价值。

8. 要建立健全企业数据管理机制

数字化转型的核心是数据引领业务变革。工业企业数据密集，在生产经营过程中积累了海量的数据资源，做好数据管理、数据分析，充分发挥数据资产价值，就成为企业数字化转型成功的关键。因此，首先做好企业数据规划，要在数据采集、数据标准、管理组织、运维流程、支撑平台等方面加强统筹谋划，为数据互通、信息共享和业务协同奠定坚实基础；其次，要健全数据治理体系，做好数据资产管理、数据分级管理和数据共享管理；再次，要加强安全管控，遵循"用户授权、最小够用、全程防护"原则，把数据保护好；最后，要从算力、算法、存储、网络等维度加强技术支撑，把数据应用好。

3.6.2　智能工厂保障机制

1. 打造基于价值观的数字化领导力

首先，企业核心团队应该有数字化转型的战略洞察力和执行力，要有数字化转型的系统思考和顶层设计，要制订可操作性的数字化行动纲领与里程碑式变革绩效目标；要有脱胎换骨的变革意志与执行力，重塑数字化时代的使命与持续奋斗激情，勇于担当变革创新的责任与风险。企业核心团队要在全公司范围内提升各方对数字化转型的认同感，建立起数字化思维方式。比如，在塑造竞争优势方面从自给自足到开放合作，在产品设计开发方面从线性开发到快速试验，在工作职能方面从机器替代人到人机互补合作，在信息安全方面从被动合规到积极应对。

数字化转型的过程中，首先是人的观念和理念的转变，特别是核心管理层对数字化转型战略的认识与推动。其次，企业核心团队要自我超越、自我变革，超越经验能力曲线，对领导力进行升级换代，打造数字化新型领导力。未来的企业内部不再靠行政命令权威驱动，而是靠数据驱动和文化驱动，领导者要从威权领导转型成为基于数据化决策的愿景型领导与赋能型领导。最后，智能工厂建设必须是一把手工程，领导充分重视是智能工厂建设成功的关键所在。没有各级领导的重视和支持，尤其是一把手的重视和支持，企业智能工厂难以实施。通过一把手推动观念转变，明确数字化转型目标、变革组织机构及管理流程、塑造数字化企业文化，企业的数字化转型才可能真正实现。

2. 推动优化组织机构变革

传统的企业组织形式已经对数字化生产力产生了非常大的阻力。从企业内部的组织形式来看，在 ERP 时代，强调的是标准化、集约化，为的是做到高效率、低成本，特别是降低沟通成本。为了实现这个目标，可以将企业的业务目标分解成一个个子流程和小目标，然后将每个节点的责任对应到不同的组织机构和部门，每个组织单元只需完成给它设定的那个目标，整个业务目标就完成了。但是，随着市场快速变化、产品复杂度的提高，工序和集成的复杂度也几百倍地增加了，任务的拆解、流程的设计本身越来越复杂。如果每个部门还是只关注自己的目标，带来的结果就是每个组织单元看不到企业的整体目标，部门之间的壁垒越来越厚，看上去每个节点的任务都完成了，但是中间出现的空隙和漏洞越来越大，往往导致企业在这样的内耗中死去。进入数字化时代后，数据成指数倍增长，企业面临着来自快速变化市场的压力，对于企业内部来讲，这种组织形式就充分暴露了它的缺陷：

（1）部门各自为政，形成了企业内的部门壁垒，各部门只关注自己的 KPI 而不是企业的业务愿景。

（2）将一项完整的业务人为拆解成多个环节交由不同的人去管理，压抑了个体的全面学习和成长能力。

（3）现有的业务和决策往往需要海量信息的交流，而部门壁垒导致部门之间的沟通成本非常高，而效率极低。

那么，在这种情况下，如何进行组织变革以适应数字化时代的要求呢？可以建立数据驱动的网络型管理方式，让所有对业务目标有帮助的人都参与其中，并且尽可能让每个环节拥有全面的信息，在完成自身工作的同时，向企业统一的业务目标看齐，让企业上下都拥有一致的愿景和使命，将传统的命令式指挥模式转变成愿景驱动，让所有成员掌握全面的信息，从而减少由于分工造成的内部割裂，降低内部沟通成本。要形成高效的业务协同和数据共享能力，构建数字化技术的协同平台，给予每个环节信任和权限，在对达成目标有帮助的情况下，留出一定的弹性空间。要突出以人为本的原则，调动每个人的积极性和潜能，引导员工改变工作模式，建立起移动化、社交化、知识化的数字化工作平台，把数据融入线上线下的每一个工作环节中，实现真正的全方位协作，激发集体智慧。

3. 给予智能工厂建设资金保障

在资金方面，智能工厂建设是一项长期系统工程。为保障智能工厂的有序实施，企业应建立智能工厂资金投入的长期制度安排，确保资金投入的合理性、适度性和及时性，并确保资金使用的有效性。企业应按照销售收入比例设立智能工厂专项资金投入制度，并列入企业科技研发创新专项投入计划中，在企业经营环境不发生大变化的情况下，保证专款专用，不随意改变资金用途。同时，建立资金投入与产出评价制度，衡量智能工厂投入与效益的匹配度。

4. 加强企业数字化团队建设

在数字化团队方面，企业数字化转型战略的关键在执行，而执行的关键在于组织，培养打造具备数字化转型能力与经验的团队，是企业持续进行数字化转型的动力源泉。数字化能力不是独立存在的，而是贯穿企业的所有流程和业务环节的，所以，数字化团队的工作也是伴随着传统业务部门的每个环节的。数字化团队专门负责居中统筹协调，打破业务和技术、创新和流程、管理和服务之间的鸿沟，推进企业数字化转型的开展。

数字化团队作为企业转型的变革推动部门，要设立共同的愿景和目标，让全部成员都拥有共同的信息，从而减少内部博弈，帮助企业所有部门理解数字化的作用和趋势，从转型意识上做好铺垫；要站在企业的高度去思考问题，帮助企业完成整体数字化的顶层设计，通过系统建设、培训交流等工作，将数字化能力赋予各个部门；要利用新的技术、工作方法，优化业务流程，通过可视化的沟通形式来减少部门间摩擦，从而保证数字化转型的成功。

5. 智能工厂的数字化人才培养

企业数字化转型是关于组织内部和整个价值链的重构。数字化技术只是一个推动因素，人才往往是数字化转型过程中最重要的一环，要通过员工的创造力和创新来真正增加价值。

（1）数字化时代下企业在劳动力方面所面临的挑战。新冠肺炎疫情加速了企业向数字化转型打造智能工厂的进程，很多企业正在重新配置它们的供应链和生产线，以数字化的方式进行生产运营。新的数字化技术将对就业产生重大影响，几乎每项工作都会发生变化，这些变化将对劳动力技能和能力的要求产生重大影响，企业将需要具有适当技能的人员来开发、管理和维护其自动化设备和信息系统，并完成机器无法完成的工作。未来的工作需要整个员工队伍进行两种类型的变革：一种是提升技能，即员工获得新技能，以帮助他们履行当前的角色；另一种是重构技能，即员工需要具备承担不同角色或全新角色的能力。为了保障员工能够胜任未来工作，企业数字化人才培养需要应对如下挑战：

1）缺乏数字化人才标准，人才培养方向不明。企业的数字化转型是不断迭代演进的过程，当企业数字化战略变得清晰时，对数字化人才的需求剧增。但是，企业对数字化人才的培养标准往往难以快速确定，培养方向不明，导致人才供给不上，难以匹配企业战略迭代的速度。

2）培养模式与业务战略缺乏协同，成果转化率低。虽然传统的人才培养模式融入了大量师带徒、轮岗、集中学习等形式，但总体上培养内容与员工实际工作存在一定差距，培养出来的人才难以马上应用；另外，传统人才培养模式的节奏比较固定，难以匹配员工的工作节奏和记忆曲线，成果转化率相对较低。

3）学习体验不佳，学习效果不好。随着移动互联网的逐渐普及，员工的注意力每 5min 就被打断一次，难以集中精力进行学习。员工更期待企业可以提供"吸引眼球"的课程内容，以及生动趣味的线下学习体验。同时，终身学习和在职培训的重要性日益凸显，只有灵活调整教育和训练模式，才能助力员工快速、高效地学习掌握全新的技能。

（2）智能工厂与员工的关系定位。未来，智能工厂与员工之间的关系是双向的，人力资源的工作也应该把重点放在向员工提供的服务上。智能工厂需要为员工制定清晰而有说服力的价值主张，以确保现有员工看到学习新技能的好处，这样组织才能吸引外部人才来填补内部候选人不足的专业职位。并且，智能工厂需要通过开发和部署新技能所需的基础平台和系统功能来改变其整个组织的技能配置。虽然所有员工可能都需要在一些通用主题上提升自己的技能，比如数据分析，但仍有部分员工需要针对特定的新角色进行更深入、更有针对性的专业技能培训。

（3）数字化人才标准类型。人才培养是智能工厂的关键，只有将掌握先进技术的人员与最好的装备和系统相融合，才能在瞬息万变、充满风险和不确定的环境中采取正确措施，做出最优决策。就未来的职业而言，数字化人才已经成为智能工厂建设运行的关键要素，因此需要确定数字化人才标准，大力培养数字化人才。企业数字化转型所需人才包括三大类：数字化领导者、数字化应用人才和数字化专业人才。

1）数字化领导者，应具备数字化思维、坚忍不拔的信念，从上至下持续推进数字化变革，拥有适度前瞻、大胆创新的商业洞察力，客户导向推动变革的战略执行力，以及激励人心、协同合作的组织协同力。

2）数字化应用人才，基于不同业务场景，应用新技术助力数字化转型的核心业务客户，如战略、营销、财务、人力资源业务负责人，关注数字化应用技术如何与业务模式融合以创造新的价值。

3）数字化专业人才，既包括业务架构师、软硬件工程师等传统信息与通信技术（ICT）专业人才，也包括用户体验设计、大数据专家等新型数字化人才，更聚焦数字化专业能力的打造。

（4）智能工厂助力传统企业应对劳动力挑战。一般来说，企业在通往成功的发展道路上，往往会面临缺乏受教育水平高、训练有素的劳动力这方面的挑战。主要原因在于新兴技术的增加、人员退休，以及对制造业职业感兴趣的年轻人的减少。当企业认识到这些挑战是不得不面临的问题时，就需要加紧制订企业的劳动力发展计划，实施有针对性的、可扩展的解决方案。而智能工厂的建设正是解决这些问题的重要手段。

首先，随着数字化技术的不断发展，企业进行数字化转型、建设智能工厂已经成为众多企业的共识。一旦真正开始智能工厂的建设，企业将认识到，必须做出变革才能实现卓越运营并满足生产和市场的需求，这样必定会出现新的职位。

其次，智能工厂不仅会带来更高的运营效率、更稳定的产品质量、可持续的发展和产品创新，还会给现在和未来的劳动力带来更多的好处。现有员工将需要额外的教育和培训，以充分发挥新技术的潜力和投资回报率。企业必须了解现有劳动力技能的熟练程度，以便发展所需的新能力。通过开发培训体系、教育课程和高效的学习工具，将创造出灵活、充满活力、精通智能制造技术的劳动力，并为持续学习提供有效的方式。

再次，企业在智能工厂建设中所采用新技术将有助于吸引下一代劳动力——"00后"。"00后"凭借对数字化技术的熟悉、创造性的思维方式及对个人贡献的渴望，可以快速掌握和使用智能工厂所需的技能，他们也将对使用新的数字化工具开展工作感到非常满意。新一代劳动力的加入，将有助于推动工厂中的每个人向更有能力的数字化员工转变，能够应用先进的工具来开展工作。

最后，由于智能工厂的工作中将采用 VR、AR、可穿戴设备等新技术，工作现场面对的是工业数据而不是 4~20mA 的模拟信号和开关信号，工作过程中使用的是平板计算机而不是纸质文件资料。所以，智能工厂对随着互联网和 3D 视频游戏长大的年轻一代工程师来说将更有吸引力、更加感兴趣。

6. 打造智能工厂企业文化

很多企业内部尚未营造出开放、创新和跨组织协同的文化氛围，甚至一部分人在思想上不愿意接受数字化转型带来的企业经营管理模式和生产运营模式的改变，但传统的文化已经无法适应数字时代的要求。对于许多企业而言，技术触手可及，但要意识到如何优化其潜力却很复杂，缺乏对数字文化及其意义的理解正是其数字化转型失败的原因之一。许多企业甚至在计划进行数字化转型之前都无法理解在企业内部创建智能工厂企业文化的必要性。因此，有必要在企业中创建智能工厂企业文化，帮助企业内部相关人员做好应对变化的准备，以确保数字化转型的成功。

智能工厂企业文化是一种能更快适应变化、具有更高协同合作水平、风险接受意愿更强的企业文化。这主要体现在团队内部形成合作氛围，鼓励各方通过合作的方式，更好、更快地解决企业遇到的问题，鼓励创新的工作方式，形成新的数字化员工行为。

文化是一个国家、一个民族的灵魂，也是一个企业的灵魂。没有企业文化，没有统一的思想和行动，就无法形成合力，企业就无法取得发展，因为每个人的想法都不同，就会导致力量分散，而智能工厂同样如此。智能工厂的建设离不开智能工厂企业文化建设，必须积极建立与智能工厂相匹配的企业文化，并在其统领下调整智能工厂的管理模式，在企业的生产经营、组织管理、人员培养等方面进行改变，实现生产流程的智能化变革，鼓励员工和其他利益相关者习惯于数字文化、工具、技术和解决办法，以确保智能工厂的落地（见图 3-17）。

企业领导者应以身作则，培养积极挑战现状的企业文化。具体做法包括打造开放式创意渠道、鼓励新的工作方式、采用数字化技术等。比如，为推进数字化转型下达数据动员令，让全员转变观念，树立数字化意识，建立数据化的生产经营能力。

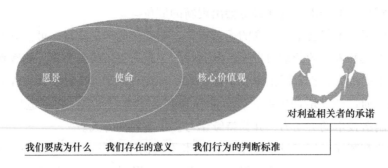

图 3-17 打造智能工厂企业文化

（1）摒弃不良文化。要推进智能制造的发展，必须摒除不良的文化风气。"差不多文化"是最为普遍而又难以根治的一种不良文化。在推进智能工厂时，如果企业还是这种"差不多文化"，那么显然无法推进顺利，在精益环节，就无法以精益求精的态度对生产流程中影响成本、能耗、时间的因素进行有效的建模分析，也就无法知道如何采集数据，当没有了基础的"精准"思想时，后面所有的工作都是没有意义的。

官僚文化的一个显著特点就是"唯上而论"，而枉顾事实和正确的逻辑。官僚文化还表现在僵硬的流程和变通的关系，不从客户出发，而从领导意志出发。这种无法按照正确逻辑行事的作风会使得企业无法正确判断方向和准确地行动，而内部的各种力量不在一个方向就使得团队整体缺乏凝聚的力量，就像踢球的时候后卫和门将互相指望，就可能被对方的前锋抓住机会。

杜绝"山寨文化"，如果不重视知识产权，我们就无法发展自己的产业。过去，一些企业总是以低价竞争，但这种日子看来以后很难了，因为国家在这方面的管理越发严格，通过抄袭省略研发验证的过程，在数字时代将变得更难。数字时代其实使得技术诀窍（Know-How）将更多以软件形式封装，工艺变得更为复杂，已经到了难以像过去那样轻易复制的阶段。不仅机械、控制、工艺、材料均以软件的形式封装，包括流程、服务等全部通过数字化的形式来实现，以前那种通过几何测绘就可以抄袭一台机器的年代已经过去。而另一方面，随着国家越发重视对知识产权的保护及法律法规的健全，通过"山寨"的想法获得成功变得更难。

（2）打造特色文化。创新文化是企业竞争力的核心，是企业实现可持续、跨越式发展的前提条件，是企业做大做强的迫切要求，是建设创新型企业的根本保证。因此，加快企业自主创新文化的培养是企业建设智能工厂的必要条件。

1）打造利他共生的企业文化。未来，大企业和小企业之间是交融在一起的，企业和用户之间是交融在一起的，组织和人是交融在一起的，它是大生态与小生态的交融。线性思维是一种零和博弈，每个个体的利益都是独立的，首先是利己，然后再利他。生态思维所确立的是利他取势共生文化，即先成就他人，再成就自己，相互借势、相互成就。在整个生态体系中是相互成就的，不是我多了你就少了的零和博弈，而是相互赋能、相互成就，形成共生共赢的生态文化。所以，企业需要有包容性增长，要有机地与其他企业交互、共生、赋能、融入生态，致力于做精、做专、做好、做久，成为生态体系中不可或缺的要素或环节。

2）重视工程师，重视人才的培养。不要"叶公好龙"式的重视人才，把重视人才放在口头上，而要真正建立有效的工程师培养体系，产学合作，让大学更接近产业，实现真正高效培养人才，才能发挥企业的高品质人才优势，鼓励创新，鼓励批判性思维，注重工程师能力的培养。

3）只有用工匠精神去雕琢产品、雕琢工艺、雕琢管理运营，才能在不断雕琢的过程中寻找到新的方法、工具、技术。这个时候企业就会发现需要数字化设计，需要智能制造，不是为了获取补贴，也不是为了让别人觉得自己走在前面的面子工程。只有这样的雕琢才是智能制造的真正原动力，只有这样的需求产生的技术创新才真正有意义。

3.6.3　智能工厂的建设误区

如何用正确的方式建设智能工厂，让数字化为企业插上加速发展的翅膀，是众多传统企业一直在思考和探寻的。但是，在推进建设智能工厂时，传统企业往往会出现一些误判，要么过于激进，步子迈得过大，要么过于保守，只改 IT 不动业务，将建设智能工厂做成了信息化改善。究其根源，这些误判来自传统企业对智能工厂认识上的一些误区，导致企业在战略层面上的转型时机和策略选择、战术层面上的转型举措制定和执行层面上的转型节奏把握等方面出现误判。

1. 战略层面的误区

常见误区一：在数字经济蓬勃发展的背景下，传统行业要实现成功的数字化转型，就要在战略方向上下定决心，放下现有业务，全力进入互联网等新兴数字化行业，开辟全新的数字化业务领域。

解读：完全脱离现有业务，单纯为了数字化而数字化转型，属于过于激进的方向性误判。在战略层面，企业拥抱数字化转型的正确方式应该是为了企业竞争力提升和业务创新而进行数字化，绝不是为了数字化而数字化。传统企业应该基于自身的业务基础与优势，让传统业务的"躯干"用恰当的方式插上数字化的"翅膀"。而实现两者互补的合适切入点，往往始于从数字化视角对本行业长期存在的痛点的审视和创新式思考。

2. 战术层面的误区

常见误区二：营销端的数字化转型收益更明显，因此应该着重推进营销端数字化转型的相关举措。

解读：在战术层面，企业制定着重推进数字化转型的领域和举措时，不能够人云亦云。每个企业数字化转型的举措和切入点的选择及优先级排序，应该由企业所在行业的规律和企业自身的禀赋决定。

3. 执行层面的误区

常见误区三：传统企业在数字化转型方面的起步时间已经不占优势了，因此，需要整个企业的所有业务板块同时按照一步到位的节奏快速推进全面转型。

解读：好的数字化转型在整体推进节奏上不应追求一步到位，而应力争小步快跑。首先，在各业务板块的推进节奏上，数字化转型不应等速推进，而应充分考量不同业务板块之间内外部成熟度的差异性。其次，在推进数字化转型的过程中，由于当今市场、业务与技术的发展变化速度越来越快，制定一个五年数字化战略，然后按部就班、照章执行，这种做法难以带来成功的数字化转型；相反，"小步快跑"的敏捷模式能够让传统企业跟上市场、业务与技术的变化，少走弯路，并提升数字化举措的投入回报。

常见误区四：企业在推进数字化转型的过程中，所欠缺的是技术，因此只要能引进尽可能多的数字化技术/工具，就能确保转型取得成功。

解读：仅仅堆砌大量数字化技术/工具本身并不能"包治百病"。成功实现经营业绩提升的数字化转型需要将合适的数字化技术/工具应用在"对症"的业务与产品的重塑或改善机会点上。打造数字化企业就好像在做一道菜，软硬件就像是各种食材，基于专业咨询的解决方案就像烹调的方法和流程，根据客户需求与特点使方案更适应客户就像添加调料与调整口味，系统集成与工程实施就像烹饪的过程。单纯地买来各种食材并全部扔进锅里，是不可能做出美味佳肴的。

常见误区五：企业上云是理所当然的事，上了云即可获得价值。

解读：诚然，上云无疑是顺应未来发展趋势的正确之举，但是上云之前，企业仍然应该想清楚：为什么要上云？要上什么样的云？要解决什么样的问题、获得什么样的价值？这样才能做到有的放矢，做出正确的选择，真正收获价值。制造企业的数据本身就蕴藏着巨大的价值，而上云就意味着要把自己的数据向别人开放，如果上云之后所获得的价值增值还不如自己贡献的价值大，那为什么还要上云呢？

常见误区六：人工智能包罗一切，包打智能制造的天下。

解读：基于工业大数据分析，制造企业确实已经能够解决很多应用场景中的实际问题，如设备状态管理与预测性维护、自学习质量检测等。但人工智能还远远达不到市场上炒作的"无所不能"的程度，因为制造业对"确定性、稳定性、可靠性"要求极高，"概率判断"在很多场景中都没有用武之地。一切单纯为了炒作而设计或凭空想象出来的无法实际落地并为企业创造实际效益人工智能应用场景，都是人工智能的误区。

常见误区七：人越少越先进，数字化转型就是"无人化"。

解读：该误区主要抓住制造企业迫切想要转型的诉求，告诉企业"数字化转型就是通过机器换人实现无人化"。企业只看到了"无人"这个结果，却忽略了更关键的"因"，即"实现无人的目的是什么"。对于一个制造企业来说，机器换人是否能够为其创造效益，能够创造多大的效益，需要站在企业整体运营管理的高度，在综合考虑整个系统的效率与各方面影响因素的情况下，通过专业的评估，方能做出判断。

4. 组织层面的误区

常见误区八：将数字化转型与信息化改善混为一谈，由首席信息官（CIO）或 IT 部门承担、主导整个企业数字化转型的重任。

解读：数字化转型的业务内涵比信息化更丰富，业务影响比信息化更深远，同时需要调动的部门协同与资源共享也比信息化更广泛。要真正协同全企业整体资源，实现数字化转型的战略目标，需要"业务主导、深度融合"，由企业高层乃至首席执行官（CEO）亲自挂帅，同时确保业务职能与数字化/IT 职能在组织层面实现充分理解和敏捷交互。此外，数字化转型对企业内部组织能力提出很大挑战，充分利用外部合作伙伴是领先企业普遍采用的方式。

第 4 章
智能工厂从
数字化设计开始

在第 2 章和第 3 章，我们已经了解智能工厂的模样，也理解了智能工厂应该从哪几方面进行规划。接下来我们要学习的是如何从工厂"基因"塑造阶段进行数字化设计，给工厂插上智能"翅膀"。那么，如何对已建工厂进行"基因"再造，给传统工厂背上智能"翼装"呢？

4.1　数字化设计是什么

首先要理解什么是数字化设计。大家目前可获得的数字化设计只是数字化设计本身的一部分，并不全面。很多人理解的数字化设计就是运用数字化工具，如 CAD、CAE、PDMS 等，进行工厂设计、工厂资料的数字化移交等。但本书认为，数字化设计应该从设计数字化和数字化设计两个方面进行全方位理解，但这也并不一定很全面。下面就开始学习数字化设计到底是什么，以及应该如何进行工厂的数字化设计。

4.1.1　智能工厂设计数字化

目前，在整个工业领域中，数字化技术概念被广泛传播，但在某些场合，数字化还仅仅停留在理论上。而对于工程设计师来讲，数字化是一个非常重要的工具，可以帮助他们快捷且高效地完成复杂的项目设计，并成为降低成本的有力工具。那么，到底什么是智能工厂设计数字化，它又是怎么发展的呢？

智能工厂设计数字化，即工程设计数字化，也就是大家能够理解、能够触及的概念，意思就是设计方式、设计沟通及设计资料移交的数字化，即运用计算机软件（CAD、CAE、E3D、PDS、Office 等）、设计协同管理平台、数字化交付平台等手段并结合数学建模的设计理念，支撑设计单位、施工单位、监理单位及业主完成工厂设计工作（总体设计、基础设计、详细设计等）、设计审查、设计沟通、施工图验证与查阅，以及设计和施工的数字化移交工作。同时，设计数字化可以为跨企业、跨部门高效完成规划设计工作提供数字化的设计手段和环境。

20 世纪 50 年代—60 年代，我国的工程设计工程师主要是通过手工绘图和算盘计算的方式完成施工蓝图的设计，仅仅绘制就需要好几天的时间，再加上应力、风格、空间布局、工艺指标、工程结构等多因素结合的计算过程，完成翔实的设计是一项极具挑战的工作，对工程师的绘图和逻辑能力要求非常高。这种方式不仅耗费人力、效率低，而且容易出错，无法满足大批量复制推广与建设的需求。

70 年代—80 年代，随着计算机应用的萌芽发展，我国开始探索 CAD 图样设计。"七五"期间，我国机械工业部投资 8200 万元，组织浙江大学、中国科学院沈阳计算技术研究所、北京自动化研究所、武汉计算机外部设备研究所分别开发了四套 CAD 通用支撑软件。之后于 1986 年，我国启动了国家高技术研究发展计划（简称 863 计划），并将 CAD 研究工作列入其中。这个时期是我国步入设计数字化的萌芽时期。

90 年代开始，当时的国务委员宋健提出了"甩掉绘图板"的号召，从政府层面推行设计数字化工作，一批国产 CAD 企业如雨后春笋般涌现出来，我国的设计数字化工作进入了新阶段。1993 年，国际上一家做设计软件的公司 SolidWorks 注册成立了，并且在 1995 年研发出了世界上第一款 Windows 三维 CAD 软件。它的出现颠覆了工程设计的思维，再一次改变了设计模式。

之后，设计的二维视图逐步被打破，以波音公司为代表，他们在波音 787 型飞机为代表的研制过程中，全面采用了基于模型的定义（Model Based Definition，MBD）技术，将三维产品制造信息（Product Manufacturing Information，PMI）与三维设计信息共同定义到产品的三维数字化模型中，摒弃二维图样，直接使用三维标注模型作为制造依据，使工程技术人员从多年的二维文化（蓝图）中解放出来，实现了产品设计、工艺设计、工装设计、零件加工、部件装配、零部件检测检验的高度集成、协同和融合。

随着新兴信息技术快速迭代演变，设计数字化也快速发展。2010 年以后，数字化移交的概念逐步在人们的印象中出现，大批的国内国际软件公司致力于研究设计数字化工作。国际上极具代表性的一家公司就是 AVEVA。AVEVA 公司在设计数字化方面具有明显的优势，其业务涵盖了基于物联网的数据采集监控和基于数字化资产的生产、设计和管理运营平台，可分为三个部分：一是设计部分，包括工艺设计仿真、详细的三维设计、生产设计及施工设计；二是平台管理部分，包括数字移交管理平台、协同平台及施工计划管理；三是运营管理部分，包括培训和优化供应链管理监测、可预测性维修维护。国内也有很多类似的设计软件公司，它们也为国家行业高质量发展做出了较大贡献，如中望、浩辰、达美盛等。

通过半个多世纪的探索与实践，设计数字化已成为设计行业的主旋律，但是大部分企业仍然只使用 CAD 进行设计、生产等，部分企业使用三维也只是作为辅助设计，绘制工程图依旧使用二维图，设计效率没有显著提高。部分企业基于 MBD 的数字化设计制造，即基于模型的数字化定义技术，将三维产品制造信息与三维设计信息共同定义到产品三维数字化模型中，使 CAD 和 CAM 等实现真正高度集成，使生产制造过程可以不再使用二维图样。这部分企业目前还是少数，主要集中在航空和汽车领域。

4.1.2　智能工厂数字化设计

通过前面一节我们对设计数字化有了初步了解。那么，什么是智能工厂数字化设计呢？

说到数字化设计，需要再提一下智能工厂的概念。所谓的智能工厂，就是以现代工业技术为基础，采用成熟的数字化、网络化、智能化技术，围绕生产管理控制、设备运行、质量控制、能源供给、安全应急等核心业务，采取关键装置优化控制、计划调度操作一体化管控、物料能源平衡与优化、安全风险分级管控、生产绩效动态评估等措施，着力提升企业生产管控的感知能力、预测能力、协同能力、分析优化能力，为企业综合效益和竞争力的提升提供坚实的保障，并能够最终帮助企业实现高效、绿色、安全、智能的管理目标。智能工厂区别于常规工厂，具有数字化、模型化、自动化、集成化、智能化等特征。现阶段智能工厂的建设绝大部分采用先实施工程建设，投产后再进行智能工厂改造提升的逆向建模过程。这里要提的就是给工厂设计一双数字化"翅膀"，根据智能工厂的特征，在工厂的设计阶段从各要素入手，全面注入数字化"基因"，从而使得工厂具备智能。

智能工厂数字化设计即对工厂进行数字化的设计，其含义就是通过对智能工厂各设计要素进行研究，并以智能工厂的主要应用为主线，将智能工厂的各功能模块与各专业设计联系到一起，设计智能工厂的运行模式、管控方式、监管形式、感知密度、数据规划、业务流程等，从而支撑智能工厂工艺运行、设备运维、安全环保、经营管理决策的边际化，提出一套最佳的智能工厂数字化设计方案。数字化设计更注重数字化在工厂中的应用，它的最佳实践应该是从工程总体设计阶段着手，包括基础设计、详细设计、施工图设计等各个设计阶段，将数字化的"基因"要素覆盖每一个阶段，并且能够助力工程项目和企业完成工厂基础数据中心建设，为企业提供足够全面的工程数据和工艺模型数据，支撑企业生产运营的精细化管控，从而为智能工厂提供有力的支撑。

我国智能制造是在"十三五"时期提出的，新兴信息技术大跨越也是近几年才发生的，很多传统工厂没有遇到这样的机遇。因此，传统工厂应适应国际国内大环境，转向高质量发展道路。面对这样的工厂基础，要尽可能避免过度投资、浪费投资的情况发生，要进行数字化设计，从组织、管理、人员、设备、工艺等多方面进行"基因重组"，提出一套符合工厂发展的智能工厂设计方案，对工厂进行"基因再造"，给工厂加装智能"翅膀"。

4.2　数字化设计从哪里开始

对数字化有了一定理解后，究竟如何开展工程项目的数字化设计呢？本节从以下几个方面讲述如何进行数字化设计。

4.2.1　数字化设计从工程设计数字化和数字化交付开始

智能工厂工程设计以数字化设计为基础，运用计算机辅助设计软件和数字化移交平台辅助工程项目完成高效设计与协同。

近年来，随着电子信息技术和互联网不断发展，工程建设领域正全面迈入数字化时代，各大设计院为了设计、审查、施工更便捷，也开始研究如何实现"设计文件数字化交付"。工程数据数字化移交是工程公司（设计院）数字化、平台化协同设计的目标之一，拥有数字化移交平台是工程公司业务模式数字化转变的重要标志。数字化移交平台的建设，能够帮助企业接收和管理服务方移交的数据资产，为后期数字工厂建设提供数据基础。数字化移交不仅推动了工程设计和工程公司未来业态的改变和进步，更重要的是业主方将实现从源头上掌握工厂各类数据，并以设计数据为基础实现工厂数字化，开展现代化的工厂运维管理及设备资产管理，从而实现工厂全生命周期的数字化管理。

1. 智能工厂工程设计的数字化

在设计过程中，还应当考虑可建造性、拆装性和可维护性，即面向构建与运维的设计。例如，安装设备与工人操作的可达性，操作人员在狭小空间中的可操作性等。把这些工艺问题、建设问题、维护问题放在设计阶段考虑和解决，能减少工程建设环节的返工工程量。

当下，设计数字化的出现对工厂和智能工厂这样庞大系统和复杂程度极高的工程设计工作是有非常重要意义的。它极大地提高了设计者的工作效率，降低了多人、多单位设计协同的难度，有效地解决了工程项目总体设计、基础设计、详细设计，以及各环节、各单位间设计协同管控问题。整个设计转化过程主要经历了如图 4-1 所示的几个阶段，各阶段之间存在着大量的沟通协调工作，并且在各沟通协调过程中还需要对各阶段的设计成果进行转化。

研发　　　　市场经营　　　　产品设计　　　　工艺设计　　　　生产准备

图 4-1　设计各阶段示意

下面从平台支撑和模拟优化两个方面进行设计数字化概述。

（1）平台支撑。运用 CAD、CAE、CAM、PDMS、PDS 及设计仿真等工具软件或系统支撑工程设计工作。

以工程项目为主体，建设涵盖工程项目设计、审验、施工、监理审查以及资料移交等环节的一体化设计、协同、移交平台。常用的、具有代表性意义的一体化设计平台有 COMOS 一体化设计平台、SmartPlant Foundation 集成平台和 AVEVA 设计平台（见图 4-2）。可根据智能工厂数字化设计及交付的总体要求，选择使用的软件设计平台。

图 4-2　AVEVA 设计平台截图

（2）模拟优化。智能工厂模式下的工艺流程模拟结果不仅为工艺、系统设计与计算提供了基础数据，而且该数据和模型同样可以应用于运营阶段。模拟软件不仅为工程技术人员优化生产及设计提供了强大的工具、模型数据基础，而且在设计优化、故障诊断、新产品开发、装置生产能力标定、产品质量提高、寻找装置"瓶颈"、制订合理的改造方案、优化操作和方案评估等方面也有很好的应用。常用的、具有代表性意义的工艺模拟软件主要有PRO/II、Aspen Plus、Aspen HYSYS 等，用于工艺流程模拟计算。

2. 智能工厂工程设计数字化交付

近年来，数字化移交不仅推动了工程设计和工程公司未来业态的改变和进步，更重要的是业主方将实现从源头上掌握工厂运行管理数据，并以设计数据为基础实现工厂数字化，开展现代化的工厂运维管理及设备资产管理，从而实现全工厂生命周期的数字化管理，如图 4-3 所示。

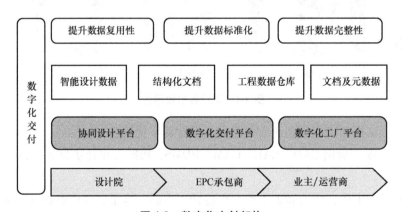

图 4-3　数字化交付架构

数字化、智能化是现代工业信息化发展的方向，数字化交付是工厂数字化发展的必由之路，它为数字化工厂提供了结构化的数据，将实体工厂转化为数字化模型。接下来，我们继续学习工厂数字化交付的概念、内容、规定及流程等内容，同时一起探讨数字化交付过程中存在的问题及相关的解决方案，全方位理解数字化交付。

（1）工厂数字化交付的概念。区别于传统工厂工程设计的交付方式（以纸介质为主体），工厂数字化交付是指通过数字化集成平台，将设计、采购、施工、调试等阶段产生的数据、资料、模型以标准数据格式提交给业主的交付方式。其数字化交付平台具备的基础功能模块如图 4-4 所示。

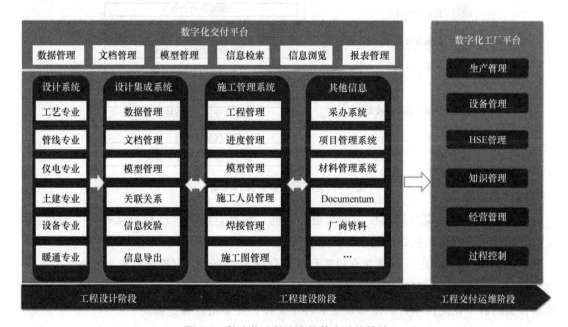

图 4-4　数字化交付平台的基本功能模块

（2）工厂数字化交付的内容。工厂数字化交付的内容包括数据、文档和三维模型。其中，交付的数据包含工厂对象的属性值、计量单位、工艺数据报表模板、设备数据表模板、仪表数据表、电缆库、安装图等信息。交付的数据应按类库的要求进行组织：工厂对象属性值的数据内容涵盖设计、采购、施工阶段的基本信息；交付的文档采用统一格式的电子文档，电子文档与原版文档一致，能够满足业主对文档质量的要求，同时要包含各类协同工作的规定、手册、修改单等。交付的三维模型信息与交付的数据、文档中的信息一致，能够在交付平台中正确读取和显示；交付的三维模型应使用统一的原点和坐标系，应包含必要的可视化碰撞空间。

（3）工厂数字化交付的规定。工厂数字化交付实施过程中，涉及工程公司与业主之间的多次数据交互，因此在交付过程中要从完整性、准确性和一致性三个方面对信息质量进行控制。交付信息宜采用数字化交付平台进行组织与存储，工程公司在数字化建设过程中应该提高数字化平台使用意识。接收方应提供数字化交付策略和交付基础，协调和管理工程数字化交付工作，验收交付方所交付的信息；交付方应按照交付规定的要求收集、整合并移交交付信息。各阶段的设计交付规定如图 4-5 所示。接收方和交付方共同负责最终交付信息的完整性、准确性和一致性。

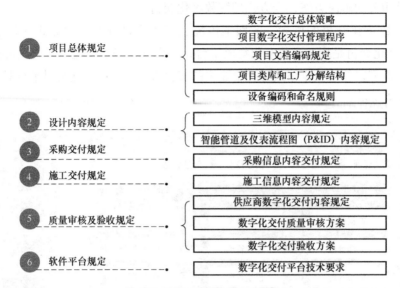

图 4-5　各阶段的设计交付规定

（4）工厂数字化交付的流程。主要包括时间、规定、内容、过程数据处理与公布、质量控制与修正、成果数据处理与公布几个步骤。

1）交付时间的提出：业主对交付项目、项目规定、交付内容提出要求。

2）编制工厂交付规定：EPC（Engineering Procurement Construction）总承包商根据业主要求，编制数字化交付项目的全部规定和程序文件，并发给各分包商。

3）准备工厂交付内容：各承包商根据项目规定及程序文件准备交付物。

4）提交工厂交付内容：各承包商提供交付物至指定系统。

5）过程数据处理与公布：数字化厂商通过接口工具和数据处理工具对提交数据进行处理，并发布至交付平台。

6）质量控制与信息修正：EPC 总承包商根据交付规定，通过数字化平台提供的工具对数据进行检查并编制质量审查报告，反馈各分包商；分包商根据审核意见进行修正并再次提交信息，直至数据合格。

7）成果数据处理与公布：经过 EPC 总承包商审核无误的数据，数字化厂商通过数据处理与发布工具，发布至数字交付工程库，此成果作为最终交付数据。

4.2.2　数字化设计从专项设计优化开始

智能工厂的设计主要是从总体设计开始，通过对各专业的充分设计与研究，提出可行的、符合智能工厂发展需求的设计。在这个时期，对于智能工厂，工程公司除按常规进行设计外，在设计阶段还需要探讨各主要专业包含的技术要点，通过在工程设计阶段的全面数字化设计，将全新的智能制造与新兴技术融入设计的各个阶段，全方位注入数字基因，重构设计逻辑，变革设计模式。下面探讨一下智能工厂数字化设计在各专业中的设计思维。

1. 工艺设计

智能工厂模式下的工艺设计，不仅进行系统的设计，还要充分考虑工艺、系统的数据计算，并且对相应的工艺进行数据和模型的设计，设计后的数据、模型及知识可充分转移到运营阶段。同时，在工艺设计中也可充分运用工艺设计模拟软件，为工程技术人员提供强大的工具、模型支撑。转移到生产运营中的模型和工具，可全面支撑生产运行管理的设计优化、故障诊断、新产品开发、装置生产能力标定、产品质量提高、寻找装置"瓶颈"、制订合理的改造方案、优化操作和方案评估等。

在工程设计阶段，工艺设计需要考虑智能工厂中工艺过程的需要，提出工艺检测、监测参数条件以及工业机理模型数据。例如，工艺管道的腐蚀监测，根据同类装置易发生腐蚀的具体位置，设置腐蚀监测的重点参数，同时还要考虑环境的影响。因此，检测点的设置依据是根据装置及设备腐蚀机理、工艺操作参数、介质相态及介质关键区域流体特性等确定检测参数和位置。

在工厂运行时需进行设备健康诊断即设备监控与预警。对每一类设备，根据其特点设置温度、压力、流量、振动、泄漏、腐蚀等关键参数信息。其中，设备本体的泄漏、腐蚀等参数由设备专业提供给工艺系统专业，再由工艺系统专业体现在管道和仪表流程图及下游专业条件中。

在工厂运行时还需要进行工艺操作、报警以及联锁等进行优化与监测控制。对每一个操作指标的设计、报警的设计、DCS 斜率的规划、联锁设计等，根据其对应的工业机理模型进行充分设计与调整，并结合大数据计算技术，结合系统历史数据库大量工业数据，找出机理性关系，剔除联锁仪表的虚接、误报及损坏等非工艺危险报警的情况，在保证系统安全稳定的基础上排错，保障系统连续稳定生产。

2. 信息工程设计

智能工厂信息管理系统的整体架构符合 GB/T 50609—2010《石油化工工厂信息系统设计规范》和 GB/T 26335—2010《工业企业信息化集成系统规范》的要求。系统总体架构应具备可扩展性，按照工厂的实际需要，选择和优化所需功能模块设计信息系统。其重点是基础设施的规划，确定系统间接口和集成方法，总体架构规划应按照工程架构整体的层次化结构，分别按基础设施、信息服务及信息化应用进行展开。智能工厂信息管理系统总体架构如图 4-6 所示。

信息工程设计工作在智能工厂信息化中起主导作用。目前信息工程专业工程设计中应主要包括信息系统的总体架构及子管理系统工程设计、网络拓扑结构工程设计、信息系统硬件及软件工程设计、信息系统安全工程设计、信息机房工程设计等。各应用系统、应用子系统按规划设计，可避免重复设计并符合长期发展的整合要求。在规划与设计工厂信息系统工程中，可适当调整相关内容，满足业务需要。智能工厂应建立全厂性骨干局域网系统，用于企业资源管理信息的传输。

智能工厂信息管理系统采用控制和信息管理系统一体化架构，应与自控、电信、电气等专业设计相互协调。工业网络和辅助综合网络等在物理、链路、网络等多个层面实现一体化设计，避免重复建设、降低成本。

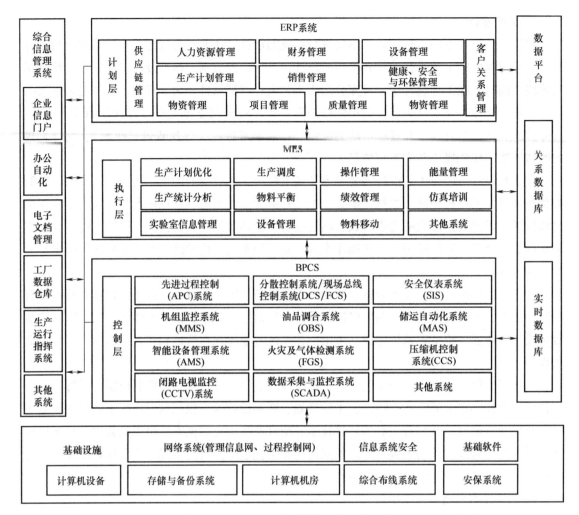

图4-6 智能工厂信息管理系统总体架构

3. 自控系统设计

自控系统设计在智能工厂工程设计中占有重要地位，是生产过程信息数据的主要来源，是实现智能工厂过程控制的关键。主要工作包括智能仪表选型规定、过程控制系统网络架构及选型、基于集成工作平台的设计和数字化移交。

自控设计需考虑选择一体化的过程控制系统，实现 DCS、SIS、GDS（可燃/有毒气体报警系统）、CCS、实验室数据管理系统等既相互独立，又互联互通。一体化控制系统应具有高度智能化，不仅实现对过程数据的采集，对智能设备本身具有自我分析、判断、规划能力，在充分实现信息数据集成的基础上，实现整个工厂生产控制设备管理系统的集成。

基于智能工厂的仪表选型，确定仪表采用的通信协议。目前工业现场数据采集大体可以分为有线和无线两类。有线方式主要通过 4～20mA+HART、FF-H1、Profibus-PA 等协议的智能仪表完成；无线方式主要基于 NB-IoT、基于 WirelessHART 协议及 WIA-PA 协议等实现。

智能工厂框架下，各种智能设备的数字化信息应符合 GB/Z 32235—2015《工业过程测量、控制和自动化生产设施表示用参考模型（数字工厂）》，以及 IEC/TR 62794：2012 标准的要求。

根据智能工厂数字化交付的总体要求，选择不同软件平台进行交付。目前，石油化工厂的自控设计主要基于 SmartPlant 和 AVEVA 集成平台。自控专业应用 AVEVA 设计平台，主要采用三种工具：与工艺系统专业配合使用 AVEVA Diagrams 完成 PID 的设计、采用 AVEVA Instrumentation（AI）完成自控设计、采用 AVEVA PDMS 完成三维设计。设计内容及使用深度有专门的文件做规定。自控专业还可应用 SmartPlant 设计工具软件，主要包括三种：SmartPlant PID、SmartPlant Instrument（SPI）与 Smart3D。

4. 电信系统设计

智能工厂的电信设计，应充分考虑企业信息管理系统建设和发展的需要，综合考虑各类通信网络系统的设置，并为其他信息系统提供传输通道或应用平台。

智能化系统工程的设计要素包括智能化集成、信息化应用、信息设施、设备管理、公共安全、信息机房等。

智能工厂的电信系统包括（但不限于）以下系统：行政电话系统、调度电话系统、骨干局域网系统、广播及报警系统、火灾自动报警系统、显示系统、会议系统、电视监控系统、门禁系统、无线通信系统、周界安防系统、无线专网及融合系统、无人机及反无人机主动防御系统、存储系统。因此，智能工厂的电信系统的设置，应与企业的发展规划相结合，根据智能工厂的实际需要，综合考虑选择和设置相应系统，组成智能工厂的电信系统。技术方案和系统选型应以企业近期建设为依据，适当考虑远期发展规划的要求并预留集成接口。由于不同的系统往往属于不同设备生产厂家，各个厂家的产品间存在着兼容性的问题，往往造成系统间集成、融合程度不高的情况，因此需要对产品有足够的了解，以更好地完成电信系统的规划和集成。

5. 电气设计

在智能工厂中，电气设计在保障可靠供电、节约能源方面起着重要作用。在智能工厂工程应用中，电气设计主要包括数字化设计、数字化交付、电气设备选型、电气系统网络搭建等工作。

随着科技的发展和进步，电气设备也在迈向智能化。从大到变压器、中压柜到低压柜，小到空气断路器、塑壳断路器甚至微型断路器，以及接地电阻实时监测等，目前均已研发出智能型产品。各厂商从硬件、软件等各个层面研发出适应数字化、智能化的产品，扩大了中低压智能变配电站产品的选择范围，可以实现智能变电站的设计。

电能质量治理方面，已经初步实现从"被动式防御"到"主动式防护"。电能能耗检测实现智能化后，可为用户提供变电站继电保护、测量与控制、电能统计等功能，帮助用户实现用电信息化，降低运维成本，形成完整的用户智能配电方案；同时，可以作为能效管理平台的子系统。

可根据需要选择电力电缆在线监测与故障测距技术，为智能工厂电力线路的安全可靠提供保障。

可根据需要选择智能型灯具，每个灯具均有自己的地址，可网络通信，实现照明的智能控制。

6. 管道设计

目前主流的工程公司管道设计都是采用三维模型，与常规设计差别不大。三维模型一般包含两个方面的内容：一是三维模型及相关图形数据；二是与其相对应的设计信息。对于这两个方面，不同三维设计平台的处理的方式有所不同，有的是将两者严格分开，图形文件与数据文件配合使用（如 PDS）；三是以不同格式同时存储在一个数据库中，外形以数据进行驱动（如 S3D）。

在智能工厂的设计中还需要考虑管道振动和管道及管架位移的检测和报警，根据"管道振动分析报告"和"管道及管架位移分析报告"两个文件，提出管道运行状态监测的要求。其中，管道振动分析报告主要是标示存在振动风险的重要管道，并对其进行相应的监控，如果检测出其存在异常振动，需要在系统中对其进行检修和整改；管道及管架位移分析报告可标示存在较大位移的管道，并对其进行相应的监控，如果检测出其存在异常位移，需要对其检修和整改。

7. 设备设计

基于设备全生命周期管理体系概念，研究分析动设备性能预测方法，从设计、采购、维护等方面优化选择动设备。以已有技术为支持，分析在线监测、预知维修软件在智能工厂中的应用，并编写相应设计规定。设计规定的内容包括机械设备在线监测与预知维修设计说明及监测点设置数据表，其中温度、压力、流量、振动、泄漏、腐蚀等关键参数信息应与工艺系统专业密切配合提出设计条件。

从设备全生命周期管理的角度对静设备的机械数据进行提取、汇总、提醒，将数据在线采集、预知维修的内容加入智能工厂的软件系统中。

腐蚀是钢制储罐及其辅助设备失效、损伤的主要原因。智能工厂需要设置腐蚀检测，确定设备的腐蚀程度，查找腐蚀位置，发现并消除缺陷，防止泄漏、降低损失、减少危害和环境污染；根据损伤机理设置腐蚀模型，进行预测维护。

8. 结构设计

根据智能工厂的要求，结构设计中应提出设置地震监测系统，对关键设备、储罐等设计地基沉降监测等要求。

智能工厂工程数字化设计是一项系统工程，涉及多个系统、多个专业，在技术更新周期越来越快的情况下，系统融合、专业配合及设计模式创新等方面已开始出现滞后现象。相对于智能化产品方案更新换代的速度而言，国家管理标准的出台相对滞后，厂商对产品的定位和研发处于随意发展的状态，在增加了产品多样性的同时，也为设计、安装和应用的统一带来了困难。因此，各个专业的交叉点既是智能工厂工程设计的难点，又是重点。

4.2.3　数字化设计从企业数据设计变革开始

1. 数据存储成本降低对企业数据设计的影响

在计算机软件发展的历史中，鉴于在很长一段时间数据存储成本较高，软件工程师在编写数据库代码时考虑的一个重要制约性因素就是如何减少数据存储的成本。这对计算机软件的构架设计产生了重大影响，导致大数据时代到来之前，大部分的软件甚至包括当今的主流软件都采用算法方式，以降低存储成本、提高使用效率。

所以，在软件开发过程中，基于对数据存储成本的考虑，软件工程师对数据的使用就会尽可能少、尽可能简化，从而降低整个运营和存储成本。这也就导致数据本身往往就包含内在逻辑，一个数据可能与多个变量存在关联关系，数据与数据之间也可能存在复杂的关联关系，而往往只有系统设计者才了解具体每个数据的定义和彼此的关系，造成了系统间共享数据非常困难。

每 GB 数据硬盘存储价格 2015 年已经降到几美分，如图 4-7 所示。到 2020 年，云存储的价格为每 GB 数据每月几分人民币。智能手机的平均存储空间已经达到 32GB 以上，而一部大英百科全书的数据量大概是 0.65GB。

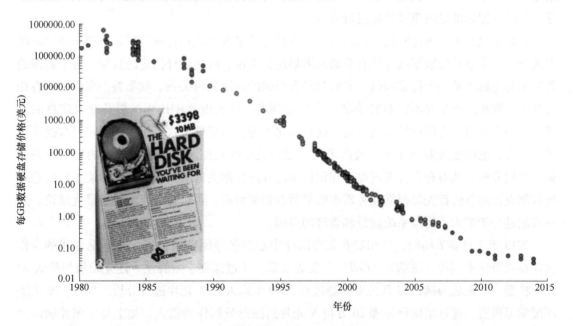

（资料来源：mkomo.com）

图 4-7　存储价格不断下降

随着计算机存储技术的发展，整个数据存储的成本大大下降，特别是到了云计算时代，大量的存储空间在云端实现，可以让更多的系统共享统一的存储空间，从而进一步降低了数据存储的成本。因此，在数字化、智能化时代，数据存储已经不再是企业信息系统的主要瓶颈。在这样的前提下，整个系统软件构架发生了根本性的变化。企业可以把数据和应用彻底分开，通过低价快速的云存储、云数据库，可以全面记录企业各项数据，而不用担心其成本。在完整的数据映射之下，就能够更为简单、便捷地进行信息系统的开发调用、人工智能机器学习及自动化的算法分析，从而挖掘更多有价值的信息。原来只能服务于个别岗位、个别部门的信息系统，就可以发展到服务于全企业，甚至供应链上下游协同的信息系统。这就是企业数据设计要进行改变的原因所在。

2. 企业数据设计从逻辑思维向非逻辑思维方式转变

当婴儿第一次睁开眼睛，发出第一声啼哭的时候，他已经开始像海绵一样不断吸收外界传递给他的信息。这时婴儿获取信息的模式属于非逻辑思维方式，也就是不加任何过滤机制或逻辑判断，全面接收所有的信息。这时候如果见到火苗，婴儿可能会伸手去抓。但随着年龄的增长，婴儿通过学习或生活经验，知道火苗是烫的，再遇到火苗的时候，就不会伸手去抓了。从获取数据的角度来看，在非逻辑思维模式下，婴儿通过触摸火苗获取数据，再去判断；在逻辑思维的模式下，婴儿由于有了之前的知识或经验，已经知道火苗是烫的，所以就不再去触摸火苗，不再采集火苗数据了。

传统信息系统的数据设计也是基于逻辑思维模式的，在已有理论和知识的指导下，开始收集设计指定数据。在遇到复杂问题的时候，专家会根据以往的经验，指出可能出现问题的地方，然后采集数据。也就是说，专家通过已有的经验和理论知识，对数据的重要性进行排序，只选择逻辑清楚的重要数据进行分析。

在数字化和人工智能时代，信息系统数据设计的思维方式正在从逻辑思维向非逻辑思维方式升级。信息系统数据设计从有明确的因果逻辑关系、收集设计指定的数据、每个数据的收集都是为解决某一个特定问题，发展到没有明确的因果逻辑关系、收集整个事件中所有相关数据、收集的数据并不针对解决某一个特定问题。这更像是刚出生的婴儿获取信息的方式，先采集数据，再形成经验或理论。这种非先入为主的思维方式，扩大了所采集数据的范围和内容，把可能尚未形成理论或尚未明确逻辑关系的数据与已有逻辑关系的数据一并收集、共同分析，从而有机会发现原有知识体系之外的数据关联关系。因此，智能工厂信息系统数据设计的方法首先是根据业务需求收集所有相关数据，再进行分析并得到最优结论。这一方法进一步扩大了信息系统建设和管理的范围。

2018 年 2 月春节期间，广州妇女儿童医疗中心的张康团队与美国加利福尼亚州的合作伙伴在顶级学术刊物《细胞》（Cell）上发表文章，通过深度学习算法，建立眼病和肺病 AI 读片模型。以眼病为例，20 几位专家通过对 5000 个病人的 X 光片进行分析、标注，来训练深度学习模型。通过结构化处理 20 万份 X 光片的图形数据作为输入，加上每个图片病理分析的标注数据，计算机模型就可以完成对患者 X 光片的判断，其准确率在 95% 以上，远超过人类专家的平均准确率，如图 4-8 所示。虽然不是工业领域的应用，但是张康团队在眼病和肺病诊断领域的研究，代表了数字化和人工智能时代数据设计获取和思维方式正在从逻辑思维向非逻辑思维方式的变革。

3. 基于非逻辑思维的数据设计

非逻辑思维的数据设计将更广泛地采集企业各类数据并将各类数据打通，从而实现对数据的分析洞察和信息管理。

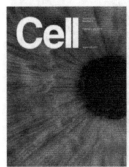

思维方式的变革打破专家模式

2018年2月23日，张康团队及其合作者在顶级学术期刊《细胞》(Cell) 发表封面文章 *"Identifying Medical Diagnoses and Treatable Diseases by Image-Based Deep Learning"*。

我们分析一下相关数据：

1.眼病，20万份病例， 5000个病人，20几位专家，得到AI读片程序准确率95%以上，超过人类专家。

2.肺病，5232份X光片， 3883份为肺炎，1349份正常，得到AI读片程序准确率90%以上。

说明：先获得数据，优质数据足够多， 快速迭代，可以实现突破。

图 4-8　通过人工智能和大数据技术打破专家模式

在传统的企业信息化建设过程中，数据只是信息化业务流程的副产物。这就造成了两方面的问题：一是只采集信息系统认为有用的数据，且数据不能得到充分共享，不能有效地在各个系统间进行高效的流转；二是基础、通用的数据在各个信息系统中不能有效复用，往往各个项目相对独立，许多项目都在重复进行基础的数据开发，既让项目本身越来越臃肿，也让开发效率越来越低。

在数字化和智能化时代，由于企业获取数据和存储数据的成本大幅下降，非逻辑思维的数据设计可以在不受具体信息系统限制的情况下，根据企业实际业务需求，全面采集、存储原始的、基于时间序列的工业生产运行数据、业务数据，并将数据提供给各个信息系统进行分析和处理。也就是说，数据不再由某一个信息系统来定义、采集并存储到该信息系统所属的关系型数据库里，在需要使用时由这个信息系统调取、分析、展示结果，而是以丰富的工业生产运行数据为基础，将工业生产运行数据、业务数据、系统日志、数据库变更日志和其他流式数据进行融合，统一纳入企业数据平台，在企业数据平台的统一管理下，定义数据类型、采集方法、采集频次、存储方式和读取方式。所有基础、通用的数据不再需要各个信息系统进行重复的开发，任何需要调用数据的信息系统，获得授权后都可以直接到企业数据平台读取、使用数据。在从信息化时代走向数字化、智能化时代的过程中，数据将与信息系统分离，数据资产将由企业数据平台统一管理，企业信息系统的数据设计因此将产生根本性变革，如图4-9所示。

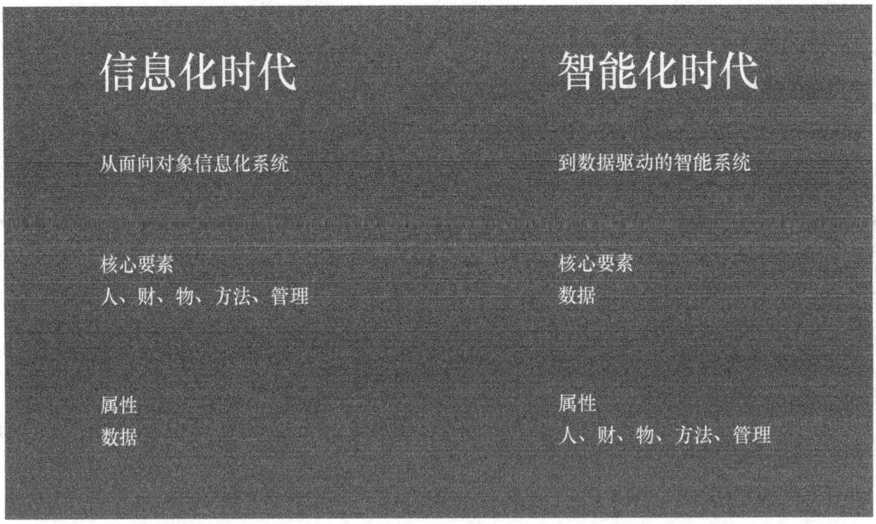

图 4-9 从信息化时代到数字化、智能化时代的信息系统构建产生根本性变革

第 5 章
智能工厂从
强基固本开始

在数字化时代，可以说使用移动手机的每个人都在不知不觉地进行着数字化的工作。每个人既是数字化的数据使用者，同时也是数字化所需的数据提供者。乔布斯说过"20世纪计算机领域最伟大的发明是互联网"。互联网是什么呢？有人说是通过网线、光纤或无线网络连接在一起的计算机及相关设施。但是，仅仅连接线路是不够的，互联网的本质是统一的编码语言、统一的地址规范、公开透明及彼此信任。人们与互联网的交互主要是在做三件事情：获取信息数据；提供数据给互联网应用；维护互联网基础设施以保证网络畅通。我们每个人每天都在反复与这三件事情打交道，潜移默化的数字化工作方法已经深入人心。

　　这里以使用美团APP为例。美团是一家专注于人们吃喝玩乐、衣食住行的互联网公司。那么，美团是如何组织成千上万家商铺实现数字化的呢？首先，每一家商铺都必须按照美团的统一管理要求提供数据，如商铺名称、地址、营业时间、资质、联系电话、商品、描述、照片等，这样商铺就"上网"了。当登录美团APP的时候，在不知不觉的情况下，用户都提供了与个人有关的信息数据，美团可以通过用户的信息数据快速为用户推荐其感兴趣的商品或商铺。如用户准备选择晚餐，美团的推荐算法就开始工作了，而且往往要比搜索引擎的推荐算法精确得多，因为这时用户已经提供了给美团很多的数据。一旦用户选中了称心如意的商品或商铺，开始预订或下单，那么这个动作也是提供数据的过程。美团的后台将建立用户与商铺的关联，把用户的信息传递给商铺，商铺的终端上就发出了"你有新订单了"的提示音。与此同时，商铺接受订单的过程又触发了外卖骑手的业务数据，外卖骑手也会看到送餐数据，开始抢单。抢单成功的外卖骑手在接受订单后，就可以获得商铺和用户数据。外卖骑手从商铺取到美食并送达用户后，会在系统上更新订单数据，标识送货完成，这时这笔订单就告一段落了。整个流程完全由用户、商家和外卖骑手来完成。美团APP提供了数据展示、数据录入、数据关联、交易记录、智能推荐、数据记录、信息通知、实时报备等功能，其核心内容是在统一的平台上完成所有工作的。这就是生活数字化的一个例子，而这种生活方式正在成为人们潜意识里的主流思想。在智能工厂中，也将以这样的方式打开现有的工作，工厂的核心信息将以数据流的形式高效自动地在企业决策机制中流动，同时，企业的决策也以自动化数据流的形式传递到执行机构。工厂的数据将真正成为企业往返现实世界和并行数字世界的钥匙，让人们在工作中也能享受到数字化、智能化所带来的便利。

5.1　智能工厂的数据管理

　　企业数据管理是一项长期、复杂的系统工程，要充分认识数据的重要战略意义，将数据管理纳入企业中长期发展规划，优化调整数据组织架构，明确内部数据管理职责，理清数据权属关系，自上而下推动数据管理工作。

　　企业数据管理要以数据规划为引领、以数据治理为支撑、以数据应用为导向，贯穿企业发展的各个阶段。其核心目的是打通企业数据、促进业务融合、规范数据标准、提高数据质量、保障数据安全、支撑数据应用、提升数据利用效率，在企业内实现用数据说话、用数据管理、用数据决策、用数据创新的机制，使数据的管理、分析、应用成为企业价值链的关键部分。在数据架构规划中，从战略角度不断完善企业数据架构和模型的构建，把数据设计、数据治理、数据应用工作融入企业数据规划中，同时推动数据标准制订，逐步形成完整的企业数据资产目录。在数据治理中，基于企业数据架构和数据模型，保证数据被准确、完整地创建和使用，执行数据标准控制，落实数据质量把关，加强数据安全管控。在数据应用中，站在企业全局的角度为各类应用提供数据服务，建立完备的数据共享机制，同时为大数据分析提供数据和技术支撑。对数据的创新管理，能够连接现实工厂和数字工厂，精确反映数字孪生，有效支撑战略决策，打破企业原有管理和工作中空间、时间、组织机构间的物理限制，从根本上解决数据准确性、真实性，以及数据获取、数据传递的问题，为数字化转型成功提供基础保障。

5.1.1　数据管理面临的问题

　　"数据资产"正成为企业不可或缺的战略资源，然而企业数据管理却存在很多问题。据国外权威机构统计，美国企业信息系统中数据的劣质率达 30%，而在《财富》1000 强企业中，存在劣质数据的企业占比高达 25%。企业的海量数据如不进行有效管理，不仅会影响数据分析的质量，也会严重影响到企业效率的提升乃至数字化转型的成功。

　　我国企业信息化建设经历了 30 多年的快速发展，在这 30 多年的快速发展中，积累了很多经验，也吸取了很多教训，越来越多的企业面临着来自数据管理方面的问题。这些问题主要包括：

1. "数据烟囱"林立，数据获取困难

缺乏全业务视角的数据总体设计。在企业中普遍存在数据"不愿共享、不敢共享、不能共享"的问题，海量数据散落在众多部门、下属企业、分支机构和信息系统中，形成一个个"数据烟囱"。具体原因如下：①不愿共享方面，很多企业都将数据作为战略性资源，认为拥有数据就拥有客户资源和市场竞争力，主观上不愿意共享数据；在企业内部，由于数据权属分割，数据所有权和事权密切相关，业务部门宁愿将数据"束之高阁"，也不愿轻易拿出来共享。②不敢共享方面，部分数据具有一定敏感性，涉及客户个人隐私、商业秘密甚至国家安全，数据共享可能存在法律风险，客观上给企业、部门共享数据带来障碍。③不能共享方面，由于数据接口不统一、数据标准有差异、数据难以互联互通，严重阻碍了数据开放共享，导致数据资产相互割裂、自成体系。

2. 数据定义缺失，数据理解困难

缺少准确的数据定义。企业信息系统开发建设的出发点大多以满足日常业务处理为主要目标，而对数据分析涉及的关于数据的定义不够关注，因此造成部分信息系统的数据定义不完备。在这种情况下，就很容易造成企业的不同部门对数据有着不同的理解，甚至对同一个字段的理解也会产生很大的歧义。

3. 数据质量不高，数据使用困难

缺乏统一的数据标准。企业内数据入口众多，在数据采集、存储、处理、使用等环节规则不一致，关键基础数据被多头管理，数据过时、数据更新滞后和数据缺失的情况普遍存在，无法确保数据的准确性、一致性、完整性，造成数据质量较差，使宝贵的数据资源无法得到高效利用。此外，数据质量低下会导致企业在 IT 方面的重复投入，各种应用系统的价值难以有效发挥，数据的问题甚至会使得企业错失商机，损失无法估量。

4. 数据治理缺失，数据管理困难

缺乏有效的数据治理机制。很多企业还没有建立完整的数据规范、管控流程和技术工具来确保数据的有效性、一致性、准确性，在具体工作中忽视数据治理体系中的数据管理标准、管理机制、控制能力及安全与隐私保护等。并且，由于数据治理的缺失，加重了管理的混乱，影响了信息系统的能力扩充，无法满足企业业务发展的要求。

5. 数据情况繁杂，数据应用困难

企业数据来源众多、种类繁多、体量庞大、结构各异、关系复杂，在从如此繁杂的数据环境中，如何抽象出数据算法、数据模型，形成数据能力，使数据能力对战略、管理、经营、生产、转型形成数字化支撑能力，成为众多企业面临的障碍。目前，企业对数据资源的利用大多停留在表面，数据应用尚不深入，应用领域相对较窄，数据与场景融合不够，导致海量数据资源无法盘活，数据潜力得不到充分释放。

综上所述，对很多企业来说，数据管理问题已经成为信息化与业务深度融合过程中的关键制约因素。

5.1.2 数据架构规划

企业数据规划是全局性、基础性的构想，因此，它对于统一企业核心业务概念、规范数据模型、在数据层面达成统一认知起到重要的作用，这将为充分利用和挖掘数据价值打牢基础。企业数据架构规划是企业数据规划的核心，从企业运作的角度来说，数据架构定义了企业运作过程中所涉及的各类对象和其治理模式；从数据资产的角度来说，数据架构是管理数据资产的蓝图；从数据管理的角度来说，数据架构是企业各部门的共同语言，是数据管理的高层视角。企业数据架构规划要在深入分析数据架构现状的基础上，结合企业需求，借鉴行业先进实践，根据企业的实际情况裁剪数据架构内容模型，配置数据治理机制，进行目标数据架构的规划。

1. 企业数据架构现状分析

企业在进行目标数据架构规划之前，要通过现状调研、资料分析、业务访谈、同行比较等途径摸清业务数据现状、数据模型及数据分布情况。现状分析发现的问题将成为未来数据架构规划的重要依据，为进一步的改进和优化做好准备。

2. 数据架构规划原则

企业在开展数据架构规划时，需要根据具体场景进行调整、适应和妥协，因此应该制订适合企业实际情况的数据架构原则。

（1）灵活性原则。数据架构要充分考虑灵活性，满足企业内不同的业务需求，并适应业务的变更。

（2）高效性原则。保证数据校验、加载、迁移、加工的高效性，支持数据服务的快速生成。

（3）可扩展性原则。数据架构需要考虑未来的可扩展性，减少需求变更对数据架构的冲击。

3. 目标数据架构规划

目标数据架构是企业未来的数据架构蓝图，将帮助企业获得更优质的数据资源，并从数据资源中挖掘更大的商业价值。

开展目标数据架构规划时，首先要进行全业务视角的总体设计，规划企业的数据全景图，将所有可能用上的、可能有价值的数据都规划出来。由于数据资产不等同于数据，数据资产是唯一的，是能为业务产生价值的数据，所以对于同一组数据，不同业务部门所关注的数据指标可能完全不同。因此，企业必须加强数据基础管理工作，着力推进数据体系顶层设计，深入开展数据资产梳理，明确数据定义，明确数据关系，构建涵盖元数据、主数据、编码数据、业务数据、主题数据等类别多样的数据资源目录体系，以便为后续搭建数据资产平台、提供各类数据服务奠定基础。

其次，要结合当前的业务需求和未来的业务需求，重新定义符合企业发展战略的数据模型，规划数据分布，建立企业范围内共同遵守、执行的数据标准和规范。数据标准规范是实施数据治理的基础前提条件，统一的数据标准规范是推进企业智能制造的基础和先决条件，对数据治理的成效起着决定性作用。没有标准规范，就无从数据治理。对于企业来说，要建立健全以下标准规范：

（1）元数据标准。要全面建立元数据标准，做到对全域数据的覆盖。

（2）数据元标准。要有选择地为主要数据实体建立数据元标准。

（3）数据分类编码标准。要为重要数据建立分类编码标准，并为基础数据建立编码字典表。

（4）数据目录规范。要在尽可能大的范围内建立统一的企业数据资源目录规范，最大限度地规范目录编码和操作。

（5）数据质量标准。要从准确性、合规性、一致性、重复性、及时性、完整性等指标角度，建立全面的数据质量标准，并给出评估指标和评估方式。

（6）数据治理流程规范。流程化是治理有序的保障，要将数据治理流程化，建立相应的流程规范，通过流程规范提升治理有序水平。

再次，要结合现有数据架构存在的问题，制定改进的方向，并在目标数据架构规划中予以优化。通过数据架构规划梳理数据生产、使用、销毁过程中遇到的问题，明确数据治理的重点方向，有针对性地在数据架构规划中予以调整，从而促进数据在组织内无障碍地传递和共享，更好地发挥数据资产的价值。

最后，要建立数据架构治理机制，提升数据架构各个层级的管控及协作能力，持续进行治理机制优化。在大数据环境下，数据治理的主体趋于多元化，即一个数据治理流程往往需要多方参与。如在数据质量管理中，问题数据的发现、反馈、修正是一个数据治理方、数据提供方和数据使用方多方参与的闭环流程，这种多方协同治理的业务模式，对企业数据治理制度和流程机制提出了更高要求。因此，在企业数据架构规划中，要重视数据架构治理机制，加强各层级的协作配合。

5.1.3　数据治理

在数据大爆炸的今天，数据产生的价值越来越高，越来越多的企业开始积极挖掘数据价值，推动企业发展。但是，面对数据体量大、种类繁多且价值密度低等问题，企业必须对数据进行有效治理。数据治理已经企业数据战略的一部分，如果没有数据治理，数据的质量就无法保证，企业就无法获取正确、可信的数据，数据也就难以成为企业的资产，即使再多的投入也都是徒劳无功。数据治理是保证数据质量的必要手段，其价值贡献在于确保数据的准确性、可获取性、安全性、适度分享和合规使用。数据治理的目标是给予数据利益相关者持续与跨界的数据保护和服务，其核心能力包括元数据管理、主数据管理、数据采集及加工处理、数据资产管理、数据质量管理和数据安全管理等。

1. 元数据管理

元数据是关于数据的描述，存储着关于数据的信息，实现了信息的描述和分类的格式化。它能帮助企业更好地对数据资产进行管理，理清数据之间的关系。元数据管理是整个数据管理平台的基础和中心，所有其他系统都依赖元数据管理。元数据管理是对数据采集、存储、加工和展现等数据全生命周期的描述信息，帮助企业理解数据关系和相关属性。元数据管理包括元模型设计、元数据采集、元数据分析、数据地图展现等核心功能。

（1）元模型设计。如果说元数据是对数据的描述，那么元模型就是对元数据的描述，是对元数据的进一步抽象。元模型定义了各种元数据的结构及元数据之间的关系，是元数据管理的基础。元模型的设计就是将企业中的元数据汇总并进行合理规划，进一步抽象成元模型的过程。

（2）元数据采集。在企业数据环境中，数据与元数据是已经存在于系统之中的。元数据采集就是根据企业的元模型，将系统之中的元数据按照元模型集中汇总并关联到一起，达到企业对数据统一管理与应用的目的。元数据管理工具能通过全自动的方式采集到企业所需要的元数据，能够适应异构环境，支持从传统关系型数据库和大数据平台中采集，从数据产生系统到数据加工处理系统再到数据应用系统的全量元数据，包括过程中的数据实体（系统、库、表、字段的描述）及数据实体加工处理过程中的逻辑。

（3）元数据分析。元数据分析提供元数据血缘分析和影响分析功能，方便数据的跟踪和回溯。如在企业的数据管理过程中发现了错误数据，那么就需要找出错误数据的提供者并追究责任。追溯这个错误数据的过程，就是元数据血缘分析。元数据血缘分析功能会帮助企业分析这个错误数据的上游路径，只要顺着这条路径就可以找到数据出错的源头。通过血缘分析，发现错误数据，就可以更正错误数据了。这时需要及时将这个数据的更正信息通知到受这个数据影响的各个数据节点。但是，数据传递的过程往往很复杂，很难判断哪些数据节点受到这个数据的影响。元数据影响分析功能将分析出这个数据的影响范围并用可视化的方式展现出来，这样就可以便捷地将这个数据的更正信息通知到受影响的各个数据节点了。

（4）数据地图展现。随着企业数据规模日益扩大、数据种类日益增多，企业需要及时地了解数据整体情况，如有多少种数据，数据与数据之间的关系怎么样。元数据管理中的数据地图可以帮助企业快速获取数据信息。它能够根据类别、类型等信息展示各个数据实体的信息及其分布情况，展示数据实体间的组合、依赖关系，以及数据实体加工处理上下游的逻辑关系，以可视化的方式帮助企业更好地掌握数据情况。

2. 主数据管理

主数据管理的任务就是从企业的业务数据中分离、整合公共基础数据，集中统一进行主数据的清洗和整合，并且以服务的方式把统一的、完整的、准确的、具有权威性的共享数据分发给企业范围内需要使用这些数据的交易型系统和分析型系统。

规范主数据管理阶段的主要步骤包括：建立主数据管理标准和主数据质量标准，建立主数据管理组织，标准化主数据工作流程，构建主数据管理系统及相关工具等。主数据管理描述了一组规程、技术和解决方案，用于维护业务数据的一致性、完整性、相关性和精确性。主数据是指满足跨部门业务协同需要的、反映核心业务实体状态属性的基础信息。主数据相对交易数据而言，属性相对稳定，准确度要求更高。主数据管理是一系列规则、应用和技术，用以协调和管理与企业的核心业务实体相关的活动，主要具备主数据存储、整合、清洗、监管和分发五大功能，并保证主数据在各个信息系统间的准确性、一致性、完整性。

（1）主数据存储。根据企业主数据标准和业务规则，将分散在各个支撑系统中的主数据集中到主数据存储库。

（2）主数据整合。对收集到的主数据进行加工、清洗、合并，维护主数据的唯一性、完整性、准确性。

（3）主数据清洗。根据标准规范对历史数据进行清洗、排重、合并、编码，保障数据的完整性、准确性和唯一性。

（4）主数据监管。支持对企业主数据的操作维护，包括主数据申请、校验、审批、变更、冻结、解冻、发布、归档等全生命周期管理。

（5）主数据分发。实现主数据对外查询和分发服务。前者用于在其他系统发出针对主数据实时响应类查询请求时，返回所需数据；后者则用于提供批量数据分发服务，一般采用企业服务总线实现方式。

3. 数据采集及加工处理

数据采集及加工处理是数据治理的基础。企业需要具备强大的数据资产获取及加工处理的能力。一般来说，企业数据来源主要分为两类：一类是管理数据，以结构化的 SQL 数据为主，如产品属性、工艺、生产、采购、订单、服务等数据，这类数据一般来自企业的 ERP、SCM、PLM 甚至 MES 等系统，数据量本身不大，却具有很大的挖掘价值；另一类则是机器运行和 IoT 的数据，以非结构化、流式数据居多，如设备工况（压力、温度、振动、应力等）、音视频、日志文本等数据，这类数据一般采集自设备 PLC、SCADA 及部分外装传感器，数据量大、采集频率高。为了更好地服务于数据治理，应当从数据采集、数据交换、数据加工处理入手提升数据治理能力。

（1）数据采集。数据采集主要是从异构、异地的多源数据到数据缓存区的数据获取，实现内外部系统的结构化数据、半结构化数据、非结构化数据等不同类型、不同时效的数据的复制与整合。

生产过程中需要及时采集产量、质量、能耗、工艺和设备状态等数据，并与订单、生产计划、人员进行关联，以实现生产过程的全程追溯。传感器按秒采集的数据，不能只是直接存储起来，而是要转换为能够活用的信息或可用的管理数据，再存储起来。不能把每种数据当成单项数据储存，而是要根据预先定义的数据画像，把相关数据，如制造订单的编号、测定时刻等，加进来一并存储，从而让信息系统能够活用这些数据。

（2）数据交换。数据交换是在遵循一定的交换策略条件下进行数据交换及消息传递，能够满足数据资源在不同单位、不同区域的快速交换和共享，并在数据传输过程中保证数据的完整性、安全性、可靠性和传输性能。数据交换应满足如下基本功能：

1）多应用场景数据交换，如企业内部数据交换、企业上下级数据交换、基于前置机数据交换、物理隔离数据交换。

2）全量、批量、实时的数据交换。

3）大数据量的数据交换。

4）复杂网络环境下的可靠数据交换。

5）跨网段、跨单位的数据交换。

6）支持基于通道、文件的加密传输。

7）支持多种数据接口和传输协议。

8）提供数据交换日志。

9）支持断点续传功能。

（3）数据加工处理。数据加工处理实现数据的转换、逻辑判断、数据质量的检查、异常处理、数据路由、数据的规范化等处理，用于将贴源层缓冲区的数据根据需要加工到数据存储与处理层的结构化区和非结构化区，并能给数据主题区、分析服务区、数据实验室提供规范合理的数据。

数据加工处理能够实现数据库、数据仓库、NoSQL、搜索引擎、文件、XML、Web Service、传输队列、适配器、内存表、JSON 等之间的相互交换，以及全量、增量的数据处理，并且有效减轻对数据源和目标的影响。

4. 数据资产管理

数据资产管理就是把企业的业务从数据层面做梳理，用数据的语言把企业的业务模型还原出来，着力构建数据资产管理体系。数据资产管理可将数据规范管理和数据处理实现有机的融合，实现对具体资源数据的元数据描述，配合数据资产的全面评估，实现数据资产的全生命周期管理、全流程管理、全景式管理。数据资产管理主要包括数据资产注册管理、数据资目录管理、数据视图管理、数据资产统计分析、数据成本管理和数据价值（收益）管理。

（1）数据资产注册管理。数据资产注册管理包括分类管理、注册、审核、发布、授权等。提供数据资产安全管理，具体包括资产安全等级设置、资产安全角色设置、用户安全设置等；提供数据资产变更监控，可对数据资产的增加、修改、删除等操作进行实时监控；提供数据资产的导入导出，以及数据资产的启用、停用、恢复功能。

（2）数据资产目录管理。数据资产目录管理提供数据资产目录的注册、发布、申请、审核等操作。数据资产注册实现了将数据资产注册到资产目录系统的功能。数据资产只有注册到资产目录系统中，才能进行配置、查询等操作。注册到资产目录系统的数据资产通过部门、业务主题进行分类。

（3）数据视图的管理。数据视图的管理利用技术数据视图实现基础业务数据的标准、规范及统一管理，包括数据视图的注册、发布、申请、审核等管理，进行分类统一管理，并形成一套规范，提供给其他用户使用。

（4）资产统计分析工具。资产统计分析工具提供柱状图、矩形图等多种展现形式，对企业各部门已注册数据资产的数量、比例进行可视化展现。资产统计分析工具主要包括数据资产分布盘点工具、数据资产使用盘点工具和供需关系分析工具三类。

（5）数据成本管理。数据成本管理从度量成本的维度出发，通过定义数据成本核算指标、监控数据成本产生等步骤，确定数据成本优化方案，实现数据成本的有效控制。数据价值（收益）主要从数据资产的分类、使用频次、使用对象、使用效果和共享流通等方面计量。

（6）数据价值（收益）管理。数据价值（收益）管理从度量价值的维度出发，选择各维度下有效的衡量指标，针对数据连接度的活性评估、数据质量价值评估、数据稀缺性和时效性评估、数据应用场景经济性评估，并优化数据服务应用的方式，最大限度地提高数据的应用价值。比如，可以选择数据热度、广度等作为数据价值的参考指标，通过投资回报率

（ROI）评估，高效管控和合理应用数据资产。

5. 数据质量管理

数据的核心价值体现不在于数据的数量大，而在于数据的质量高。数据质量管理已成为精准服务与价值创新的重要基础，也是大数据提升精准施策能力的关键前提。随着人工智能（AI）技术的成熟和更广泛的应用，在构建数据质量管理功能的过程中，正在推动传统上依赖密集型人工任务的领域实现更好的自动化，如数据匹配、数据清洗和数据转换，并可以通过自动推荐"下一个最佳行动"来减少人工任务。数据质量管理主要包括数据质量初步分析、数据质量检查、比对和验证检查、检查结果处理及提供问题数据统计等。

（1）数据质量初步分析。数据质量初步分析提供数据质量初步分析能力，方便对给定数据库表做数据质量的初步了解，包括全库初步探测、数据库表基本信息分析、表基本信息分析的统计信息等。全库初步探测，即对库中所有表做初步探测，获得数据库表基本信息，每个表的初步探测包括表名、主键字段数、外键字段数、字段数、必填字段数、记录数、空值率、空值比等，并以表的方式提供。

（2）数据质量检查。数据质量检查是对数据库表做指定规则检查，包括格式检查、范围检查、缺失记录检查、相似重复记录检查、精度检查、逻辑表达式检查、复合规则检查等。在数据质量检查中，能够可视化配置出单字段多规则检查、多字段同规则检查以及多字段之间的关联检查，可以方便地对给定数据库表做精细化的数据质量分析。

（3）比对和验证检查。比对和验证检查提供比对和验证功能，对数据目标和数据源做一致性检查，发现其差异，主要包括数据库表的比对和数据文件的比对。对源数据库表和目标数据库表做一致性比对检查，包括表结构比对、数据一致性比对，能发现并展示不一样的结构、不一的数据（包括增加、修改、减少的数据），对源和目标文件夹下的文件做比对和验证检查，能发现并展示不一致的文件，包括增加、修改的文件。支持数据源和数据目标位于不同网段的一致性检查。

（4）检查结果处理。数据质量检查服务部署运行完成后，会自动生成检查结果。数据质量检查结果存储到指定数据库中，每个数据质量检查服务的存储表结构根据选择的检查字段、定义的检查规则自动生成，并提供可视化界面，方便修改信息配置。

（5）提供问题数据统计。针对每次数据质量检查服务提供数据质量检查结果报告，包括异常数据、异常数据检查的规则描述，并做问题数据统计、修改情况统计、检查规则统计。

6. 数据安全管理

数据管理平台汇集了组织所有有价值的数据资产，因此良好的安全管理是必需的。数据安全管理的目标是建立完善的体系化的安全策略措施，全方位进行安全管控，通过多种手段确保数据资产在"存、管、用"等各个环节中的安全，做到"事前可管、事中可控、事后可查"。企业通过数据安全管理，规划、开发和执行安全政策与措施，提供适当的身份以确认、授权、访问与审计等功能。数据安全需要从数据采集、数据传输、数据存储、数据处理、数据共享和数据销毁6个方面进行全方位的管理。

（1）数据采集。要明确数据采集的目的、用途、方式、范围、采集源、采集渠道等内容，并对数据来源进行源鉴别和记录。制订明确的采集策略，只采集经过授权的数据并进行日志记录。

（2）数据传输。做好数据传输接口管控和监测。建议对涉敏数据进行加密传输，主要用到的是对称加密算法和非对称加密算法，推荐的对称加密算法如 DES、IDEA、AES、SM1（国密算法），非对称加密算法如 RSA、ECC、SM2（国密算法）。

（3）数据存储。重要数据要做好存储介质管理，建立数据存储备份机制，并定期开展备份恢复演练。

（4）数据处理。严格遵循数据处理最小化、必要原则，明确数据的处理和使用规范，确保员工只能访问职责所需的最少够用的敏感数据。对数据进行操作时，应做好去标识化处理，明确数据脱敏的业务场景和统一使用适合的脱敏技术。

（5）数据共享。①建立数据共享规范，共享前应进行严格的审批并存档，同时开展个人信息安全影响评估；②共享前开展风险评估（记录留存 3 年），与共享的接口调用方签订合作协议；③开展共享监测和审计，对数据导入导出进行严格的审批和监控，建立数据交换和共享审核流程和监管平台，以确保对数据共享的所有操作和行为进行日志记录，并对高危行为进行风险识别和管控。

（6）数据销毁。应建立数据销毁机制，明确存储介质删除方法，数据销毁需由领导审批，同时采用可靠的技术手段，确保被删除和销毁的用户个人电子信息不能被再次还原。针对不同的存储介质和设备有其不可逆的销毁技术及流程，建立销毁监察机制，严防数据销毁阶段可能出现的数据泄漏问题。

数据销毁包含物理层面和逻辑层面的销毁，按照处理成本、复杂性和安全性由低到高的顺序，将数据销毁方式分为三个级别：一级销毁方式，在软件系统层删除数据；二级销毁方式，在存储介质层清除数据；三级销毁方式，物理破坏数据及其存储介质。

7. 数据标准规范体系

数据标准规范是实施数据治理的基础前提条件，对数据治理的成效起着决定性作用。没有标准规范，就无从治理数据；标准规范不全，数据治理就不完善。对于企业的海量数据来说，要做好治理，需建立健全包括以下内容的数据标准规范体系，并对该数据标准体系进行完善，从而更加规范、科学地指导企业使用数据。

（1）元数据标准。要全面建立元数据标准，做到对全域数据的覆盖。

（2）数据元标准。要有选择地为主要数据实体建立数据元标准。

（3）数据分类编码标准。要为重要数据建立分类编码标准，并为基础数据建立编码字典表。

（4）数据目录规范。要在尽可能大的范围内建立统一的企业数据资源目录规范，并最大限度地规范目录编码和操作。

（5）数据质量标准。要从准确性、合规性、一致性、重复性、及时性、完整性等指标的角度出发，建立全面的数据质量标准，并给出评估指标和评估方式。

（6）数据治理流程规范。流程化是治理有序的保障，要将数据治理流程化，建立相应的流程规范，通过流程规范提升治理水平。

5.1.4　数据应用

数据应用是数据治理的重要组成部分，主要包括数据服务系统、数据可视化和运营监控等。

1. 数据服务系统

数据服务系统也可以说是数据网关或数据门户。用户通过数据服务系统可以获取各类数据服务功能。数据服务系统需要提供鉴权、日志审计、流控、协议转换，以及多引擎融合查询、逻辑模型等扩展功能，从而提高服务接口的稳定性和实现的灵活性。

（1）数据订阅、分发服务。通过数据服务总线平台集成主数据与所有应用系统的数据，将所有类型的数据注册到数据服务总线平台上，由各目标系统提供接收各类数据的接口，在数据服务总线平台自主订阅相应的数据，所有目标系统通过数据服务总线平台订阅规范即可完成数据的订阅、分发服务。

（2）数据查询、申请服务。在数据查询服务中，将所有终端用户的查询封装成服务，集成到各应用系统，通过应用系统可以方便快捷地查询各类数据，提高查询效率，提供更好的用户体验。

在数据申请服务中，将所有数据的申请功能封装成服务，供应用系统调用。当业务系统有添加数据的需求时，不需要登录数据平台，只需要正常在业务系统中提交新增申请，就可以以任务的形式提交到数据治理平台，数据治理平台处理完成后，再以消息的形式反馈至业务系统。

（3）数据调用 API（应用程序编程接口）服务。指定数据类型后，基于接口层面采用调用 API 服务的方式，为业务系统提供关键字查询服务（模糊查询、精确查询、组合查询）。

（4）公共数据资源池。开放数据平台基础库只读权限，各应用系统可直接查询调用。公共数据资源池相当于数据生产库的一个镜像，业务系统可直接访问，但只有只读权限。一般业务系统需要进行大量数据初始化操作的时候可采用这种方式。该资源池数据库与主数据生产库具有实时同步机制，业务系统直接调用主数据系统的主数据，真正确保唯一源头，实现基础数据的准确和一致性。

（5）数据资源服务。通过相关工具将源系统的数据（人力资源、财务、业务等）抽取到大数据平台，经过整合、清洗、归并后形成各种主题数据，对外提供不同的数据服务（主数据、交易数据、指标数据）；数据资源服务是各类数据高级应用，是将源系统数据大集中在数据资源中心，通过大数据技术工具，提供各类数据自助式服务。

（6）数据即时服务。基于搜索服务器，面向所有业务系统提供快速查询检索的即时服务。其主要原理是将不同类型的全量主数据同步到 ES 存储服务器中，然后业务通过搜索服务器提供的 API 进行查询，解决大数据量的查询效率低的问题。

2. 数据可视化

通常建设数据平台最重要的目的是支持业务运营和决策。为此，需要通过对行业分析方法做沉淀和升级，实现多视角、智能化的业务判断，进一步迭代开发数据产品，对业务系统形成业务洞察，提升企业的数据化运营能力。

为构建自动化、智能化的数据治理平台，企业数据治理还需具有可视化展示功能。具有良好可视化展示功能是先进数据治理平台的基本要求。治理可视化能带来良好的用户操作体验，便于治理工作的实施，有利于人工参与治理效率的提高。

同时，数据可视化是开发数据产品快速、轻型的手段，能够尽快尽早地发挥数据平台的价值。可视化的数据分析和数据平台的技术支持，使得数据可视化可以为从一线人员到业务决策人员共同使用，消除一线操作人员、业务人员、决策人员的信息需求与 IT 人员的认知差距，让一线业务人员能获得更直接的信息，全面改善企业运营，使得组织内的每个人目标一致。

3. 运营监控

在数据应用中还需要具备度量和运营数据服务的能力。例如，通过数据平台的全局性统计和监测，叠加算法实时预警业务系统的问题；通过采集硬件系统、业务系统、数据库等日志，实现对业务系统的监测和预测，能够对平台上提供的数据服务及相关行为持续跟踪和记录，包括哪些数据服务被哪个部门用了多少次等，通过这些去度量每一项数据服务的业务价值。

5.1.5　数据管理的评价

数据管理能力是工业企业大量数据资产持续产生价值的重要保障，只有摸清企业现在的数据管理水平，才能为未来的数据应用改进和优化提升提供方向和路径。企业的数据管理可以划分为数据管理 4.0、数据管理 3.0、数据管理 2.0 和数据管理 1.0 四个层级，来初步判断一个企业的数据管理水平。

比如，政府领导到公司现场视察，走过一段管线的时候，遇到了一处漏液。政府领导就问了随行的企业领导三个问题：整个厂房的管线部署情况、液体流动情况及设备运行情况。当然，获取这些信息和资料的时间和准确性，对工程师做出什么样的解决方案有重要的指导意义。如果工程师可以通过手机、平板电脑、计算机或其他智能终端，瞬间检索、查找并获得相应信息，企业就满足了"数据管理 4.0"的数据全面性和及时性的要求。如果有自动决策模块，根据这些信息，工程师就可以做出最优处理。

然而，虽然有这些信息，但是存放在不同的系统里面。比如，管线部署资料在工厂设计和施工系统里面，流动液体在生产部门的系统里面，工厂现有备品备件在库存管理系统里面。获取相关数据的过程，需要向每个部门的管理人员询问或者需要拥有这些系统的登录权限。工程师获得这些数据权限之后才能获得这些数据，进行相关的整理和判断。这种情况可以称作"数据管理 3.0"。它的特点是已经获取大部分与企业相关的数据，但是存放在不同的信息化系统中，需要专门获取。

实现"数据管理 3.0"的水平需要很多的整理工作。在"数据管理 2.0"的水平，还有很多情况是信息还没有数字化。比如，管线部署资料仍然是在图样上，存放在企业的档案室里面，需要由专门人员进入档案室取出，找到相关的文件，再获取相关的信息。在这种情况下，获取相关信息的速度进一步放缓，而获取信息的不确定性进一步提升。例如，如果档案室管理员正巧请假外出，工程师就需要等管理员回到公司才有可能获得资料。通常管理员还要求工程师获得批准才能给他资料，这样工程师又必须 层 层地汇报、审批，从而获得相关图样的阅览权限。如果他需要拍照或复印，碰巧公司有关于档案室资料复制和拍照的规定，则工程师需要再次申请、审批、报备。在这个过程中，现场的漏液仍然在发生，而宝贵的时间却花费在获取关键数据的资料上。这种数据管理阶段就称作"数据管理 2.0"。

在"数据管理 1.0"的水平，工程师需要管线图样，询问相关部门后，得到的回复是"不知道在哪里"或"没有"。这种情况通常是企业的核心数据没有统一管理或存档记录，企业只关心当前的生产和运营情况，对核心数据没有基本的认识和管理。这类似于寓言故事中的"狗熊掰棒子"，每次掰下一个棒子，狗熊就放在胳肢窝里夹着，见到下一个棒子，它又伸手去掰，原来的棒子就掉了。一路下来，狗熊掰了很多棒子，但留下的永远只有刚摘的那一个。"数据管理 1.0"水平的企业，可能产量巨大，但是留下的数据永远是只有当前的。这种情况是问题最大的，也是大量工业企业无法迭代、优化、提升的原因之一。

"数据管理 4.0"不是一项形象工程，而是未来企业生存和发展的核心竞争力。很多企业家用"高大上"这样的词语来描述"数据管理 4.0"，实质上是排斥企业数字化转型，是置企业的未来不顾，在全球化竞争的大环境中输在了起跑线上。数字化时代，竞争的核心要素是获取正确全面信息的速度，获得智能决策的速度和准确性，以及执行决策的速度和效率。这三个环节都是在"数据管理 4.0"的基础之上完成的。智能工厂的数据管理要提升到战略高度，从企业的组织架构上进行调整，成立专门的数字化部门来全面负责企业数据管理。这个数字化部门直接对总经理或董事会负责，与企业的主要业务部门同级甚至高于主要业务部门，承担企业数据规划、元数据管理、数据目录定义、主数据管理和企业级数据集成等工作，确保企业数据的全面性、及时性、准确性和安全性。

5.2 智能工厂的自动化建设

工厂自动化是指在生产过程中，如果在没有工人或较少工人的直接参与下，利用外加的设备或装置（称控制装置或控制器），使机器、设备或生产过程（统称被控对象）的某个工作状态或参数（即被控制量），经过自动检测、信息处理、分析判断、操纵控制，自动按照预定的规律运行，从而实现预期的目标的过程。

5.2.1 自动化的发展历程

20 世纪 70 年代中期，自动化的应用开始面向大规模、复杂的系统，如大型电力系统、交通运输系统、钢铁联合企业、国民经济系统等。它不仅要求对现有系统进行最优控制和管理，而且要对未来系统进行最优筹划和设计，运用现代控制理论方法已不能取得应有的成效，于是出现了大系统理论与方法。

80 年代初，随着计算机网络的迅速发展，人类开始综合利用传感技术、通信技术、计算机、系统控制和人工智能等新技术和新方法来解决所面临的工厂自动化的复杂问题，研制出柔性制造系统、决策支持系统、智能机器人和专家系统等高级自动化系统。综合自动化系统能加强生产系统对市场动态的应变能力，大大提高设备使用率和企业投资效益，并能避免由主观因素造成的损失。

未来的智能工厂能够自行优化控制并自动运行整个生产流程，自行适应并实时或近实时学习新的生产条件，以应对不确定性的外部变化。随着技术的进步及人工成本的逐渐上升，未来工厂内的所有工作逐渐由系统控制的核心生产设备来实现，工作人员不直接参与生产第一线工作，只是从事新产品开发、生产工艺改进、新机器设备发明创新等高技术复杂劳动。高度密集的生产设备将使未来智能工厂的生产成本逐渐降低，产品质量得到大幅提升。

5.2.2　自动化的总体架构

一般而言，智能制造系统应包含设备层、控制层、业务管理层和经营管理层四个层级。而智能工厂的自动化系统主要由设备层和控制层构成。其中，设备层一般多由单体硬件组成，具体包括基于指令的自动化操作设备、仪表及传感器等。设备层负责执行具体的生产作业，并为生产过程控制产生和提供底层数据。企业可以根据业务范畴和管理需要配置符合需求的设备。在设备选型中，以质量源于设计及生产自动化管理规范风险分析方法为指导，确定设备层的管理策略，建立以工艺设备为核心的质量管理数字化基础；同时，应当关注关键工艺参数、关键质量参数、关键能源参数、关键维护参数、关键产能参数是否满足流程需求。此外，由于后期接口扩展往往涉及重大的时间和成本投入，流程生产企业在设备选型时，应当确认相关设备和系统能够实现数据互联互通等相关问题。控制层承担与设备层对接，履行收集、整合设备层有关数据的职责，是智能制造的信息化管理基础。企业可以通过数据整合在控制层实现初步的可视化管理，比如确定设备传感器、仪表、控制系统是否能够满足各类参数的采集需求，并进行相应的提升和改造；应用过程分析技术，实时在线进行关键数据分析，并选用主流协议的仪表、传感器进行设备体系框架的数字化建设和设备的互联互通建设；在设备网络化、智能化的基础上可以在控制层按需配置初级的跨设备管理系统，实现小范围的自动化运行。工厂自动化系统主要涉及数据采集与监控系统（SCADA）、分散控制系统（DCS）、能源管理系统（EMS）、生产执行系统（MES）、批处理（Batch）系统、可编程逻辑控制器（PLC）、现场总线控制系统（FCS）、计算机集成过程系统（CIPS）等。

传统工厂的自动化架构展示了定义明晰的层级结构，信息从设备层向上经由现场控制、过程监管、生产管理各个层级汇总到企业。虽然这一模式得到广泛认可，但其中的数据流动并不顺畅。由于每一层次的功能性要求不尽相同，这就造成了针对特定任务的不同通信方法，使得不同层级之间的兼容性较差。对于有实时及安全要求的最底层设备而言，由于缺乏合适的唯一通信标准，导致众多相互竞争的专用协议产生。这意味着不兼容不仅存在于层级之间，同时也存在于设备层和控制层之内。因此，为了兼容终端用户所喜爱的系统，经常会出现自动化设备支持 5 个甚至 5 个以上工业协议的现象，这就使读取数据变得异常困难。此外，由于 DCS 本质上不是开放系统而且非常重要，因此从 DCS 中获取数据并不容易。同样，新技术被缓慢地引入或根本不被引入 DCS 中，在实践中，新系统往往独立地并行安装以实现新功能，而不是与 DCS 相互集成。因为，很多情况下无法保证在 DCS 上快速测试新应用程序，而不会影响工厂的安全性和可用性。这样就使得流程自动化落后于现代 IT 技术，如物联网、云计算、大数据和移动互联网等，大大地阻碍了 OT 与 IT 的深入高效的融合。

智能工厂自动化的总体架构在流程工业自动化结构的基础上引入工业物联网、云计算、大数据等 IT 技术，以加强和充实原有架构开放性不足的缺陷，又不至于由于开放而丧失信息安全的内在保证。智能工厂自动化的核心是过程控制，是具有确定性的 DCS。现有的分布式控制系统是经过验证的、高度可用的成熟系统，并且支持长生命周期的可持续运营，工厂不能冒失去这些优势的风险。因此，基于现有工厂自动化体系结构（见图 5-1），在现有用于核心过程控制（CPC）的 DCS 不需要更换或大幅改变的前提下，工厂自动化可以通过额外的数字运营基础设施（Digital Operational Infrastructure，DOI）进行扩展，以实现可靠性、设备维护、能效管理和人员安全等方面的监测和优化。

图 5-1　自动化体系结构

同时，为实现在线监测和优化，在装置这一级引入具有开放性和可靠性的 DIO 架构（见图 5-2），将服务于在线监测和优化控制所加装的低成本智能传感器纳入这一架构，用于设备在线监测、预防性维护、先进过程控制、报警管理及智能设备管理等。DCS 通过开放的统一架构（OPCUA）与装置级在线监测和优化控制系统连接，建立集中的、全局的在线监测和优化控制系统，从而实现先进控制、可靠性管理、集中人机界面（HMI）、历史记录分析及生产系统的仿真优化等功能。

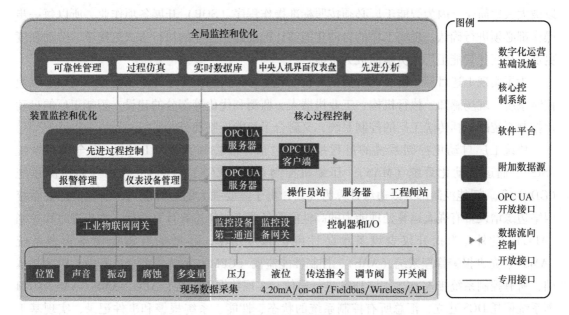

图 5-2 DIO 架构

在这样的架构下，由于采用了开放和集成的数字通信技术，如工业无线网、现场总线、现场以太网等，使得每个传感器的成本大幅提高。但是，这些非侵入式传感器可以降低每个传感器的总体安装成本，从而实现新技术和应用的落地；同时也提升了监测和优化系统的可用性，降低了系统的复杂性。处于核心位置的监控优化服务与核心过程控制没有直接关系，所以相关的设备可靠性分析等工作就可以在综合大楼的办公室执行，也可以让远程专家实时访问工厂数据并进行在线分析。

智能工厂自动化总体架构基本上将传统架构保持原样。核心控制部分的所有软件和硬件组件基本上均由单个供应商提供，因此这些供应商在初始部署和将来的组件升级中负责其互操作性。在智能工厂自动化架构中，通过配备 OPC UA 技术，能够确保在可信和授权机制下读取数据，数据流向能够得到严格控制，因此对核心过程控制的可用性和安全性没有影响。

5.2.3 自动化控制系统

未来自动化控制系统追求的目标很明确：能够低成本替代原有控制系统，并且可按现场需要配置系统；能够运用先进的边缘设备，但仍可沿用原有的 I/O 及其电缆布线；工业 APP 具有良好的可移植性，可以方便地与第三方软件集成；能够支持高可用性、虚拟化的实时数据中心，向下有效连接边缘端与 I/O 端口，向上方便 OT 与 IT 的融合。在智能工厂建设概述中提到，要实现员工工作方式的转变，就要对工厂的运行和维护方式进行数字化转换。那么要进行数字化转变，就必须对工厂中的自动化系统进行数字化转型，从而使现场工作逐步变得自动化，如在现场操作中的启动、关闭、换料、加载、卸载、分配等活动通常涉及许多手动步骤，所有的操作必须在正确的时间以正确的顺序进行。通过附加的无线传感器可以自动向控制软件确认打开阀门的步骤已正确执行，而无须用户手动输入，这样上述很多工作都可以被大大地简化。因为智能工厂必须按照标准操作程序（SOP）开展各项作业，所以每一步操作都必须进行确认。现场工作的自动化能够让标准操作程序的执行方式更简单、劳动强度更低，从而让智能工厂人员精简成为可能。

为了实现上述目标，需要在智能工厂自动化总体架构的指导下完成工业控制网络、工业控制系统、现场感知、执行机构、工业机器人、监测和优化等部分的建设。智能工厂的自动化控制系统既包括传统工厂的控制系统，又融合了智能控制部分。

传统工厂自动化控制系统的过程控制层包括分散控制系统（DCS）、安全仪表系统（SIS）、储运自动化系统（MAS）、压缩机控制系统（CCS）及可燃/有毒气体检测系统（GDS）等。智能控制部分以边缘计算为代表，由于需要强大的运算能力，所以往往在系统网络边缘增设带有强大运算处理能力的高性能服务器来担任边缘计算功能，如先进过程控制（APC）；此外，为提升仪表设备预防性维护和可用率，还增加有智能设备管理系统（AMS）、先进报警管理系统（AAS）、控制性能监视（CPM）系统等部分。其中，DCS 是基础，所有控制系统接入 DCS，与 DCS 进行通信，实现数据的上传；APC、AMS、AAS、CPM等系统依托 DCS 建立，汇总所有控制系统的状态、性能、系统报警和事件记录，实现基于统一平台的全过程管控。

1. 分散控制系统（DCS）

分散控制系统（Distributed Control System，DCS）基于微处理器，其控制功能分散而操作管理集中，结构形式为多级而分层的，如图 5-3 所示。DCS 每一级包含很多子系统，每个子系统都可以独立实现某些功能，并通过可靠性高的硬件设备、冗余技术和自动化的软件实现很高的整体系统可靠性。将各种基本模块按照实际需求组合为一个系统的过程称为系统的组态，也就是进行 DCS 应用的过程。

DCS 主要包含两个环节：过程控制级和过程管理级。不同 DCS 中过程控制级的结构形式相似，统称为现场控制单元，但具体控制装置不完全相同，包括现场控制站、过程接口单元、过程控制单元等。现场控制单元属于高度模块化的结构，通常安装在现场，距控制中心较远，

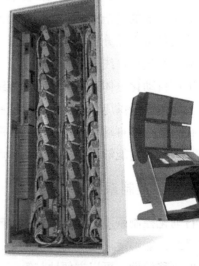

图 5-3　DCS 示意图

根据监测和控制的实际需要可能包含几个到几百个监测点。现场控制单元与 PLC 在硬件配置要求方面比较一致，包含不同功能的插件按一定顺序装在插件箱里，对于不同的 DCS，具体顺序要求会有所不同，插件配置一般包括 CPU、I/O、电源、通信等，而且这些插件都可以实现冗余配置。除了所有插件都安装在同一个插件箱这种基本型结构之外，很多时候现场控制单元需要可以扩展的形式，可以加入一些数字输入输出单元，并使用总线连接。过程管理级包括管理计算机、操作员站、工程师站等，主要功能是监测和管理过程控制级，也称操作站。操作站包含的设备主要有显示设备、存储设备、输入设备、输出设备、主机系统等，用于显示和记录过程控制级的数据，以及进行人与生产信息的交互，实现的功能包括系统状态显示、模拟参数显示、操作功能、编程和报警等。

　　DCS 的软件系统也是其中重要的组成部分，通常提供非常丰富的功能模块和功能软件包。对于不同控制系统的不同需求，将功能模块进行组态，实现系统的需求。现场控制单元的软件包括实时数据库、数据巡检、控制算法和网络通信等模块。作为中心环节，实时数据库用于数据交互、存储数据及中间计算结果；数据巡检模块实现数据和信号的采集功能，并能够进行数字滤波、补偿计算等功能；控制算法模块根据功能不同，可分为逻辑运算模块、算术运算模块、非线性处理模块、PID 控制模块、执行器控制模块、手自动切换模块等；网络通信模块可以实现现场数据和信息的上传功能。操作站使用的软件一般包含系统软件，用于实现系统开发、运行和测试等功能。软件包括编程语言、操作系统和工具软件等。操作站的应用软件可以实现的功能一般包括图形管理、网络管理、实时数据库、历史数据库、数据库显示与修改、参数列表、控制回路管理、人机接口控制等。

2. 安全仪表系统（SIS）

　　安全仪表系统（Safety Instrumentation System，SIS）是化工工业自动控制中举足轻重的部分，主要用于化工工业中的报警和联锁，实现对控制系统监测结果进行报警、调节甚至停机控制。SIS 独立于过程控制系统，生产正常时处于休眠或静止状态，一旦生产装置或设施出现可能导致安全事故的情况，能够瞬间准确动作，使生产过程安全停止运行或自动导入预定的安全状态。SIS 必须有很高的可靠性（即功能安全）和规范的维护管理，否则如果 SIS 失效，往往会导致严重的安全事故。

　　SIS 的主要组成部分有检测单元（传感器）、控制单元（逻辑运算器）和执行单元（执行元件）。SIS 在正常运行时，可以检测到生产中已经出现的问题或者预先监测到未来某时可能出现的危险，一旦发现会立即报警或者直接执行提前设定好的应对程序，降低事故导致的损失或者防止事故发生。

　　在化工行业中，安全生产至关重要。其中，保护层洋葱模型作为规范标准，要求化工企业每一层都是独立的，并且是一道安全保护手段，这就是需要建立 SIS 的原因。SIS 需要严格符合仪表的国际安全标准，具有安全性高、覆盖面广、可自诊断等特点，可以预先监测到可能出现的危险，响应速度很快，小型 SIS 的响应时间能够低于 10ms，一般系统输入到输出的响应时间也在 10~50ms；同时具有可容错的多重冗余结构，系统的硬件故障裕度得到提高，防止单一的故障造成 SIS 整体功能失效，并且需要维修检查的位置比较少，因为 SIS

的自诊断覆盖率很大。SIS 使用的应用程序一般比较灵活,操作人员可以根据实际需求进行调整。另外,SIS 一般具有安全性设计,包括短路断路监测,针对的是检测单元到执行单元整条回路。

SIS 的系统结构主要有三重化和四重化两种。三重化结构系统集成了自诊断和并行的三路分电路控制系统,利用三选二实现不会中断的零错误控制。四重化结构系统拥有两套相互独立且同步运行的系统,一个输出电路通过自诊断和四个输出电路实现,系统发现有模块出现故障之后,将使其失效,同时当两套系统同时出现故障时,利用辅助去磁功能输出系统故障信号,具有很高的可用性、可靠性和安全性。

按照 DCS 与 SIS 一体化的原则,将 FCS 与 SIS 进行无缝融合,减少 DCS 与 SIS 的现场硬连接,通过总线及工业以太网的方式使得两个系统实现数据共享、操作互联,真正实现 SIS 的价值,避免 SIS "建而不投"的情况。

SIS 的设计要点是确保生产装置的人员和设备安全,保证装置在发生事故情况下的安全联锁和紧急停车,以及避免灾难性事故的发生。

在设计时考虑 SIS 的冗余或自诊断功能,能够对内外部的故障进行快速而有效的诊断,通过不同的模块冗余方式,对现场仪表和执行装置进行单模块、双模块和三重化模块配置。

3. 可编程逻辑控制器(PLC)

可编程逻辑控制器(Programmable Logic Controller,PLC)是一种工业用数字电子系统,它可以用于制造过程中的控制,如装配线、机器人设备,或是其他一些需要高可靠性、易编程性和故障诊断的场景。小到与处理器相连的有几十个输入/输出(I/O)口的模块设备,大到有几千个 I/O 口的机架式模组设备,都属于 PLC 的范畴,而且它们都可以与其他 PLC 设备互相连接。PLC 可以用于数字和模拟 I/O 口的排布、温度范围扩展、抗电子噪声、抵抗震动和冲击。PLC 里面存储的用于控制机器运作的程序通常置于有备用电池的或者非易失性存储器中。最开始 PLC 被用于汽车制造业中,作为灵活、耐用、易于编程的控制器,它替代了线接继电器。从那以后,PLC 就成为被广泛地用于恶劣环境中高可靠性的自动化控制器。PLC 属于一种"硬"实时系统,对输入信号必须在有限的时间内输出响应结果,否则将导致意外操作。

PLC 最早出现于 20 世纪 60 年代末期,用于取代继电器逻辑系统,在此之前,用于制造业的控制逻辑主要由继电器、凸轮计时器、鼓音序器和闭环控制器组成。早期的 PLC 使用梯形逻辑进行编程,这与继电器逻辑的示意图非常类似。这种程序符号的选择使得对现有技术人员的培训变得比较容易,梯形逻辑让编写逻辑的技术人员对逻辑序列的时序问题看得更加清晰。另外有一类 PLC 使用基于堆栈的逻辑求解器的指令列表编程形式。

PLC 是基于工业微处理器的控制器,拥有可编程存储器,用于存储程序指令和多种功能。它包括用于解析输入、执行控制程序并发送输出信号的处理器单元(CPU),将交流电转换为直流电的电源,存储输入数据和执行程序的存储单元,用于控制器接收和发送数据的输入输出接口,以及用于在通信网络上接收和传输数据的通信接口。PLC 需要配合编程设备,编程设备用于开发并将程序下载到 PLC 的存储器中。现代 PLC 通常还包含实时操作系统。

　　PLC 系统的机械设计通常有两种类型：一种是单块的小型可编程控制器（见图 5-4），用于将所有单元和接口紧凑地置于其中，当然输入和输出模块都是可以扩展的；另一种是机架式的 PLC，它提供了可以配备各种不同功能模块的空间，比如电源、处理器、IO 模块和通信接口等，可以自定义配置来适配具体的应用。多个机架可以被单个控制器和几千个 I/O 口统一管理，如图 5-5 所示。可以使用特殊的高速串行 I/O 连接或者类似的通信方式，将机架安排到远离处理器的位置，从而减少大型工厂的布线成本；另外也可以选择将 I/O 口直接安装在机器上，然后用电缆连接传感器和阀门，从而达到节约布线和替换组件时间的目的。

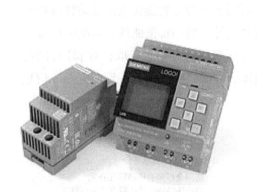

图 5-4　单块小型化 PLC

图 5-5　机架式 PLC

　　一些特殊的工作流程需要持续运行，以减少不必要的停机时间。因此，设计一种具有容错功能、可以处理出错模块的系统是很有必要的。在这种情况下，当硬件组件发生故障时，有相同功能的冗余 CPU 或 I/O 模块就可以被加入硬件配置之中，以避免整体或部分流程因硬件故障而中止。其他需要冗余的场景包括一些安全至关重要的过程，例如，大型液压机需要在压力下降前把两个 PLC 的输出口都打开，以防其中的一个输出口无法正常关闭。

　　4. 可燃/有毒气体报警系统（GDS）

　　依据 GB 50493—2019《石油化工企业可燃气体和有毒气体检测报警设计标准》，可燃/有毒气体报警系统独立于 DCS 建立，并在有人值守的控制室设置声光报警器。控制系统宜具备 SIL（安全完整性等级）认证，并取得公安部消防产品合格评定中心（China Certification Center for Fire Products Ministry of Public Security，CCCF）认证。GDS 现场检测器应引入数字基因技术，优先选用智能型气体探测器，如通知用户何时需要进行一次真实标定，是否需要真实的全量程标定，并记录上一次成功标定的日期。当传感器寿命即将终结时，告知用户。

　　5. 先进过程控制（APC）

　　先进过程控制（Advanced Process Control，APC）技术是流程工业企业智能工厂的核心技术之一，是一种基于工艺模型的多变量预测控制技术，是基于过程动态模型的控制器，相当于模拟出一个操作经验丰富的操作人员。APC 通常在 DCS、PLC、FCS 等计算机控制系统已有常规控制的基础上，采用多变量预测控制、智能控制、软测量和工艺计算等策略，提高复杂工业过程的控制品质，增强系统的抗干扰能力和鲁棒性，实现提高装置智能化运行水平，降低操作人员劳动强度，有效缩短开工周期，使损耗明显减少，运行更加平稳，进而实现节能增效和提高企业综合竞争力。

6. 智能设备管理系统（AMS）

智能设备管理系统（Asset Management System，AMS）是针对智能仪表、智能阀门定位器等进行在线组态、调试、校验管理、诊断及数据库事件纪录的一体化方案。它通过利用现场设备的智能自检和通信功能实现预维护和前瞻性维护的先进管理要求，提高了智能工厂的可利用率和运行效能。AMS 运用先进的诊断、流线式校验手段和自动事件归档等方法，优化了现场仪表和控制阀的性能。AMS 应能够将全厂所有与各仪表控制系统相连接的智能仪表信息通过 HART 协议等通信协议的方式进行读取并可写入。建立智能仪表的预防性维护平台，可实现智能阀门定位器的行程偏差统计、循环次数统计、阀门特征曲线、阶跃响应等综合状态分析；智能变送器的电子故障、传感器故障、导压管堵塞等信息获取；对 pH 计的电极老化、参考电极污染及时提示；电磁流量计接线故障、线圈故障、空管、反向流量等信息提示（见图 5-6）。

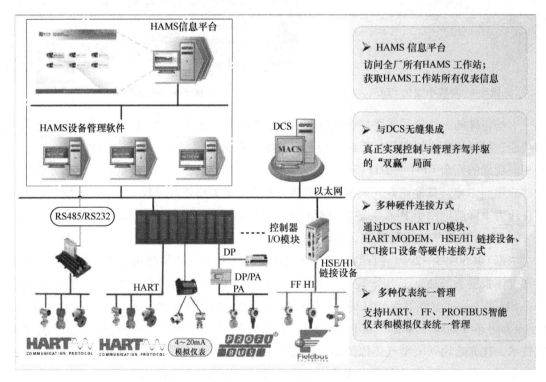

图 5-6   国产和利时 AMS "HAMS" 系统结构

7. 先进报警管理系统（AAS）

先进报警管理系统（Advanced Alarm Management System，AAS）遵从国际报警管理标准规范 EEMUA 191 报警规范及 ISA-18.2 标准的设计理念，依托于工厂大量真实数据进行"统计分析"，利用大数据计算手段"智能预测"隐藏的工艺问题，比事故先一步发现安全隐患，可为装置的"安全、稳定、长周期、满负荷"运行提供保证。AAS 包括客户端、服务器、显示器和交换机,以装置为单元,采集所有控制系统的报警信息进行统计和分析,最终将分析结果上传至生产管理网络。

8. 控制性能监控(CPM)

CPM 对远程或本地运行的控制系统进行诊断维护,对 PID 回路实施"基于状态的维护"的管理模式,减少工厂关键 PID 回路的波动,减少 PID 回路的维护时间。可视化展示智能控制台汇总回路状态变化、系统变更、缺陷诊断以及与此相关的趋势曲线,能够对控制设备性能进行分类、对控制性能趋势跟踪,实现全面的性能评价和自动诊断。

9. 储罐计量系统(TGS)

储罐计量系统(Tank Gauging System,TGS)包括检测功能、数据处理功能、控制功能、监督功能,如图 5-7 所示。

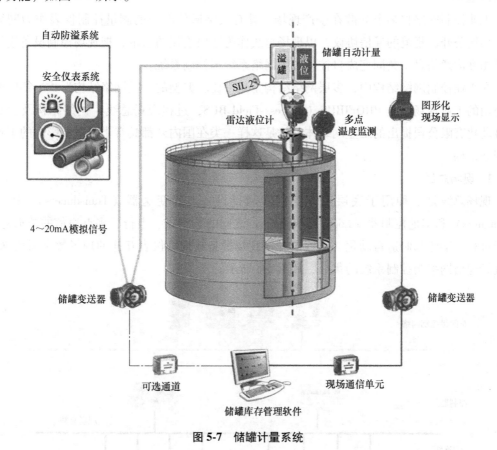

图 5-7　储罐计量系统

(1)检测功能:检测液位、温度、压力、流量、密度、泵阀开关状态等。

(2)数据处理功能:处理储罐体积计算、储存量计算、静压补偿计算、温度补偿计算等。

(3)控制功能:控制泵的开、关,两位式阀门的开启和关闭,调节阀的控制及联锁控制等。

(4)监督功能:液位、温度、压力、流量的高低限设置,超限报警并记录,阀门非正常动作的报警和记录等。

5.2.4　工业控制网络

工业控制网络的发展与微电子技术、计算机技术、通信技术、控制技术、网络技术的发展密切相关。到了 20 世纪 80 年代，工业系统日益复杂，控制回路进一步增多，单一的控制系统已经不能满足现场的生产控制要求和生产工作的管理要求。伴随着计算机网络技术的迅猛发展，生产过程和控制系统也进一步复杂化，人们将计算机网络技术应用于控制系统的前置机之间及前置机和上位机的数据传输中。工业控制网络一般处于工业企业网络的中下层，是直接面向生产控制的计算机网络。它主要用来处理实时现场信息，具有协议简单、容错性强、安全可靠、成本低廉的特点，是网络控制系统进行实时控制信息处理的数据流通道。

工业控制网络将多个分散在生产现场、具有数字通信能力的测量控制仪表作为网络节点，采用公开、规范的通信协议，以现场总线作为通信连接的纽带，把现场控制设备连接成可以相互沟通信息、共同完成自控任务的网络系统与控制系统。

在工业控制网络结构中，多层网络结构是其中比较典型的一类网络结构形式。德国西门子公司的工业现场总线 PROFIBUS（Process Field BUS，过程现场总线）网络结构及罗克韦尔自动化有限公司提出的工业网络体系就是这样一类在国内外都具有十分重要影响的工业控制网络结构。

1. 现场总线

现场总线是一种用于底层工业控制和测量设备，如变送器（Transducers）、执行器（Actuators）和本地控制器（Local Controllers）之间的数字式、串行、多点通信的数据总线，用于过程自动化和制造自动化（最底层）的现场设备或现场仪表互连的现场数字通信网络，是现场通信网络与控制系统的集成，如图 5-8 所示。

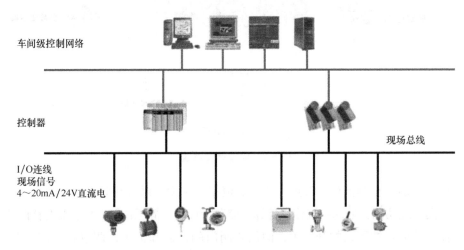

图 5-8　现场总线示意图

（1）现场总线系统的构成。现场总线包括软件和硬件两部分，系统构成如图 5-9 所示。

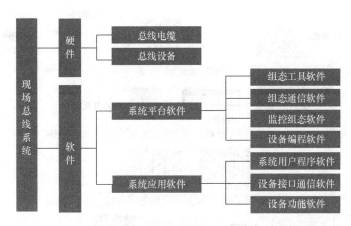

图 5-9　现场总线系统的构成

1）硬件。硬件包括总线电缆和总线设备。总线电缆又称为通信线、通信介质（媒体/媒介/介体）。连接在通信线上的设备称为总线设备，又称为总线装置、节点（主节点、从节点）、站点（主站、从站），通常有变送器/传感器、执行器、控制器、监控/监视计算机、网络互联设备、其他现场总线设备等。

2）软件。软件包括系统平台软件和系统应用软件。系统平台软件是为系统构建、运行，以及为系统应用软件编程而提供环境、条件或工具的基础软件。它包括组态工具软件、组态通信软件、监控组态软件和设备编程软件。系统应用软件是为实现系统以及设备的各种功能而编写的软件。它包括系统用户程序软件、设备接口通信软件和设备功能软件。

（2）现场总线（系统）的特点。现场总线将通信线（总线电缆）延伸到工业现场，能够完全适应工业现场环境。现场总线系统各层设备之间的信息交换均采用数字信号。现场总线标准、协议/规范是公开的，现场总线网络是开放的，既可以实现同层网络互连，也可以实现不同层网络互连。现场总线用一根通信线直接互联 N 个现场设备，从而构成现场设备的互联网络。具体示例可参见霍尼韦尔、罗克韦尔、西门子现场总线系统，如图 5-10~图 5-12 所示。

2. 工业以太网

工业以太网是当前工业控制领域的研究热点，重点在于利用交换式以太网技术为控制器和操作站，各种工作站之间相互协调合作提供一种交互机制，并与上层信息网络无缝集成。工业以太网在技术上与

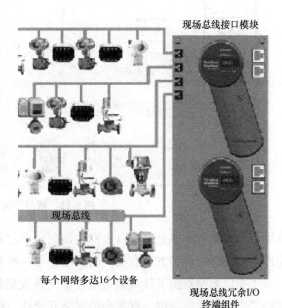

每个网络多达16个设备

现场总线冗余I/O
终端组件

图 5-10　霍尼韦尔现场总线系统

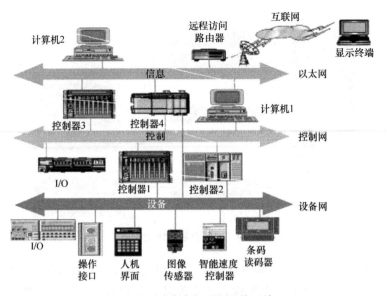

图 5-11　罗克韦尔现场总线系统

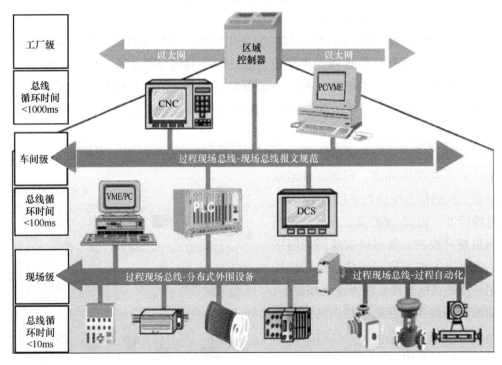

图 5-12　西门子现场总线系统

商用以太网兼容，但是工业以太网是面向生产过程的，对实时性、可靠性、安全性、数据完整性、环境适应性等方面有很高的要求，是一种典型的工业通信网络。

工业以太网提供了针对制造业控制网络数据传输的以太网标准。该技术基于工业标准，利用了交换以太网结构，有很高的网络安全性、可操作性和实效性，最大限度地满足了用户和生产厂商的需求。工业以太网以其特有的低成本、高实效、高扩展性及高智能的魅力，吸引着越来越多的制造业厂商。

（1）工业以太网的类型。常见的工业以太网包括 HSE、PROFInet、EPA 等。

1）HSE（High Speed Ethernet，高速以太网）。基金会现场总线（Foundation Fieldbus，FF）HSE 是现场总线基金会在摒弃了原有高速总线 H2 之后的新作。现场总线基金会明确将 HSE 定位成实现控制网络与互联网（Internet）的集成。HSE 链接设备，将 H1 网段信息传送到以太网的主干上，并进一步传送到企业的 ERP 和管理系统。操作员在主控室可以直接使用网络浏览器查看现场运行情况。

2）PROFInet。PROFInet 是一种基于工业以太网和 IT 标准的现场总线通信系统，不仅可以应用于分布式智能控制，而且还逐渐进入过程自动化领域，为分布式自动化系统结构的实现开辟了新的前景。它不仅可以集成 PROFIBUS 现场设备，还可以通过代理服务器（Proxy Server）实现其他种类的现场总线网络的集成。PROFInet 可以实现全厂工程彻底模块化，包括机械部件、电气/电子部件和应用软件，支持各种形式的网络结构使接线费用最小化并保证高度的可用性。

PROFInet 包含三方面的技术：一是基于通用对象模型（COM）的分布式自动化系统；二是规定了 PROFIBUS 和标准以太网之间的开放、透明通信；三是提供了一个包括设备层和系统层、独立于制造商的系统模型。

3）EPA（Ethernet for Process Automation）。EPA 是顺应广大仪器仪表开发企业与最终用户的要求，将 Ethernet、TCP/IP 等商用计算机通信领域的主流技术直接向下延伸，应用于工业控制现场设备（如变送器、执行机构、现场 I/O 等）间的通信，并在此基础上建立的应用于工业现场设备间通信的开放网络通信平台，从而用以太网统一企业信息化系统中从底层的现场设备层到上层的控制层、管理层的通信网络，即所谓的"E（Ethernet）网到底"。

（2）工业以太网的技术特点。

1）兼容性好，适合解决控制系统中不同厂商设备的兼容和互操作等问题。

2）数据传输速率高、传输距离远，具有 10～100M/bits 的自适应传输速率，传输距离最远可达 150km。

3）可以通过互联网对企业生产进行远程监控，实现办公自动化网络与工业控制网络的无缝连接，实现企业管控一体化。

4）抗干扰能力强，适应严酷的工业生产环境。

5）快速的网络故障定位和诊断。

（3）工业以太网可能存在的问题。

1）通信实时性问题。传统以太网由于采用载波监听多路访问/冲突检测的通信方式，在实时性要求较高的场合下，重要数据的传输会产生传输延滞。

2）对环境的适应性与可靠性问题。以太网若采用 UDP（User Datagram Protocol，用户数据报协议），它提供不可靠的无连接数据报传输服务，不提供报文到达确认、排序及流量控制等功能，因此报文可能会丢失、重复及乱序等。

3）总线供电。网络传输介质在用于传输数字信号的同时，还为网络节点设备提供工作电源，成为总线供电。工业以太网的总线供电问题还没有完美的解决方案。

4）本质安全。工业以太网由于工作在工业环境之中，因此必须考虑本质安全问题；另外，由于使用了 TCP/IP，因此可能会像商业网络一样，被病毒、黑客等非法入侵与非法操作，产生安全威胁。

3. 工业无线网

智能工厂建设的第一步通常是自动化数据采集，现在工厂已经有了很多传感器，它们大多是核心过程控制的过程传感器。但是，当今大多数设备运行状态、可靠性监测、完整性监测、过程能源监测和职业安全与健康（OSH）监控都是手动的。在对工艺设备的在线分析中，如泵、压缩机、热交换器、鼓风机、冷却塔、风冷热交换器、手动阀、储罐甚至包括疏水阀都需要装有传感器，对压力、流量、水平、位置、开关接触、振动、温度、腐蚀、噪声、电力、湿度、气体泄漏等进行监控。这些数据的自动化采集需要大量额外的先进传感器用于状态监测、效率监测和态势感知，但在现有的工厂中为此铺设更多电缆并为 4~20mA 和开关信号安装更多 I/O 模块是不切实际的。因此，传感器数据传输要依托现有的现场总线基础设施或工业无线网络进行数字传输。对于那些未通过现场总线集成的控制阀和流量计等，应当新增无线传感器或加装无线适配器，让其方便地接入工业无线网络。

工业无线网络是从新兴的无线传感器网络发展而来的，具有成本低、能耗低、灵活性高、扩展性强等特点，已经成为继现场总线技术后的又一个研究热点。由于工业现场环境复杂及工业应用的特殊要求，工业无线网络面临着通信实时性、可靠性、安全性及抗干扰能力等问题。目前的工业无线网络通信协议标准主要包括 ZigBee、无线 HART 和 SP100 三种。

（1）Zigbee。ZigBee 是一种近距离、低复杂度、低功耗、低数据传输率、低成本的双向无线通信技术，由 IEEE 802.15.4 和 ZigBee 联盟共同制订。ZigBee 协议主要由物理层、数据链路层、网络/安全层、应用框架及高层应用规范构成。其中，物理层与数据链路层由 IEEE 定义，网络层与应用层由 ZigBee 联盟定义。

ZigBee 的主要技术特点如下：

1）可靠性高。ZigBee 技术采用冲突避免多载波信道接入（CSMA/CA）方式，可以有效避免无线电载波之间的冲突干扰。除此之外，ZigBee 技术还建立了一套完整的无线通信应答协议，通过该协议可以有力保障数据传输的可靠性。

2）功耗低、传输速率低。ZigBee 技术是为低功耗应用领域而生的。实验证明，采用 ZigBee 技术的设备发射功率最低可以低至 1MW，在休眠状态下，耗电仅为 $1\mu W$ 左右。也就是说，在正常情况下，使用两节 5 号电池给 ZigBee 设备供电，电池的使用周期可达到半年到 2 年。而且 ZigBee 技术可根据工作频段的不同，自动调整传输速率，其数据传输速率为频段为 20~250kbit/s，完全满足低速率数据传输要求。

3）安全性好。为保证数据的传输安全，ZigBee 技术采用 128 位加密算法，这样可以保证设备间的通信数据安全。另外，ZigBee 技术还支持循环冗余校验（Cyclic Redundancy Check，CRC），支持对数据鉴权的功能和完整性检查。

4）成本低。ZigBee 技术最主要的优势就是成本低。因为 ZigBee 技术协议标准是免费对外部开放的，而且工作频段在 ISM 频段，协议结构较为简单，对硬件要求低。

5）开放的协议栈。目前整个 ZigBee 的协议栈 ZStack 使用授权与源代码已经完全开放，极大地降低了 ZigBee 技术的开发与应用难度。

6）可扩充性。单 ZigBee 协调器节点连接数可达 6500 个，也就是说，一个 ZigBee 协调器节点可同时与其他 6500 个网络节点进行组网，并且各 ZigBee 协调器节点相互之间也可进行连接组网。

（2）无线 HART。无线 HART 的规范和通信协议已在 2007 年 6 月正式通过。无线 HART 符合 IEC 62591 国际标准，采用可互操作的自组织 Mesh 技术，其中无线现场设备组成的无线网络可以在过程环境中克服障碍物对无线通信的影响，将作业现场的设备运行数据传送到控制系统，能够满足工业数据的传输要求，具有较好的安全性和可靠性，如图 5-13 所示。将无线通信纳入 HART 规范，将在 HART 原有一切功能的基础上进一步提升具有 HART 功能的现场仪表和主系统的技术能力。这就是说，有线 HART 和无线 HART 除了通信介质不同而产生的必要规范以外，能够将无线 HART 系统无缝整合到已有的上位机、集散控制系统及资产管理应用程序中，而无须进行任何软件升级。无线 HART 基于已经被人们熟悉并证实了的有线 HART 协议，使无线设备能够充分利用现有的技术方案进行培训，由此实现从有线到无线最小的改变。无线 HART 网络在项目执行时，由于无须配线、无须外接电源和重量减轻等方面的众多优势，提供了应用的灵活性，使用户可以在维护、安全、环保和可靠性等方面得到长远的利益。

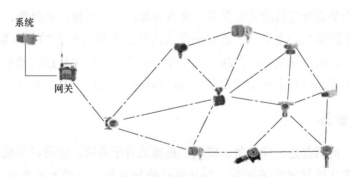

图 5-13　无线 HART 网络组成结构

无线 HART 的特点如下：

1）可靠性。无线 HART 利用网状网络、跳频技术和时钟同步通信等技术，在有干扰的情况下也能保证可靠性，保证了与其他无线网络的共存。

2）安全性：无线 HART 通过加密、校验、密码管理、认证等各种安全措施，保证网络和数据时刻处于保护状态。

3）供电特性：无线 HART 允许用户和设备设计者根据自己的需要选择供电模式，如电池、太阳能和回路供电。

无线 HART 技术的应用能够补充而不是取代有线仪表，提供了真正意义上的超越互换性的互操作性。这意味着用户能够不依赖厂商而选择最好的无线 HART 设备，从而在主系统控制层上保证兼容设备协调工作和相互替换。

（3）SP 100。2004 年 12 月，美国仪表、系统和自动化学会（ISA）成立了工业无线标准 SP 100 委员会，启动了工业无线技术的标准化进程。2007 年 12 月，SP 100 委员会选择过程控制应用作为突破口，成立了 SP 100.11a 工作组，推出了一个面向过程控制应用的工业无线技术子标准 ISA 100.11a，用于向非关键性的监测、警报、预测控制、开环控制、闭环控制提供安全可靠的操作。

ISA 100.11a 的研究焦点定位于周期性监测和过程控制的性能需求及低功耗设备。ISA 100.11a 系统提供了现场设备的无线基础结构、与旧设备的接口、应用程序、安全与系统管理需求，其中应用程序、安全与系统管理需求的功能是可升级的。

ISA 100.11a 的特点如下：

1）各层次之间的相互独立性。ISA 100.11a 允许不同的层次进行独立修改。比如，定义了一个新的物理层，可以将其加入协议中，标准的其他部分受到最小的影响。

2）设备的可交换性。来自不同厂商的具有相同结构、功能并符合 ISA 100.11a 标准的设备之间是可交换的。

3）世界范围的适应性。ISA 100.11a 标准旨在支持世界所有主要领域的已建立标准。

ISA 100.11a 设备的架构采用 OSI 基本接口模型描述，设备类型包括现场设备和基础设施设备。每一个设备都具有特定的逻辑角色，包括系统管理器、网关、主干路由、系统时间源、非路由设备、现场路由等。

由于信息安全是系统建设的重要保障，随着智能制造不断推广和升级，接入互联网的工业系统逐渐暴露于网络威胁之下，信息安全成为流程工业智能制造的基本要求之一。因此，在工业控制网络中，网络安全防护产品，如工业防火墙、工业审计探针及平台、工业漏洞扫描、主机安全卫士等，以及主机个体安全加固产品的应用也是十分重要的。

5.2.5　工业传感器

从广义上讲，传感器是一种设备、模块、机器或者子系统，它可以检测到周围的事件或变化，并将信息发送给其他电子设备，如计算机处理器等。市场上有各种各样的工业传感器，因此，为特定应用选择合适的传感器可能是一个挑战。工业传感器几乎涵盖所有传感器类别，包括接近、位置、速度、水平、温度、力和压力、液位、物位等，其中包括工业过程控制、能源、航空、安全和安保、汽车、医疗和建筑自动化等领域。传感器一般与其他电子设备一起使用。要想实现系统自动检测和自动控制，传感器是其中的首要环节，它的存在让系统有了感官。

人类通过感官来感知外部世界，从外界获取信息，在研究自然规律的过程中，如果仅仅依靠人类自身的感觉器官是远远不够的。传感器的出现解决了这个问题，可以说传感器是人类五官的延展。在信息时代，传感器作为获取外部信息的重要手段，可以满足获取的信息是准确可靠的要求。在基础科学研究中，不管是对宏观世界和微观世界的探索，还是对极限情况的研究，单靠人类的感官是无法获得准确的信息的。正是由于各式传感器的不断发展，才使得研究不断进步和突破。工业生产中也离不开传感器，它们被用来监控生产状态，保证系统始终在正常状态下工作。现代经济的发展和社会的进步已经离不开传感器技术。

传感器的灵敏度描述的是当测量的输入值变化时，传感器的输出变化了多少。举个例子，如果温度变化 1℃时温度计中的水银柱移动了 1cm，那么这支温度计的灵敏度就是 1cm/℃。大多数传感器符合线性传递函数，灵敏度就定义为输出信号和测量性质之间的比率，再增加或减少一些偏移量。有些传感器本身也会影响其所测量的结果。比如，把一支室温状态下的温度计放入热水中，温度计会降低水的温度，水也会提升温度计的温度，从而影响测量的准确性。所以，传感器需要被设计成对被测量的参数影响尽量小。可以通过把传感器设计得足够小来优化这个问题，而且可能带来其他一些优点。一个好的传感器不仅要做到这一点，另外其本身应该对测量的参数是非常敏感的，同时保证对测量环境中其他可能遇到的参数不敏感。常见的工业传感器如图 5-14 所示。

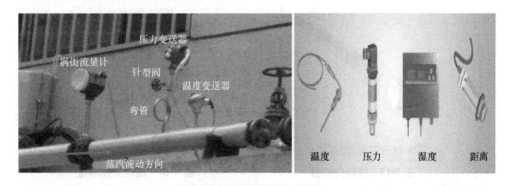

图 5-14　常见的工业传感器

1. 声音传感器

声音传感器可以接收声波，相当于一个麦克风，它内置电容式话筒，话筒内薄膜随接收到的声波振动，导致电容发生变化，产生电压，经过模数（A/D）转换后传送给数据采集设备，如图 5-15 所示。

2. 视觉传感器

视觉传感器具有接收整幅图光线的像素，图像的清晰度用分辨率衡量，用像素数量表示，如图 5-16 所示。视觉传感器可以应用于检验、测量、分拣等工业流程中。

图 5-15　声音传感器

图 5-16　视觉传感器

3. 振动传感器

振动传感器是接收机械量并转换为对应的电量，属于机电转换装置，因此有时也称为拾振器或换能器，如图 5-17 所示。它主要用于测量转动设备的运转转态，用于监测并保护大型高速转动设备，避免损坏。其主要分类有相对式、电涡流式、电感式、电容式、惯性式、压电式力、阻抗头、电阻应变式、压电式、激光。

4. 温湿度传感器

温湿度传感器多以温湿度一体式的探头作为测温元件，采集温度和湿度信号后，经过稳压滤波、运算放大、非线性校正、V/I 转换、恒流及反向保护等电路处理后，转换成与温度和湿度呈线性关系的电流信号或电压信号输出，也可以直接通过主控芯片进行 485 或 232 等接口输出，如图 5-18 所示。

图 5-17　振动传感器　　　　图 5-18　温湿度传感器

5. 压力传感器

压力传感器是将力的量值转换为相关电信号的器件。力是引起物质运动变化的直接原因，因此力传感器能检测张力、拉力、压力、重量、扭矩、内应力和应变等力学量。力传感器主要包括：①被测力使弹性体（如弹簧、梁、波纹管、膜片等）产生相应的位移，通过位移的测量获得力的信号；②弹性构件和应变片共同构成传感器，弹性构件受力时产生形变，使应变片电阻值变化，通过电阻测量获得力的信号。③利用压电效应测力，通过压电晶体把力直接转换为置于晶体两面电极上的电位差，如图 5-19 所示。

6. 接近传感器

接近传感器可以是机械的、光学的、感应的和电容的，广泛应用于工业自动化中，如计数和堵塞检测的输送线、安全联锁和排序的机床等，还可以用于检测物体的存在或不存在，如图 5-20 所示。

7. 机械传感器

机械传感器基本上是开关操作的机械开关，如图 5-21 所示。

8. 光传感器

光传感器可以是像发光二极管（Led）和光晶体管这样的光源，这些传感器基本上是非接触式的，没有运动部件，它们体积小、开关速度快、对振动和冲击不敏感，如图 5-22 所示。但是，它们需要对齐，可以被环境光照条件遮住，可能需要清洁、无尘和无水的环境。

图 5-19　压力传感器

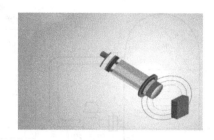

图 5-20　接近传感器

图 5-21　机械传感器

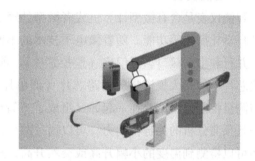

图 5-22　光传感器

9. 液位传感器

　　液位传感器在工业过程控制中非常常见，选择合适的液位传感器取决于其尺寸和几何形状。工业过程控制包括静液压和声学、电学液位传感器，从简单的极限值检测到精确的连续液位传感。静水压传感器可以安装为潜水式传感器，用于在液体中定位，也可以使用螺纹连接到外部罐壁，如图 5-23 ~ 图 5-25 所示。

图 5-23　雷达液位计

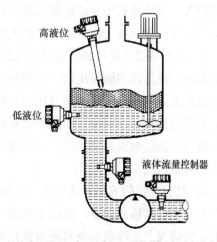

图 5-24　音叉式液位计

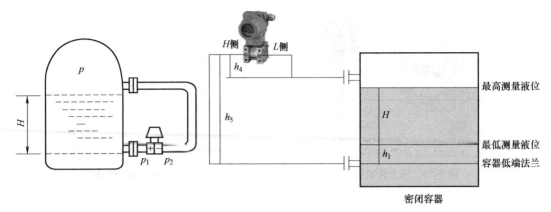

图 5-25 压差式液位计

10. 智能仪表

智能仪表是含有微型计算机或者微型处理器的测量仪表，具有对数据的存储运算逻辑判断及自动化操作等功能。随着微电子技术的不断发展，集成了 CPU、存储器、定时器/计数器、并行和串行接口、看门狗（监控芯片）、前置放大器，甚至 A/D、D/A 转换器等电路在一块芯片上的超大规模集成电路芯片（即单片机）出现了。以单片机为主体，将计算机技术与测量控制技术结合在一起，又组成了"智能化测量控制系统"，也就是智能仪表。智能仪表是预测分析的关键推动力，可以通过减少计算延迟来处理数据并检测异常。例如，智能仪表可以检测到温度的小幅升高或突然升高，从而指示设备可能存在的问题和未来的可靠性问题。

与传统仪表相比，智能仪表具有以下功能特点：

1）操作自动化。仪表的整个测量过程，如键盘扫描、量程选择、开关启动闭合、数据的采集、传输与处理以及显示打印等，都用单片机或微控制器来控制操作，实现测量过程的全部自动化。

2）具有自测功能，包括自动调零、自动故障与状态检验、自动校准、自诊断及量程自动转换等。智能仪表能自动检测出故障的部位甚至故障的原因。这种自测试可以在仪表启动时运行，也可在仪表工作中运行，极大地方便了仪表的维护。

3）具有数据处理功能。这是智能仪表的主要优点之一。智能仪表由于采用了单片机或微控制器，使得许多原来用硬件逻辑难以解决或根本无法解决的问题，现在可以用软件灵活地加以解决。例如，传统数字万用表只能测量电阻、交直流电压、电流等，而智能型数字万用表不仅能进行上述测量，而且具有对测量结果进行诸如零点平移、取平均值、求极值、统计分析等复杂的数据处理功能，不仅使用户从繁重的数据处理中解放出来，还有效地提高了仪表的测量精度。

4）具有友好的人机对话能力。智能仪表使用键盘代替传统仪表中的切换开关，操作人员只需通过键盘输入命令，就能实现某种测量功能。与此同时，智能仪表还通过显示屏将仪表的运行情况、工作状态及对测量数据的处理结果及时告诉操作人员，使仪表的操作更加方便、直观。

5）具有可编程控操作能力。一般智能仪表都配有GPIB（通用接口总线）、RS-232C 标准、RS-485 标准等的通信接口，可以很方便地与个人计算机和其他仪表一起组成用户所需要的多功能自动测量系统，来完成更复杂的测试任务。

MSA XCell 智能有毒可燃气体探测器具备自动脉冲检查，就像应用实际标定气体一样，系统每隔 6h 发出一个电气脉冲以刺激 XCell 传感器，从而提供当前传感器灵敏度的快照，如图 5-26 所示。传感器可根据这一快照诊断各种故障，如电极毒化、电解质泄漏、电气连接问题。当传感器接近使用寿命时，系统还可通过映射长时间记录的灵敏度快照来判断其总体的寿命与状态。

图 5-26 MSA XCell 智能有毒可燃气体探测器

5.2.6 工业执行器

工业执行器是自动化技术工具中接收控制信息并对受控对象施加控制作用的装置。前面讲到，工业传感器感测各种过程变量并将其转换成电信号或光信号。工业执行器则是将电信号转换为气动、电动、液压等机械手段以获得对过程的控制，这些电信号先驱动继电器、磁铁、伺服电机等设备，是控制的最基础驱动元件，如图 5-27 所示。

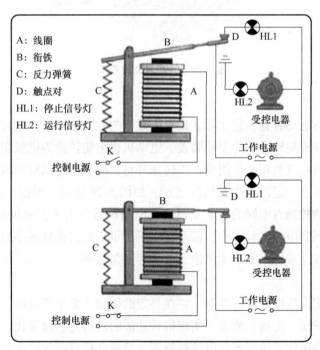

A：线圈
B：衔铁
C：反力弹簧
D：触点对
HL1：停止信号灯
HL2：运行信号灯

图 5-27 控制继电器

1. 气动执行器

气动执行器又称为气压传动与控制器，是以空气压缩机为动力源，以压缩空气为工作介质，进行能量传递和信息传递的装置。气动执行器是生产过程自动化和机械化的最有效手段之一，具有高速高效、清洁安全、低成本、易维护等优点，被广泛应用于轻工机械领域中，在食品包装及石化生产过程中也正在发挥越来越重要的作用。

石化行业经常采用的气动薄膜调节阀（见图 5-28），就是用电信号驱动智能阀门定位器来对压缩空气进行调节，从而实现对管道流量、压力等参数的控制。

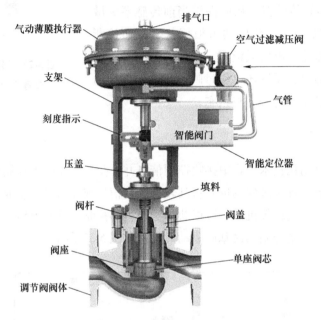

图 5-28   气动薄膜调节阀

2. 电动执行器

电动执行器又称电动装置，它实际就是对电动机的起动、加速、运转、减速及停止进行控制，从而提供直线或旋转运动的驱动装置。电动机将电能转换为机械能，大多数电动机通过内部磁场和绕线内电流的相互作用来产生转矩并将其施加在电动机的轴上。电动机通常被设计为连续旋转，或在一定范围内做线性运动，如图 5-29 所示。根据电动机的不同类型及使用场合对电动机的控制有不同的要求及目的。电动机可应用于工业风扇、阀门、鼓风机、泵、机床、家用电器和电动工具等中，甚至在电子表里也可以找到很小的电动机，如图 5-30 所示。电动机产生线性或转矩来推动风扇、电梯等外部设备。

3. 液动执行器

液动执行器利用液压原理进行控制。它在一定的机械、电子系统内，依靠液体介质的静压力，完成能量的积压、传递、放大，实现机械功能的轻巧化、科学化、最大化。液动执行器的输出推动力要高于气动执行器和电动执行器，且液动执行器的输出力矩可以根据要求进行精确的调整，并通过液压仪表反映出来。液动执行器的传动更为平稳可靠，有缓冲、无撞击现象，适用于对传动要求较高的工作环境。液动执行器的调节精度高、响应速度快，能实现高精确度控制。液动执行器使用液压油驱动,液体本身有不可压缩的特性,因此液压执行器能轻易获得较好的抗偏离能力。液动执行器本身配备有蓄能器,在发生动力故障时,可以进行一次以上的执行操作,减少紧急情况对生产系统造成的破坏和影响,特别适用于长输送管路自动控制。

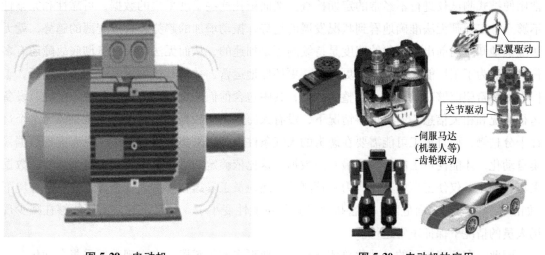

图 5-29 电动机   图 5-30 电动机的应用

图 5-31 为一套简单的液压系统(或称液压泵站),液压泵、电动机等组成动力源把油输送到液压缸中,而电磁换向阀起到换向的功能,使得液压缸活塞杆伸出或者缩回。

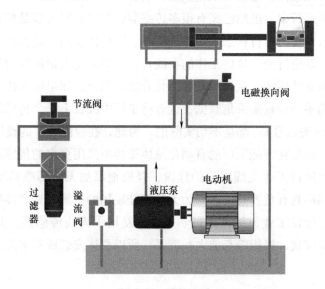

图 5-31 液压系统

5.2.7 数据采集自动化

生产现场各类设备的实时数据是企业高效运营的基本要素,工厂有了各类传感器后,就能方便地获得实时数据。如果没有这些实时数据，就不会有可操作的信息，就不能实时、全面地"看到"工厂的生产运营情况，工厂就无法挖掘新机会，也无法管理、衡量运营指标。到目前为止，大部分工厂只对非常重要且昂贵的设备进行在线监控，如燃气轮机、汽轮机和离心压缩机等，仍须依靠人工采集大多数泵、冷却塔和热交换器等设备的数据。维修人员经常用便携式测试仪进行不经常的定期检查。然而依托这些手动采集的数据，可靠性和完整性不够高，工程师无法准确地看到状况发展的趋势，振动增加的趋势、管道变薄的趋势，就无法准确地知道当前出现恶化的速度是持续的还是加速的，从而无法判断设备彻底故障还有多长时间。为了工厂能够更可靠、更高效、更环保地运营，并使其成为更安全的工作场所，工作人员都希望能够获得实时、完整的数据，其中包含他们职责范围内各类装置、设施、设备运行情况和相关信息。但是很多情况下，没有人愿意采集数据并将其输入系统，因为这个过程十分枯燥，而且员工可能需要在恶劣的天气条件下外出采集数据。所以，只有实现数据采集自动化，才能使员工能够使用最新的数据，这比依赖定期手动采集数据更具预测性。数据采集自动化不仅使工厂更具生产力和预测性，还使员工暴露在恶劣天气条件下和危险环境下（如滑倒风险、热表面危险、有害排放等）的可能性变小了。而且，它使工厂能够在减少现场人员的情况下保证正常运行。

因此，在智能工厂的自动化总体架构中需要更多的传感器，来实现数据采集自动化。通过使用在线传感器自动采集数据可以节省时间，减少需要在工厂内走动以采集数据的员工和外部承包商的数量，使员工可以专注于对数据采取行动，例如校准设备或更换振动过高的零件，当液位过低时补充液体，检修以阻止泄漏，清洁和防止结垢等。

当今工厂的实际运行中，虽然已经有很多传感器，但是它们大多是核心过程控制的过程传感器。现场大多数设备的运行状态、可靠性监测、完整性监测、过程能源监测和职业安全与健康监测还都是手动进行的。这些工作的在线自动监测需要大量额外的先进传感器用于状态监测、效率监测和态势感知，从而实现数字化升级。但是，如果按照传统做法，采用便携式测试仪进行频繁的手动检查来采集数据，或者将工厂中成百上千个传感器做点对点硬连线（模拟 4～20mA 和开-关信号），都是不切实际的。为此，在智能工厂的设计中对数据采集也提出了更高的要求，需要在智能工厂的自动化总体架构中采用更多的传感器，来实现数据采集自动化。工厂可以通过工业无线网络的建设，轻松地添加无线传感器实现自动化数据采集，这对已建成的工厂具有重要意义。因为无须打开现场的电缆托架和接线盒，这与在现场敷设更多线缆相比，建设工业无线网络虽然使工厂新增了无线传感器，但是配套的信号线缆、供电线缆、通信模块、机柜等都能大幅缩减，所以总体安装成本下降了，而且风险要低得多。

5.2.8　自动化优化提升关键技术

自动化在大型工业流程行业是标准配置，但对今天的新型智能工厂来说，除了要关注自动化控制，还应该关注自动化优化和决策，能够最大限度提升和发挥自动化在智能工厂的价值。

1. 操作员培训仿真（OTS）

对流程行业来说，往往存在人员流动大、缺乏有经验的技术人员等问题。传统技术人员的培养周期长、投入费用高。传统的培训模式是将操作员安排至同类工厂实习，大部分是在"看"，实践操作机会少，感受不到真实工厂环境的氛围，这对于新建设工厂的员工培训来说是极其不利的。OTS 系统中流程模拟设计软件的介入使快速培养高层次的技术人员成为可能。基于 OTS 系统的操作员培训模式，不仅技术上可行，而且能为工厂极大地节约外出技术培训费用、减少试车投产风险、带来可观的效益。其主要优势如下：

（1）通过流程模拟软件的培训与学习，技术人员深入掌握各种典型单元操作（如塔、换热器、炉子、反应器）的基础理论、工艺设计、设备设计、过程控制设计和操作方法。

（2）完成本装置的流程建模，实现物料平衡、热量平衡计算，核算原有设计是否最优及有多大优化的空间，确定优化点的优化效益，提出优化方案。

（3）制订出最佳开车方案、危险与可操作性（Hazard and Operability，HAZOP）分析、事故应急方案。

（4）确定装置中各个设备的设计余量，确定装置最大操作负荷，确定操作的卡边界限。

（5）在装置考核阶段，对装置操作的实际能耗与计算能耗进行对比，对装置进行性能标定。

（6）在装置运行阶段，制订出典型工况的运行方案。

（7）对工艺过程的异常现象进行故障分析。

（8）完成工艺操作优化研究、先进控制研究。

操作员培训仿真（Operator Training Simulator，OTS）系统以计算机为手段，集成了化学工程、自动控制工程、计算机技术、网络通信技术、软件工程和系统工程学等学科技术，由仿真服务器、DCS 学员操作站、远程/现场操作站、教员站、工程师站、仿真软件和过程模型组成，包括培训管理子系统、教员培训子系统、工程师开发子系统、现场站子系统、操作员子系统等内容。其主要用途和功能包括：

（1）新员工培训。对新入职操作员进行开车、停车、操作异常、设备故障、紧急状况、正常操作、修改方案等方面的操作培训，保证和真实的 DCS、PKS（Process Knowledge System，过程知识系统）的操作—流程图界面、趋势、报警、操作员响应与现场完全一致。

（2）模型验证。装置开车后，根据工厂的实际数据调整、验证 OTS 模型，并重新设置、检验开车、停车、正常操作、生产方案切换及紧急工况处理预案，并就此实施对员工的培训和考核。

（3）技能考核。对学员的档案进行管理，对操作过程进行考核、评价，自动评分，也可举行学员职业技能等级鉴定、技术比武等。

（4）工艺优化。OTS 系统可作为公用工具，供操作员、工艺工程师、控制工程师进行报警管理及对工艺、控制等方面的研究。工程师可基于稳态流程模拟软件，建立基于严格热力学、真实设备参数、能够表现装置动态特性的工艺动态模型。

（5）网络化管理。OTS 系统实现网络化培训和信息化管理，培训教师可根据学员的水平和要求，因人而异、因材施教，开展实施线上网络培训与线下课堂式培训相结合的混合式培训。采取必要安全策略，并充分考虑了系统的独立性和安全性；同时，对关键设备进行冗余配置，确保整个系统的稳定性。

OTS 系统一般选择在工厂装置投产（开车）6~8 个月之前建设完成，可作为生产工艺优化和测试的基础与工具，也可作为虚拟装置帮助开发、验证、调试工况工艺的功能模块，同时可利用系统对新入职员工进行操作培训。

2. 优化控制

优化控制是指针对在 DCS 自控率提升过程中发现的问题，提出优化控制的解决方案，再通过对优化控制方案进行组态修改，使装置 DCS 自控率更加平稳可控，提高装置自动化的控制水平，降低操作人员的劳动强度，提升装置物料平衡、节能降耗、加工量等综合指标，保证装置长周期运行。优化控制方案可分为串级主回路切换控制、选择切换控制和 PID参数优化三类。具体的优化控制类型需要根据不同的工艺条件和现场仪表设备情况来选择。

造成装置自控率不高的原因一般包括：在自动化过程中，流量仪表量程不够、低流量不显示、测量值波动大、瞬间归零等情况；生产装置采用的工艺包内有些控制方案不符合当前的工艺操作条件，需要完善或优化；部分装置 PID 参数范围过小，无法调节；测量仪表毛刺较大，影响到 PID 控制精度。

另外，通过结合三维可视化技术，还可以对工艺的生产过程建立模型，并与 OTS 系统关联，实现仿真、优化实时联动的生产流程指挥，所有工艺和操作数据都能在系统中实时监控，针对过程关键回路进行监控和诊断，包括对自控投用率、饱和、响应速度、振荡、迟滞、阀门移动行程、相对性能指数（RPI）等参数的控制性能监视，最终实现数字孪生的智能化、可视化操作新型运营模式。

3. 先进过程控制（APC）

从广泛的概念来讲，能够获得比 PID 控制更好的控制效果的控制策略都可以称为 APC技术。APC 技术的内容大致包含三大类别：一是传统的先进控制技术，如变增益控制、时滞补偿控制、解耦控制、选择性控制等；二是现行的先进控制技术，如模型预测控制（MPC）、统计质量控制（SQC）、内模控制（IMC）、自适控制、专家控制、神经控制器、模糊控制、最优控制等；三是新兴的先进控制技术，如非线性控制、鲁棒控制等。目前来讲，应用比较广泛并且取得了良好效果的是 MPC，所以在现阶段人们讨论 APC 时，很多时候实际上是指 MPC。MPC 也有很多种形式，如动态矩阵控制（DMC）、广义预测控制（GPC）等。但不管形式如何，都遵循一个基本原理：模型预测、滚动优化、反馈校正。APC 技术作为生产装置的信息化应用，在优化装置的控制水平和提高生产过程管理水平的同时，还能为企业创造可观的经济效益。尤其是 APC 在工艺反应原理复杂、工艺机理不明确的装置上的投用，具有更重要的意义和价值。

APC 实施过程中的注意事项：在 DCS 常规控制的基础上，须结合 PID 回路整定，对部分生产装置实施 APC，按先易后难、效益显著的原则实施。APC 应用得好坏，关键由模型质量决定。由于实际工厂中的各种原因，工艺条件随着时间的推移总会发生一些变化，模型需要及时修正和更新。一般模型更新时间为 3~5 个月一次，需要专业队伍进行维护。

APC 与 PID 控制区别如下：首先，APC 与经典 PID 控制器的最大区别是不再只是对单个变量的控制，而是对被控对象的整体进行多个变量的控制；其次，APC 相较 PID 控制具有预测功能，可以根据多个回路工况进行分析，从而对控制器内的每个回路进行预测，可以让控制效果最大限度地得到优化；再次，APC 相较 PID 控制优化具有更强的适应能力和更好的鲁棒性。相较经典 PID 控制优化，APC 策略采用多变量优化算法，适合处理多层次、多目标和多约束控制问题，能够更方便地反映生产过程的经济指标。

4. 异常诊断

传统的设备保养和日常检维修一般是定期更换和维护，每次检维修都需要将整个设备进行拆解，再靠肉眼观察和发现问题，凭经验解决问题，整个检修过程缺乏在线、有效的科学决策依据。当下，随着各种智能状态传感器、数据算法及数学模型技术的应用发展，可实现对设备振动、润滑、温度、异响、腐蚀等状态的在线监测、异常及大数据分析，实现对设备的精准维护，甚至预测性维护，从而极大地提高设备检维修效率，最大限度地减少由于设备真正出现故障造成的各项损失。保障装置"长稳安满优"运行。

异常诊断大致可以分为基于机理模型的异常诊断、基于软仪表的异常诊断和基于工业大数据的异常诊断。

基于机理模型的异常诊断是最早研究的一种异常诊断方法，主要包括残差产生和残差评估两个阶段。残差产生阶段是指运用设备和系统的运行机制建立起的准确的数学模型，来估计设备和系统的输出量，把这个量与实际系统的输出量进行对比获得差值，也就是残差；残差评估阶段对残差产生器得出的残差进行综合分析，来检测设备和系统是否将出现异常，如果出现异常，则需要做下一步的异常辨识。在残差序列构建的过程中，可使用等价空间、参数估计和状态估计（利用卡尔曼滤波、观测器等）等方法。但实际工业生产中，很多设备系统属于非线性多变量耦合的复杂系统，再加上实际生产环境非常复杂，有很多不确定因素及环境变化都可能导致机理模型低效或失效。因此，基于机理模型的诊断方法实际使用效果并不理想，应用范围有限。

基于软仪表的异常诊断，是指采用压力、温度等易测过程变量，通过建立其与待测过程变量的数学关系模型，给计算实现对待测过程变量的测量。其中的数学关系模型是通过辅助变量来估计主导变量，而不是建立输入输出的关系。基于软仪表的异常诊断包括回归分析、模式识别、模糊数学等。基于回归分析的软仪表技术，采用多元线性回归技术建立软仪表数学关系模型，如果辅助变量较多，需要简化模型；基于模式识别的软仪表技术，通过模式识别的方法对操作过程的数据进行处理并提取系统特征，从而构成模式识别模型，其特征是以模式描述分类为基础；基于模糊数学的软仪表技术，通过建立知识性模型，模拟人脑逻辑思维，适用于复杂工业过程中存在不确定性的被测对象。现代工业对控制和可靠运行的要求越来越高，常规的温度、压力、流量等参数测量已经不能满足工艺和控制的精细化管理要求，还需要获取一些与过程和控制相关的检测参数。因此，基于软仪表的异常诊断越来越受到行业的关注。

基于工业大数据的异常诊断是利用大数据算法，对工业大数据进行分类处理，通过对设备的历史运行数据建立异常预警模型，实现对故障的诊断和预警。它能够在设备日常监测的基础上，帮助设备管理人员提前发现问题，实现设备预测性维护。由于基于工业大数据的异常诊断并不需要精确地理解设备和系统的机理模型，因此其普适性非常强。其主要方法包括粗糙集、信号处理、信息融合和机器学习等。机器学习作为现在发展最为迅速的算法之一，又包括主成分分析、聚类算法、支持向量机、贝叶斯分类器、神经网络等方法。但其缺点在于模型无法描述系统的结构和机理，对出现异常预警结果的分析和解释非常困难。在异常诊断领域，基于工业大数据的方法已经得到了广泛的应用，而在异常预警领域，这类方法仍在发展阶段，行之有效的方法相对不多。同时，这类方法由于需要大量的数据进行计算和建模，算法的时间复杂度相对偏高。在工艺异常诊断方面，可通过对原料组成变化、负荷变化、环境（包括公用工程）变化、反应条件数据的变化分析，建立数据模型，从而科学、高效地定位问题等。

可实现异常诊断的场景：

1）仪表异常预警和故障诊断。对于重要的仪表变量，建立仪表故障的预警诊断模型，判断除了智能仪表诊断以外的仪表故障，如仪表的冻结、跳变等，以及与工艺相关的故障判断，如物料平衡、能量平衡等。

2）调节阀预警诊断，如调节阀执行机构问题、调节阀芯与阀体问题、工艺条件变化对调节阀的影响等。

3）回路预警诊断，如回路模拟与优化、回路投用率与诊断分析、PID 等。

4）工艺异常诊断，如原料组成变化、负荷变化、环境（包括公用工程）变化、反应条件变化等。

5）设备异常诊断，如阀卡、泄漏、阀堵（管路），换热器换热效率、泄漏、堵塞，塔干板、液泛等。

5. 报警管理

报警管理是及时发现生产过程中异常情况的直接手段，诸多安全事故都是由于操作人员没有注意到报警或者是未及时处理报警而造成的。报警管理是对工厂的工艺过程和控制系统报警信息的采集、分析、管理和优化处理过程，协助工艺操作人员发现工艺过程及控制系统出现的须引起注意的问题并必须做出响应的过程。但在现代的控制室，由于 DCS 的广泛使用，产生了数量巨大的报警信号，且报警数据中存在大量冗余和虚假信息，称为无效报警（Nuisance Alarm），因此导致在实际工厂运行管理过程中，对大量报警视而不见，使报警信息无法发挥最佳效果。

工程设备和材料用户协会（EEMUA）在 EEMUA 191 报警规范中要求，每个岗位每天报警数量小于 144 个。国际自动化协会（ISA）在 ANSI/ISA-18.2—2016 报警规范中要求，每个岗位每天的报警数量为 0~150 个。目前化工行业的报实际报警数量为每个岗位每天大约 1500 个，但科学依据表明，每个人每天处理报警的最大数量约为 150 个，如图 5-32。

目前 DCS 报警泛滥和不重视报警信息处理的原因一般包括：报警级别设置不合理，存

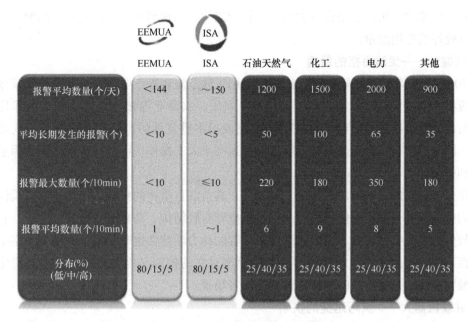

	EEMUA	ISA	石油天然气	化工	电力	其他
报警平均数量(个/天)	<144	~150	1200	1500	2000	900
平均长期发生的报警(个)	<10	<5	50	100	65	35
报警最大数量(个/10min)	<10	≤10	220	180	350	180
报警平均数量(个/10min)	1	~1	6	9	8	5
分布(%)(低/中/高)	80/15/5	80/15/5	25/40/35	25/40/35	25/40/35	25/40/35

图 5-32　各行业报警管理现状及国际标准

在大量冗余报警，虚假报警，过量的高优先级报警，不同工况下不能及时应用新的报警设置值，以及缺乏有效的报警处理指导和专家库等。这些问题不仅会对操作员造成工作压力，而且会导致操作员对报警不敏感，疏漏重要报警，产生安全隐患。

因此，依托实时数据库、移动应用和数据分析算法等技术手段，建立"生产异常报警管理系统"，对生产过程中的报警、生产隐患等事件实现在线监测，采用报警分组、报警优先级、基于工况的报警、报警过滤、报警抑制等手段，实现生命周期的报警管理，充分发挥报警系统的功能，提高生产操作安全性。

报警管理生命周期活动包括制订报警策略，进行报警辨识、归档及分析、系统设计、组态及调试、系统投用、系统维护、分析评估、变更管理等活动。

目前市场较为成熟的报警管理应用建设有浙大中控、霍尼韦尔等公司。

5.2.9　智能化生产运行装备

智能工厂建设过程中需要配置各类相应智能化监控、操作功能的智能设备，实现装备智能化，达到提高工作效率、降低安全风险的目的。针对生产过程中劳动强度较大，劳动力集中，涉及有毒、有害、人工运输装卸、高温、高压的生产环节，应本着"少人、无人"的建设理念，借助技术相对成熟的成套设备，实现现场无人化作业，提高劳动效率，减少企业人工成本，降低现场作业安全风险。

1. 工业机器人

工业机器人一般指工业领域内使用的多关节机械臂，按照运动形式可以分为直角坐标型机器人、圆柱坐标型机器人、球坐标型机器人和关节型机器人等，用于工业中的焊接、搬运、装卸和涂装等作业。目前，智能巡检机器人、智能运输机械臂等在电力、汽车和医药行业都有较为成熟的应用，未来在石化企业的智能巡检、物料倒运、产品装卸、药剂添加等方面也会有较好的应用前景。

2. 机械臂——灵活百搭的臂膀

在 20 世纪 80 年代，机械臂就已经成功应用于汽车制造等产业。在机器人技术领域，机械臂的应用范围最广，在工业、医疗、军事、娱乐、农商业等领域发挥了很大的作用，如图 5-33 所示。目前机械臂已经能够代替人类完成很多重复性的、精度要求高的、危险性高的工作，同时，它在精确度、耐久度等方面也远高于人工操作，可以减少很多人为因素造成的问题和错误。

近年来，航空航天领域对高精度、高速度、高负载自重比的机器人倍加关注，柔性机械臂应运而生。相较一般的刚性机械臂，柔性机械臂有轻结构、高负载自重比等特点，它的能耗相对较低，效率相对较高。但同时柔性机械臂的动力学特性也非常复杂，是一个刚柔耦合的非线性系统，因此建立相对准确的动力学模型对它的控制显得尤为重要。在流程化工行业，机械臂可用于袋装产品的装卸、药剂添加等场景。

3. 并联机器人——灵巧迅捷的快手

并联机器人中，"并联"的概念是指机械臂的末端操作工具，也就是它的"手"——机械臂（通常是 3 条或者 6 条）是彼此分开且独立的，它们分别连接在基座上，工作时是同时运动的，如图 5-34 所示。

图 5-33　机械臂　　　　　　　　图 5-34　并联机器人

并联机器人的特点是它的臂和驱动电动机上只有拉力或者压力，而没有弯曲或者转矩，这样能减小偏心力对柔性的影响。另外，重型电动机可安装在单一的基座平台上，机械臂的运动只通过杆和关节进行，这样一来，机械臂的质量就可以大大减小，因而有了更轻的驱动电动机，运动也就更快。并联机器人的特性决定了它的运动能力范围很大，它的运动速度往往并不是受到外力的制约，而是受到它本身刚性的限制。相比于串联机器人，并联机器人可以更快地进行作业。在现在的工业生产中，并联机器人主要应用在有限空间内进行高精度、高速度的作业，主要应用在飞行模拟器、汽车模拟器、光子学和光纤对准场景。

4. AGV——来回往复的"神行太保"

自动导引车（Automated Guided Vehicle，AGV），是一类移动机器人，利用无线电、摄像头、磁条、激光或者信标进行导航，实现自主驾驶和自主货物运输，多用于工业生产中的货物运输。AGV 可以自动对接拖车，并拖运装载其中的货物，如图 5-35 所示。在流程行业，AGV 用于物料搬移、备件出入库、产品搬移等环节。

图 5-35　仓库内使用的 AGV

5. 投料机、包装机、采样机、化验分析装备等智能装备

投料机是一种由主机、取放机械手和输送装置组成的机械装置，主要应用于冶金、玻璃及陶瓷生产中，一般分为垄式投料机和斜毯式投料机两种。垄式投料机主要用于玻璃生产，优点是结构简单，便于维修，发生故障时，可以在不影响其他设备正常工作的情况下进行维修更换，但也存在漏料、布料不均匀、投料落差大等问题。斜毯式投料机是一种新型重力型投料机，解决了漏料问题，同时改进了传动系统，使得投料量可精确调整。

包装机是一种集产品的充料、制袋、封合、切断、输送、打印生产批号、增加易切口、无料示警、搅拌等功能于一体的机械设备，广泛应用于医药、食品、五金、日化等行业。包装机按照机械种类可以分为颗粒包装机、粉剂包装机、液体包装机、枕式包装机、酱类包装机、贴体包装机和电子组合秤包装机；按照自动化程度可以分为全自动包装机和半自动包装机；按照行业可以分为化工日用包装机、纺织品包装机和食品包装机等。包装机的主要优点有高效、卫生、方便、安全、使用广泛等，随着自动化程度的提高，包装机的操作、维护和日常保养更加方便简单，降低了对操作人员的专业技能要求。

采样机是一种用于在一批物料中获取试样进行试验的机械装置。由于人工采样受人为因素和采用工具等限制，所采集样品的代表性不强，采用采样机既可消除这些影响，还能保证采样时间间隔、采样数目和重量等一致，降低劳动强度和安全风险。化工流程行业生产的采样环节主要包括原料采样、危化品车辆采用场景。

化验分析装备能够自动完成一系列分析作业流程，减少分析过程中的人力、物力投入，降低人工劳动强度，避免化验人员接触有毒有害试剂，实现无人或少量人员的分析模式，而且危险工序和烦琐工序可实现无人化操作，有效节约了分析成本，简化了作业步骤，避免了分析中人为操作错误的发生。随着技术的发展，化验分析装备可基于人工智能，利用深度学习与大数据技术，自动对视频图像信息、检化验信息等进行化验分析识别，无须人工干预，提高工作效率，降低劳动强度。

5.3 精益化生产运行

传统工厂生产运行管理的基本目标是灵活、高效、准时、低耗、环保地生产出满足顾客需求的产品或服务；智能工厂生产运行管理的目标则是在精益理念的指导下，依托工业互联网、物联网、大数据、人工智能、5G 等新一代信息技术，通过人员组织、运行方式和管理模式的变革，培育产品创新能力、运营管控能力、用户服务能力、生态合作能力、数据开发能力，最终实现生产模式创新、服务模型创新和商业模型创新。由于每个企业的企业文化、基础管理、人员素质等条件不完全相同，因此智能工厂建设模式无法复制，必须因地制宜，根据每个企业的实际情况统筹考虑开展智能工厂建设工作。但有一条原则适合所有企业，那就是扎扎实实做好基础工作：首先要做好自动化、数字化工作，同时要关注基础管理、标准化作业及闭环管理等工作，在建设智能工厂的同时做好企业强基固本的工作内容。

在企业精益化生产运行方面，基于工厂模型将生产工艺、业务规则、作业规程与各种生产管理活动相匹配，实现生产过程对计划、物料、能源、作业、质量、设备、安全及环保的全业务管控，满足日常生产管理与现场执行的全部业务需要，为生产管控的精细化、可视化、智能化提供保证。

5.3.1 以市场为导向，确保计划的科学化、精准化

生产运行过程是从原料进厂开始，经过一系列的反应、加工，生产主产品、副产品并销售出厂的过程。要想做好生产工作，必须对生产过程实时控制，而计划管理则是生产控制的关键要点之一。生产计划管理需要依据市场需要，结合原材料采购情况，根据企业总体安排，综合考虑全厂主要装置及辅助装置的运行能力，编制、审核、下达计划，从而指导企业有效生产。为了制订可执行的综合计划，需要考虑以下几个方面的因素：

（1）市场需求，包括市场预测需求和客户订单需求。市场预测是一个非常重要的因素，准确有效地预测市场需求的变化，对于制订计划、生产高利润产品是非常重要的。

（2）资源供应，包括原料供应、资金情况、辅材及燃料与动力供应等。掌握资源有利于提高生产计划的可执行性。

（3）生产能力，这里是指全厂主要装置及辅助装置的运行能力，制订计划时要考虑装置的实际运行情况、检维修情况、库存情况等。

在智能工厂中，企业的计划编制部门通过计划管理完美对上述信息进行整理加工，按照年度任务、月度情况，利用计划管理系统实现企业的年度、半年、季度和月度生产计划的生成，并对计划的完成情况进行实时跟踪与反馈。

1. 计划排产

（1）计划编制准备。计划相关部门在线上提供 Word 或 PDF 版计划编制前准备材料，如计划产量下达、计划编制说明，装置检维修计划等，为计划人员编制计划提供参考。生产相

关单位依据变更时间上传生产变更原因说明。

（2）计划编制及计划变更。根据计划编制需求，对相关计划项进行编制。要求支持线上修改已完成编辑的计划，包括对计划内相应计划项的计划量值进行修改。在系统上完成各种计划（包含原料消耗计划、产品产量计划、生产计划等），走线上审批流程。若有生成变化或非计划停车，需要对计划做变更处理。

2. 原料及产品优化

当企业加工多种不同品质的原料时，可以根据原料价格不同、加工效益不同、利用计划优化模型测算原料的边际效益，通过对比各种原料边际效益的大小，做出合理的原料选购决策。

当企业生产多种不同品质、不同牌号的产品时，可以根据产品的市场价格、生产成本、原料、库存以及生产情况，利用计划优化模型，为企业决策者提供调整依据。

3. 装置开、停工优化

企业装置的开、停工将打破原有的物料平衡，计划排产时需要做好投入、产出、库存的调整和衔接，通过不同的开工案例模拟出每一个生产方案，通过对比、分析，最终选出最优方案，确保装置开、停工的顺利进行。

4. 计划执行管理

计划编制完成后，需对计划进行审核并下达，使生产计划与企业目标相结合，指导企业有效生产。对已发布的生产计划进行计划数据与实际生产数据的对比跟踪，实时查看计划进度，以便对计划进度和成本进行控制。

制订生产计划的目的是把市场需求、产品订单与企业的各项资源进行配备并转化为实际的生产行动。智能工厂通过建立生产计划智能模型，以市场为导向，确保计划制订的科学化、精准化，实现生产计划与需求、生产能力、物资供应、财务成本的动态平衡，使管理者和决策者能够实时掌握准确的计划信息、计划执行信息、计划反馈信息，为决策者提供优化方案和计划调整建议。

5.3.2　以生产平衡为物料管理抓手，提高生产管控能力

物料管理是基于物料平衡的原理，以装置边界的进料、出料管线及相应的投入、产出物料为框架，通过信息化、数字化手段，把企业的物料分为原料、产品、中间产品等层级，为每一个生产单位展现出装置、侧线、加工方案及物料之间的关联关系。企业物料管理系统是企业物料流向精细化管理的有力工具，应面向企业的班组操作、统计管理、生产调度等业务部门，以罐存数据和进出厂及互供计量数据为基准，综合考虑气体、液体、固体等物料数据，建立全厂物料平衡模型，实现全厂统计平衡，为生产管控与经营提供数据依据，为经营管理层和技术经济指标统计系统提供数据支撑，为生产指挥调度人员提供实时监测生产运行的数据，以便于及时发现异常，从而及时调整生产计划和方案，指挥生产。如图 5-36 所示。

1. 物料平衡模型

建立涵盖整个工厂生产工艺流程的物料平衡模型，实现全厂日物料平衡计算，实现装置

投入产出、产品收率、装置转化率、原料单耗、装置加工损失、储运损失等指标计算，实现对物料移动数据和库存数据的缺失检验，并自动实现对这些数据的误差校正。

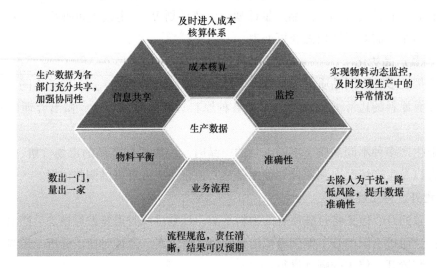

图5-36　物料管理

2. 生产可视化跟踪

对物料移动与平衡结果进行可视化跟踪，对物料从进厂、罐区、装置、仓储到出厂实施可视化管理，自动记录原始量和平衡量，并进行对比分析；同时，实现罐区、装置、料仓、成品库存操作记录、库存收付台账、储运等报表的自动生成。

3. 生产统计管理

基于实物罐存、实物库存和进出厂计量单，实现"日平衡、旬确认、月结算"，物料统计基于装置的物料投入产出平衡，形成原料、成品、中间产品的收、发、存平衡及产、销、存平衡等基础统计报表、技术经济指标统计，为经营系统提供结算数据。

案例实践一：以物料管理为基础，利用信息化手段实现横大班劳动创新

某公司自投产以来，经过近两年的连续稳定运行，各项生产指标和消耗指标都已接近或达到甚至超过了设计指标，许多职工心里认为装置生产已经没有多少潜力可挖，保持现在的状态就已实属不易，心理上有松懈的苗头。为此，公司计划通过实行横大班劳动竞赛，逐步转变岗位职工思想观念，调动生产一线员工积极性，促使广大职工重视产量、消耗及班组利润产出，让职工明白每种物料都有价格、每件事都应讲究投入产出，在生产工作中要积极主动想办法提产量、降消耗、稳生产、保安全。

公司为了最大限度地发挥生产协同效益，结合化工连续生产、上下游工序关联程度高的实际情况，充分利用信息化手段，建立了物料管理系统和横大班劳动竞赛平台，拉开了以横大班管理为主，开展"四级市场，三级核算，一级对标"的"431"效益竞赛活动，推动横大班生产管理创新。

1．梳理价值链，划分内部四级市场

公司根据化工企业生产组织的特点，结合自身管理模式，对整个生产流程进行了认真梳理，引入内部市场化的管理理念，建立了以横大班管理为主线的内部市场化核算体系，形成了"公司、中心、装置、班组"四级市场，将公司内部的各生产系统、各单位，以及单位内的各装置、各班组，用市场、用户的关系加以连接，使各中心、各装置、各班组所提供的产品或服务转化为用内部价格所衡量的价值，并成为下道工序所认可的商品，实行有偿往来结算，使公司的管理活动不再是过去一般意义上的管理，而是充分发挥市场机制的基础性作用，达到激励员工、控制成本，提高经济效益的目的。

在建立的四级市场中，每级市场的主体都是一个利润点，各市场主体按全成本要素进行投入产出核算，通过信息系统自动把生产系统中的物耗、能耗、产量等400多个指标数据在各级市场中及时收集和计算，结合外部市场价格，算出4大中心、17个装置、34个班组的当天利润并及时公布，使每个中心、每个装置、每个班、每个人都能知道自己当天当班完成的利润情况，把外部市场的压力层层传递到每名职工，将公司的生产经营情况予以公开，从上到下，层层有压力、级级有动力。

2．充分利用信息化，实施三级模拟核算效益

（1）建立全厂生产执行系统（MES）。通过建立的全厂生产执行系统，实现了物料、能源、质量及成本管理等模块的融合，能够及时对生产过程的物料、能源、工艺、质量、成本等全业务数据进行采集；通过对全厂的物耗、能耗、三剂消耗、操作平稳率、合格率等操作指标的统计、平衡和分析，实现了生产投入产出核算。

（2）制订核算规则。内部市场间的三级核算，完全参照生产要素的变动指标和固定指标进行完全成本核算，实施模拟现实效益进行核算。变动部分主要是可计量的能源及主要物料投入量、产出量，取数以实际计量表数为依据，价格按照内部计划价，包括上下工序间的物料、水、蒸汽、氧气、氮气、污水等。最终数据以成本核算汇总后的数据为准，发现数据出现异常时，班组有权进行申诉，须及时上报生产指挥中心各横大班长，进行核实和调整。各装置的副产品作为收入进行汇总计算。固定部分包括化工三剂、备品备件、中心固定费用和公司固定费用。主要参照年度全面预算核定的预算额进行分摊，按月份、产值等平均分摊到装置、班组，进行核算时不再进行调整和变动。

各生产中心、各装置、各班组和各工序间进行市场化运作，依据内部计划价，计算出每班投入量、产出量、实现的效益情况等。班组交接时，当班的效益和产量同时出来结果，进行班与班之间对标。

（3）制订内部市场的各要素计划价。根据公司年度预算利润目标，通过全流程核算，推算出各装置之间内部物料供给与需求的价格平衡关系，制订主要能源、物料内部价格。

（4）建立横大班劳动竞赛管理平台。通过横大班劳动竞赛管理平台的建设，集成每天的实际生产数据，实现对全厂、中心、装置、班组的生产作业成本分析，并将每天的生产作业成本自动落实到每个班组，在大屏上实时显示更新横大班劳动竞赛的排名结果，并与绩效考核集成，实现生产绩效闭环管理，以及运用企业内部市场管理手段进行生产过程的精细化

管控，帮助生产管理者对生产作业各个环节产生的成本进行更为合理的分析，为企业制订降本增效策略提供生产作业成本的数据支持和依据，实现产品单耗的可视化、能效最大化和优化，大幅降低产品单耗，节约总能源成本。

（5）横大班竞赛按利润排名，实行一级对标。效益是企业的生命，公司的直接经济效益是由四个横大班班组来创造的，横大班的利润高低直接影响公司的效益。因此，横大班劳动竞赛一级刈标点就是利润。横大班劳动竞赛以完成公司月度生产任务为基准，依托内部市场化班组经济核算系统，从实时数据库、生成执行系统、质量管理系统等系统自动提取数据，统计每班产品、中间产品的产量、生产消耗和产品质量，参考当月市场价格，对每天当班从总投入到总产出的整个生产流程进行效益核算，测算每个横大班的利润，进行对标排名。每个横大班的名次就是各中心、各装置利润的总排名合计，使所有职工都意识到，生产的各个环节都是影响利润的关键点，对横大班的贡献越大，得到的奖励在同一横大班就越多。通过每日对标公示，每月统一汇总考核兑现奖励，横大班中的最后 1 名和其他非倒班人员不能参与分配，切实提高生产一线人员中的收入，调动基层职工中的生产积极性。

自 2015 年该公司全面开展内部市场化横大班劳动竞赛以来，通过不断地完善制度，加强内部管理，职工的思想观念逐步转变，生产组织力度加大，工艺纪律和劳动纪律得到加强，更加注重精细化管理，效果显著。通过模拟市场进行生产效益的管理，把实物量转化成价值量，以货币形式直观地在上下工序之间进行结转，实现了班清班结、日清日结、利润天天算，改变了基层班组人员只管生产、不看效益的习惯，扭转了操作人员为生产而生产的观念，现在人人算细账、算小账，从小处着眼，精打细算已成常态化。借助信息化手段推行横大班竞赛管理，使职工意识到比产量、比利润的前提是生产平稳运行，是及时发现生产隐患，以及出现生产问题后的积极协调和处理。在生产出现问题后，能立即汇报并组织、协调人员处理，避免生产系统减量或停车，处理问题的效率得到提高，将"小事不过班、大事不过夜"的生产组织原则真正落到实处。自内部市场化横大班实施以来，班组生产率明显提高，年累计创造利润上千万元。

5.3.3　以降本增效为目标，努力提升能源管理水平

根据我国在国际上的承诺，未来必然要求耗能企业报告企业的碳排放情况，实施行业的碳配额分配制度，来控制总体碳排放量。行业中能耗高或者无能源管理的企业将很快被市场淘汰，同行业中能耗低的企业才会获得更好的发展。双碳背景下高质量发展的方向是高端化、多元化、低碳化，更要注重产业内与产业间的绿色协调发展。2020 年各行业标准煤消耗情况如图 5-37 所示。

在工矿企业中，能源系统一般指"水、电、汽、风，"四大公用工程系统。其中，循环水系统负责冷却，蒸汽系统负责加热，电系

图 5-37　2020 年各行业标准煤消耗情况

统负责提供动力，风系统用来清除、吹扫。这四大系统是企业能源管理的重点，在大型石化、化工企业中，蒸汽和电的消耗占整个能源消耗的 60% 以上，每年的蒸汽成本就高达几亿到几十亿元，如图 5-38 所示。

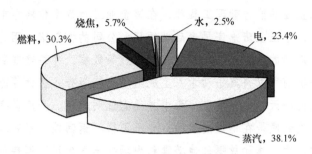

图 5-38　某大型企业的能耗组成比例

　　工业企业要把节能减排作为经济高质量发展的重要着力点，从源头上不断降低资源和环境代价，加快形成人与自然和谐发展的现代化建设新格局。按照智能制造与数字化转型的能力成熟度模型和能源管理能力子域第四级（优化级）的要求，能源管理应按照不同粒度分级对用能设备、产耗能装置、能源管网进行操作管理。首先，要通过能耗数据采集、统计分析，实时准确获取能源消耗状况、评估能源消耗趋势；其次，要通过对关键用能设备进行用能操作优化，提高用能设备的能源利用效率；再次，通过对装置间的协调操作，对产能装置及耗能装置进行运行管理优化，提出节能增效建议；最后，构建整个能源系统的节能增效优化方案，实现对全系统能量资源的管理优化配置。

　　1. 能源监测

　　制订年、月能源计划，对比当前累计的能耗和计划单耗，分析实际能耗与计划能耗的偏差。对全厂的能耗介质等公用工程资源的生产和消耗数据进行监控，为调度部门和生产部门提供能源系统的运行状况、装置能源动力的消耗情况信息，并进一步核算成生产成本。

　　2. 能源统计分析

　　获取能源消耗信息后，除了对能源使用的环节进行监视和调度管理，还要对能耗的数据进行统计分析。能耗分析是根据能源计量的实时信息对能源使用和消耗情况进行分析，产生相应格式的数据统计报表，如班报、日报、旬报、月报、能源平衡表等，并提供各种分析图表，如能耗趋势、同期比、能耗各介质比重分析等。

　　3. 能量平衡与优化

　　智能工厂可以实现能量平衡，包括各种能量的收入与支出的平衡、消耗与有效利用及损失之间的数量平衡。能量平衡分析是根据能量平衡的结果，对企业用能情况进行全面、系统的分析，以便明确企业能量利用程度，能量损失的大小、分布与造成损失的原因。同时可获得能源在购入存储、加工转换、输送分配和最终使用环节的效率，以及影响能源效率的因素，需要对水、电、汽和风系统做平衡计算与分析，目的是找出不合理的损失和浪费（即跑、冒、滴、漏），可为提高能源利用效率、减少能源浪费提供理论和计算依据。

案例实践二：数字化转型后的能源管理，从能源数据的采集与管理规范化过渡到耗能设备的动态预测

　　小王是一家化工企业的能源管理工程师，在该企业进行数字化转型前，他一天的工作是这样的：每周一上午，小王上班吃完早餐后必须赶到公司的控制室，因为他每天的第一项工作就是要读取工厂所消耗的水、电、压缩空气和蒸汽等数据，并将这些数据汇总记在一张纸上，以便在回到办公桌前可以将其手动录入生成电子表格报告。在计算昨天的消耗量时，他发现蒸汽消耗量高于前一天，但是交班记录中并没有说明原因。是产量提高了，还是其他原因导致的过度消耗？这到底是在哪里发生的？小王不得不返回控制室获取生产数据并进行核实，但数据是相同的，为了排除故障，他必须到现场找出发生过度消耗的原因。

　　昨天，同事小刘将疏水阀故障记录在了设备维护管理系统中。如果疏水器异常，就会产生冷凝水，对蒸汽加热过程造成影响。所以，小王看到故障记录后，马上穿上个人防护装备就出去检查。他到现场，发现操作员已经通过旁路绕过了故障的疏水阀，以确保过程加热和产品质量。回到办公室后，小王查看了维护记录，发现几天前外部承包商已对该疏水阀进行了检查和测试，但未报告任何问题。而在此期间，由于蒸汽直接绕过了疏水阀，就造成了蒸汽的浪费。

　　由于发现了疏水阀故障的问题，小王需要立刻对外部承包商的年度疏水阀调查报告进行检查。报告中显示，该厂21%的疏水阀因蒸汽泄漏或产生冷凝水而失效，一年多来这样的"正常故障"经常发生，因此没有什么可奇怪的。但是，这不禁会让人想到，这些"正常故障"导致每天浪费了多少蒸汽，一年中又浪费了多少？平均来看，大约有6个月的时间是存在这种故障现象的，这是很大的损失。而且，由于冷凝水的存在不仅会导致运行效率低下，而且水锤还会损坏设备、管道和法兰。所以，小王分析后认为没有时间可以浪费了，他别无选择，只能申请立即购买疏水阀并进行更换。

　　故障处理结束后，小王安排现场操作人员对疏水阀进行手动检查，并要求使用便携式检测设备定期对关键的疏水阀进行检查。但是，现场操作员根本没有足够的时间来收集和分析数据，因此，蒸汽损失就不会被提前检测到。小王每每想起这件事就直犯愁。下午，小王和团队一起出去更换更紧急的故障疏水阀。在检修时，他注意到有一个法兰垫片泄漏，下面还有一摊液体。出于对工作的负责，小王把这个故障现象记在了随身携带的小笔记本上，在心里默默地念叨着"回去一定要报告这个故障现象"。当小王回到办公室后，他早忘了这件事，可是第二天那个法兰发生了严重泄漏，他因此又被经理狠狠地批评了一顿。小王翻开自己的笔记本，心里十分郁闷。被经理批评后，小王回到办公室开始查看运行报告，报告中记录了一个换热器的问题：蒸汽阀完全打开后仍没有充分加热，可能是换热器结垢了。问题是这个换热器有多个管束，所以小王不知道哪个管束结垢了，不得不安排操作员打开所有的管束进行清洗，即使他非常清楚换热器的管束不太可能全部结垢。小王知道，在这个过程中，大量的时间和资源将被花费在不必要的工作上，但不这样他实在无法查明到底哪个管束结垢了。

在上个月的会议中，公司决定测试大型设备的效率，期望能够发现减少工厂耗电量的方法，经理安排小王负责这项工作。对于能源管理工程师来说，为完成该项任务第一项工作就是进行所有必要的测量，在测量数据采集完成后还需要手动汇总和编制报告。全厂的测量点有 1000 多个，小王想起这项工作就犯愁，这工作啥时候才到头啊！

大家想象一下，在数字化的环境里，上述这些工作在同一天完成会是什么样子？有一个好消息，小王的"好日子"马上就要来临了，工厂决定上马数字化转型项目，让我们看看"智能工厂"所带来的不同体验。

工厂完成数字化转型后，小王的工作完全不一样了：他随时随地能掌握工厂的运行信息，上班后，小王可以一边喝着咖啡，一边打开工业级平板计算机上的个性化能耗报表查看能源管理关键信息。小王再也不需要到控制室的工作站上查看信息了，无论走到工厂的任何地方，他都可以方便地使用工业级平板计算机查看信息。小王平板计算机上的工作界面不仅包含工厂公用工程消耗的摘要，还包含工厂中大部分资产的性能状态，如冷却塔、换热器、泵、安全阀、疏水阀等设备。由于所有的设备都配备了性能和健康监测软件，所以小王随时都知道发生了什么，并且可以对当天的工作计划进行及时调整，这为小王节省了大量的时间。

数字化转型之前，小王必须到现场逐个查询分析工厂总耗能情况、高耗能装置、高耗能设备，才能知道能源消耗过高的原因。现在，小王在自己的办公桌上打开能源管理信息系统（EMIS），就可以从其报警页面直接看到原因。因为该系统针对每个能量流都有其对应的动态能量控制目标，而每个能量流的控制目标会直接反映到当前的生产率，当能源消耗超过目标时就会触发警报，从而查明高能耗区域、单元和设备。这样就有效地节省了时间，因为工程师不需要手动查找能源过度消耗的原因。对于一个拥有 1000 多个疏水阀这种规模的工厂来说，每天都会产生一些问题，现在能源管理信息系统会自动标记出现的问题。

5.3.4　以质量管控前移理念为基础，加强质量全过程管理

企业生产的产品质量具有不可修复性，要保证产品质量，就必须从原材料采购、生产过程、售后服务等各个过程、环节进行管理，以过程控制保证产品最终质量的实现。面对庞大复杂的生产系统，如何实现质量信息的采集与管理，如何真正实现质量过程控制，如何进行有效的质量分析与决策，是企业质量管理面临的重要课题。市场竞争最终是实力的竞争，是品质的竞争，归根结底是企业管理水平和效率的竞争。在产品单一的大型化工企业中，产品质量对企业生存和发展具有决定性的意义，只有不断提升产品质量，才能保持和提高企业核心竞争力。

质量全过程管理是指企业在开展质量管理工作过程中，基于先进的管理软件进行质量数据的收集、统计和分析，不断提高质量控制能力和质量管理水平。对原材料、关键生产点、中间产品，以及产品的生产、存储、运输全流程质量信息进行实时跟踪，把质量风险消灭在萌芽状态，做到质量管控前移，并做到产品质量量化与追溯管理，已经成为越来越多企业的共识。产品的质量由多个生产环节决定，管理控制比较零散，因此，基于质量管控理念，质量管理必须从源头开始，需要将原辅材料、工艺过程质量、中间产品、最终产品的质量管理

环节紧密联系在一起，实现质量的全面控制管理。比如，在原料进厂环节就进行严格管控，规范业务流程，通过采样、制样、存样、化验各个环节的自动化、智能化，最大限度地减少原料在运输、称重、化验、考核、结算等环节的人工干预，并将进厂称重数据与分析化验数据进关联，实现原材料质量全面受控，降低原材料质量风险。其次，将原辅材料、工艺过程质量、产品质量通过生产批次进行一一关联，并在 MES 中与实物量、分析检测数据进行绑定，在线共享分析检测数据，追溯产品质量问题。再次，通过在线分析仪表和软测量技术，建立完整的机理模型和自学习算法设计，对中间产品质量进行提前预测，实现产品质量控制前移，提前预测产品质量，降低离线检测带来的滞后性问题，做到快速指导生产。在质量问题出现前就采取措施进行干预，避免企业损失的扩大。最后，严把最终产品质量关，结合人工智能、视频识别等技术手段对产品进行实时外观分析，将问题产品堵在产品库房之外，实现产品质量的全过程管理。

企业要以"客户满意"为质量管理追求目标，通过实现生产过程自动化、质量体系管理、分析检测管理、质量运行管理和质量风险管理的信息化，将信息技术与质量管理相结合；通过系统高度集成、过程深度优化、业务与信息高度融合，形成从原材料采购、过程控制到产品出厂、售后服务覆盖生产全过程的质量管理信息化模式；实现质量体系文档管理一体化、原辅材料质量控制自动化、实验室化验智能化、质量运行管理全面化、质量问题管理规范化，不仅提高了员工的工作效率，保障产品质量的稳定与提高，还为企业生产过程控制、经营管理决策提供了强大的支持。

2015 年李克强总理所做的《政府工作报告》中提出，推动移动互联网等与现代制造业结合，以及促进工业化和信息化深度融合。质量管理信息化与互联网融合，对改进产品质量、降低成本、提高企业管理水平具有重要的意义，是提高产品质量的重要途径，是质量强企的必经之路。客户可以随时在互联网上追踪自己购买的产品质量情况和到货进程，第一时间了解监督产品质量信息，对原材料、中间产品、关键生产点及产品的全流程质量信息进行跟踪，实现业务透明、数据共享，实现互联网和现代制造业"热恋"的构想，为客户创造更好的服务价值。质量控制贯穿于供应链管理和生产管理的各个业务环节，而重视过程质量管理和化验分析管理是防止产生较多不合格品的重要控制手段。在智能工厂中，各个质量检测环节都将大量应用智能化的分析化验设备，减少分析过程中的人力投入，降低人工劳动强度，简化作业步骤，避免化验人员直接接触有毒有害试剂，实现无人或少量人员的分析模式，乃至实现危险工序和烦琐工序的无人化分析操作，避免分析过程中对化验人员的伤害或人为操作错误的发生。

1. 实验室管理

在智能工厂中，以化验分析流程为主线，建立实现样品登样、分析结果录入、分析结果审核、自动判等、分析报告生成等功能的实验室管理系统，实现实验室的规范化管理。通过记录每一个样品的分析结果，对各生产环节质检数据实现完整记录，确保每一项质检数据均可跟踪回溯。根据质检数据可自动生产质检报告，自动完成质检数据统计分析，有效提高质检工作效率，减少化验员的工作量，并避免人为的操作失误；同时，建立统一的质检数据源，实时分享质检数据，工艺人员可以随时随地利用分析检验数据及时调整运行参数。

企业化验室承担的分析工作包含原料进厂的分析、过程控制的分析及产品出厂的分析。以油品化验室的分析为例，一般分为原油、汽油、柴油、航空煤油、润滑油、液化气等产品质量的控制分析。一种产品的分析需要用到多种分析仪器，智能工厂的实验室能够将不同型号的仪器实现自动控制，对化验数据进行自动采集和集中处理。

2. 液体分析

对液体样品可采用传统方式和自动化方式进行分析。

传统方式是人工手动用量筒、移液管、烧杯、天平、进样针、容量瓶等方式将油样分开，准备进行不同的分析试验，需要多个化验人员分别进行取样工作，然后放置于不同的分析仪器上去进行分析检测。

自动化方式是通过自动分样器将样品依据不同的测试项目同时分配至不同的样品瓶中，分好的样品瓶用机器人抓取移动至分析仪器位置，将样品瓶放置于分析仪器进样位，通过机械手起动分析仪器，开始自动分析。

3. 气体分析

气体样品的取样方式有气袋与钢瓶两种。对气体样品可采用传统方式和自动化方式进行分析。

传统方式是气袋样品取样回来后，人工将气袋安装至分析仪器上，手工进行挤压进样；钢瓶样品取样回来后，化验人员将钢瓶样品与仪器进样口进行连接，人工将每个气袋样品和钢瓶样品依次进样，全程看护进样和分析过程。以上操作需要多名化验员同时进行。

自动化方式是将气袋样品通过气体进样器一次控制两台分析仪器分别进样，样品数量最多可达十数个，只需要设置好序列，进样器自动控制分析仪器按照序列进行分析；对于钢瓶样品，通过钢瓶进样器可控制两台分析仪器分别进样，样品数量可达数个，只需要设置好序列，进样器自动控制分析仪器按照序列进行分析。也可依据样品的分析要求定制气体进样器，一台进样器可控制多台分析仪器。

4. 快评技术在分析检测中的应用

现有的快评技术有核磁技术与近红外光谱技术。

核磁技术结合硬件与优化控制软件，实现了主要生产指标和质量指标的卡边控制，提高了产品质量合格率和收率，极大地增加了生产效益。

近红外光谱技术是一种高效快速的现代分析技术，综合运用计算机技术、光谱技术和化学计量学等多个学科的最新研究成果。与传统分析技术相比，近红外光谱技术具有快速和高效的特点，能显著提高分析工作效率，改变化验室工作面貌。

核磁、近红外光谱等在线分析系统提供的前馈和反馈信息，能够提高装置的抗干扰能力，减轻操作员的工作负荷，实现主要生产指标和质量指标的卡边控制，从而提高生产控制系统的工作效率，保证装置生产的平稳性，提高产品合格率和收率。

案例实践三：上班时间不敢喝水

国内某大型石油化工厂化验室，承担着全厂的分析化验工作，分析任务繁重，分析人员非常忙碌，如色谱岗五个人负责 50 多台色谱仪的日常分析。液体进样还比较轻松，只需要将分好的样品瓶排序放入进样器，起动仪器后自动依次进样分析。但对于气体样品，就只能手动一个一个进样，分析人员需要在不同的仪器间来回操作，经常忙得没时间去洗手间，所以上班时间不敢喝水。现在智能工厂解决了这样的问题，随着智能分析检测技术的发展，气体自动进样器从根本上改变了分析人员上班时间不敢喝水的情况，只要将取好样品的气袋或钢瓶插入进样口，排好序列，起动自动气体进样器后就可以依序完成所有的分析工作，而且一台自动气体进样器可以连接多台色谱仪，这样就形成一个小型的自动化分析平台，分析人员再也不用在不同仪器间来回跑了，终于可以在上班时喝水了。

5. 基于大数据的质量管控前移

实验室分析检测技术的应用是化工生产质量控制中重要而关键的环节，但传统实验室局限于为生产提供辅助服务，并未真正参与到质量全过程控制中。由于分析检测结果滞后，只有发现产品不合格时，才会引起工艺人员的重视，但往往这时已经造成了产品不合格率升高和经济效益的损失。

大数据质量管控可以彻底改变质量管控滞后的根本问题，真正做到将质量管控前移至工艺参数和过程分析中。例如，在传统分析过程中，当原料质量和工艺参数未改变，而过程控制分析数据发生变化时，会要求实验室去分析这个样品，但是传统实验室分析数据又比较滞后，这样就造成了质量管控的滞后。可以通过分析上述情况的历史数据，迅速做出自我判断，并结合先进的过程控制分析手段及时判断质量变化的根本原因，将质量管控前移到工艺控制过程中。任何一个产品数据的变化，都是由于与其相关联的工艺变化所引起的。当积累了足够多的数据，就会从中发现产品数据的变化与关联工艺参数的关系，通过大数据系统的自我学习功能，从而找出其中的内在规律。

经过产品数据变化与工艺参数之间的比对，可以更好地发现产品的质量发展趋势。例如烯烃分离装置，乙烯精馏塔产品乙烯的纯度达到 99.97%，此时与它相关的工艺参数被录入数据库；当乙烯的纯度达到 99.98% 时，也会录入与它相关的工艺参数。在定期的数据积累过程中，剔除了分析所带来的不准确因素，其所关联的工艺参数将被确定下来。这些工艺参数包括原料的质量、反应塔塔顶温度、塔底温度、催化剂的反应效能、输送的管道流速、温度、压力等。这众多参数将被建成智能化的数据分析模型和历史数据库。在以后的生产过程中，当产品质量的任何一个分析数据发生变化时，均可通过此数据分析模型和历史数据库去发现是否是由于工艺参数改变、设备损坏或催化剂反应效能下降而导致的结果。同理，通过中间控制过程分析数据库的建立，可以更快速地监测到产品质量的发展趋势，发现问题后及时指导工艺的调整，真正做到质量控制前移。

6. 全过程质量业务管理

全过程质量业务管理实现从原料进厂到原料加工，再到产品出厂进行全过程跟踪，通过对原料、中间产品、关键生产点、产品的质量信息进行实时记录，并与物料管理系统中的实物量、批次等信息进行匹配，做到物料质量按批次跟踪，质量问题可查询、可追溯，质量事故闭环管理，全面提升质量管理水平。具体包括工艺过程质量、原料质量、中间产品质量、

产品质量、质量统计及质量风险管理等。

（1）工艺过程质量。对工艺运行过程中关键点质量信息进行跟踪，并与物料管理系统中的实物量等信息进行匹配，做到物料质量有跟踪、数量有保证。

提供装置中间产品质量监控功能，对各生产装置的关键原料入口线和产品出口线的质量指标进行监控，在班组采集班次投入产出数据的同时，自动集成实验室系统分析检验数据，提供各采样点的最新质量数据，并与投入产出数据同步存储，以监控装置收率数据相关的质量数据。对于使用在线分析仪表的化验数据，可通过流程图的形式显示重要质量控制点的在线分析数据。

（2）原料质量。将物料管理中的进厂及仓库管理的业务数据与原料的质量信息进行匹配，跟踪原料质量。提供原料质量检验数据采集功能。在采集原料进厂计量信息的同时，集成实验室系统根据进厂批次原料的质量化验数据，并同步保存，实现进厂数量数据与质量数据的紧密关联。

进厂原料检验数据可用于原料质量统计、跟踪反应装置原料质量控制、原料质量与装置收率的关联分析等，能够生成完整进厂原材料信息，并能按条件进行查询。原料进厂信息包括原料名称、规格、数量、生产厂家、生产时间、进厂时间、检验批次号、验收单、是否检验分析、检验报告、入库时间、入库数量、仓库管理人员、出库情况等。

（3）中间产品质量。根据工艺生产流程将物料管理中装置投入产出的业务数据与中间产品的质量信息进行匹配，做到生产过程中数量与质量匹配跟踪。

提供储罐中间产品质量数据采集功能，罐区岗位在执行移动检尺、班检尺数据的同时，集成实验室系统对相关储罐的最新质量化验数据，实现储罐罐量与质量数据的紧密关联。储罐中间产品质量数据可用于下游装置中间产品投入时的原料质量跟踪、中间产品原料质量与装置产品收率的关联分析、中间产品质量合格率统计等。主要信息包括中间产品名称、规格、生产数量、生产时间、进场时间、检验批次号、是否检验分析、检验报告，入库时间、入库数量、仓库管理人员、出库情况等。

（4）产品质量。将物料管理中的出厂及仓库管理的业务数据与产品的质量信息进行匹配，跟踪产品质量。提供产品质量数据采集功能，在产品入库岗位生成入库单的同时，集成实验室系统的产品质量检验数据，包括产品的生产批次、检验批次、检验样品编号、质量等级、质量指标的控制值、实际值及偏差值等。

与生产批次相关联的产品质量数据可用于销售产品的质量追踪和质量纠纷处置、销售质量合格率统计、产品等级品产量统计等。主要信息包括产品名称、规格、生产数量、生产班组、生产时间、检验批次号、是否检验分析、检验报告、合格与否、入库时间、入库数量、仓库管理人员、出库情况等。

（5）质量统计。质量统计的范围应包括产品质量等级品率、监督抽查合格率、新产品产值率等。通过对质量合格率进行统计，使质量技术部在整个生产过程中能够基于物料管理模块及实验室系统有效监督原料、产品质量和数量，为企业生产决策提供依据。

可通过自动采集实验室系统离线化验分析数据及在线分析数据，根据用户需求，自动生成质量日、周、月统计报表，形成趋势曲线；根据筛选条件，生成原材料、中间产品、产品质量、重要质量控制点检验情况统计表，以及中间产品、产品产量及各等级产品质量情况统计表等报表。质量统计能够显示本批次检验报告，同时可按质量指标实现最大值、最小值、平均值的自动计算。

（6）质量风险管理。规范企业的质量事故处理业务流程，实现质量事故的闭环管理。针对用户意见反馈，以及现场质量问题、质量事故等质量业务管理问题，建立规范的业务流程。由部门发起，部门审核出具处理意见后提交相关领导进行审核，审核通过后出部门或中心根据处理意见对质量业务管理问题进行处理，处理完成后由审核部门检查封闭，对没有处理完成的问题不允许进行检查封闭。

当原料、中间产品及成品发生不合格情况时，须记录材料名称、规格、数量、生产时间、是否检验分析、检验批次号、检验报告、不合格项目等信息，记录完成后由部门发起不合格品处理办法申请单，提交相关领导进行审核，审核完成后由部门执行并反馈处理状况及处理结果，最后对申请单进行存档，对不合格品形成闭环管理。

质量事故发生后，质量管理人员通过系统对质量事故情况进行跟踪管理。质量管理人员以人机交互的方式记录事故发生时间、事故情况描述、事故责任人、事故处理办法，记录完成后提交相关部门进行审核，审核完成后由部门按照事故处理办法对质量事故进行处理，处理完成后将事故处理结果等信息录入系统中，由审核部门存档，同时在系统中形成生产质量事故电子台账。对于没有处理完成的质量事故，无法进行关闭存档。在质量事故处理完成后，根据质量管理人员填写的事故相关信息，按照固定模板生成质量事故报告，并在系统中完成事故报告的审查和递交、归档记录操作；满足系统访问权限分配的用户可方便地检索与查询所有质量事故报告及事故相关信息。各级用户可以方便快捷地对事故原因、发生时间、事故类型、预案完备程度、预案演练学习情况等事故记录信息，利用科学的统计方法，结合质量分析图表、报表等方式进行全方位、多维度的事故分析，从而发现事故规律，定位事故根源，制订防范措施及预防预案等有效管理方法。

质量管理人员通过对系统中的生产质量数据进行质量分析，全面结合质量事故原因分析结果、客户质量信息反馈分析结果完成质量评价，根据质量评价结果在系统中根据企业质量改进方案模版设定质量改进方案，对拟定的质量改进方案提交上层领导进行审批，对审批通过后的质量改进方案发布执行，并对改进方案执行效果进行跟踪记录，根据模板要求对记录信息形成质量改进报告，最终实现质量改进，提高质量水平。

5.3.5 以生产操作精细化管控为基础，加强生产过程控制能力

生产操作是生产过程控制的核心，在安全生产工作中具有重要作用和意义。在生产操作管理中最基本的要求就是操作人员在日常工作中必须严格遵照操作规程，以保证生产过程的安全、稳定。忽视生产操作在生产过程控制中的重要作用，就有可能导致各类安全事故，给企业和员工带来经济损失和人身伤害，严重的甚至会危及生命安全，造成无法弥补的遗憾。

为规范化、精细化企业生产操作管理，需要从生产操作规程入手，夯实生产操作管理的

基础。生产操作规程必须以工程设计和经长期生产实践总结而来的操作经验为依据，在满足安全环保要求的前提下将操作优化、节能降耗、降低损耗、提高产品质量有机地结合起来，做到操作步骤的完整、细致、准确、量化，岗位操作人员职责清晰、密切协作，并在生产实践中不断完善，成为人人严格遵守的操作行为指南，从而提高生产操作的科学性和可操作性。

生产操作精细化和规范化的实现要以操作规程为依托，通过数字化手段对企业生产操作全过程进行跟踪记录，详细刻画企业何时、何地及如何生产的动态过程，有效地管控设备运行状态、人员操作信息、工艺运行参数、物料移动信息、能源消耗信息、产品质量信息，重点对关键操作指标进行实时监控、分析偏差原因，对操作过程进行指导，对操作项目进行消项处理，对操作绩效进行考核，从而进一步提升员工的操作水平及对工艺指标的持续优化能力，逐步实现操作的受控管理，促进班组操作管理形成长效机制，实现装置运行的"安、稳、长、满、优"。

首先，根据生产装置工艺规程，设定装置运行关键工艺指标，建立装置工艺数据库，从厂级、车间级、操作级实现工艺参数的动态管理与数据共享，并基于工艺流程或者工艺关系形成计算模型，用于工艺参数监控、工艺预测、工艺过程管理、工艺优化等。

其次，以装置工艺卡片为基础，建立装置操作指标库，以完成对装置操作指标及相关项目的创建、修订、发布、浏览等，并根据指标作用类型和作用级别的不同，对操作指标进行分类、分级管理。对员工操作全过程进行记录，将员工操作数据与设定指标进行对比，自动统计操作平稳率、操作合格率、生产装置物料收率、生产装置能耗、质量合格率。调度人员、工艺人员、操作员能够通过系统对与偏差相关联的事件进行原因分析和问题解释，相关情况可通过电子交接班及操作日志实现记录。例如，生产装置反应温度、压力、流量等工艺指标，非计划停工次数等安全指标，外排污水合格率等环保指标，作为操作管理的监控指标，实现装置运行监控的偏差监控、偏差原因分析和偏差剔除管理，逐步优化、收窄工艺指标控制范围，提升装置操作水平。在操作报警方面，依据 ANSI/ISA-18.2、EEMUA 191 国际标准并结合企业实际需求，建立一套持续优化的操作报警管理体系，可对所采集的操作报警数据进行梳理分析，快速发现生产过程中的异常情况和不合理的报警信息，配合考核管理制度的运用和 DCS 报警设置的逐步优化，切实降低报警数量，减少干扰性报警，提高报警处理效率，让操作员将注意力快速放到重要报警上，辅助操作员进行报警原因分析，提高报警管理水平，不断提升工厂安全性。

再次，建立规范的数字化操作指令集，实现操作指令发布、执行、反馈、完成的流程控制，并以此为基础形成装置操作卡片。在日常操作过程中，操作卡片可根据需要自动弹出，对开停车等重要操作进行在线指导，实现关键任务"看单操作"；操作卡片实行在线消项操作管理，对操作卡片的每项内容逐项实施操作程序，做到条条消项，使操作执行由靠"经验"变成靠"规范"，达到操作员行为可控、过程安全平稳的目的。

另外，基于对生产操作全过程数据的动态分析，以机理模型为基础，利用人工智能、大数据、机器学习等技术，实现生产过程非预见性异常的实时预警和自动调整。当操作过程中出现异常状况时，能够根据具体故障给出异常处理建议，帮助操作员分析异常、定位故障、快速处理问题。

最后，奖优罚劣是提升操作效率、保障操作质量的工具及手段。企业通过开展内部市场化竞赛及考核，以操作合格率、操作平稳率等操作监控指标为基础，以班组为单位，对班组当日的产量、物耗、能耗、三剂消耗等进行日统计分析，每日工作结束后即可完成每个班组投入产出的核算，并以此为基础对各班组进行考核兑现，从而激发员工的工作积极性，将生产运行状态控制在最佳范围内，确保物耗、能耗及产品质量都处于较好水平。通过量化的操作水平评比，形成班组操作"你追我赶"的良好氛围，从而提高生产率和产品质量，为企业取得更好的经济效益提供支撑。

5.3.6　以工业互联网+作业受控为手段，大力推进高效协同的作业安全管理

做好现场作业安全管理，是安全管理的重中之重。针对传统作业许可管理存在的问题和缺陷，可以基于工业互联网技术，通过作业现场数据的实时共享和作业过程的高效协同，对维修作业、特种作业等现场作业业务进行标准化的受控管理，将作业安全管理要求固化在系统中，实现作业现场全过程、透明化的管控，从而确保每条作业审批流程、每项安全措施、每个作业步骤都执行到位，符合作业规程，从而有效提高作业安全管理水平。作业受控功能架构如图 5-39 所示。

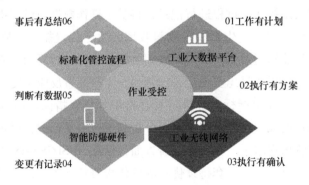

图 5-39　作业受控功能架构

企业作业安全管理系统要以安全、协同为核心，以作业许可管理为管控主线，现场作业管控与安全监控相结合。作业前制订详细工作计划和具体执行方案，保证作业效果，识别、分析非常规作业过程中的危险及隐患，落实安全管控措施；作业中进行实时监控，多层级协同监督预测预警，直观显示危险作业动态，对作业过程中的每一项操作进行确认，确保操作不遗漏、符合作业规程；作业后实施作业评估，有效规避风险及事故，推动各项作业安全受控。

企业作业安全管理系统要在一体化大数据平台的基础上，将工业互联网、智能防爆终端及标准化作业受控思想有机集成起来，将原本以人员经验为基础、以责任心为约束、以表单为控制手段的传统作业管理方式转变为以稳定、专业、安全的信息系统为核心，以严格流程为约束，以标准化作业规程为指导，以智能防爆终端为信息管控点的安全作业管控新模式，

确保生产作业有序受控，降低作业安全风险，提升作业安全管控能力。

1. 作业许可管理

在作业许可管理中，现场所有作业都必须办理作业许可申请，并且审批通过的作业才能开票执行，杜绝口头下达任务。每次作业开始前，系统自动搜索和分析，一旦发现在指定时间段其他关联作业或关联区域场所不满足安全要求（如人员清场要求、设备状态要求、相关区域环境要求），则锁定作业许可审批，直至危险因素消除为止，保障证现场交叉作业安全可控。

严格按照作业许可制度引导许可证签发，将作业审批许可条件条目化、电子化、流程化，约束作业许可参与人员到现场进行安全确认，条条核实，上传现场检测照片等附件，只有满足全部作业条件，方可签发作业许可，并通过信息化手段对作业全程进行过程和痕迹管理，从而实现作业申请、审查、许可、监护、验收全流程信息化、规范化、程序化管理；将防爆智能终端作为各类信息汇总点，由防爆智能终端对作业风险、作业位置、人员身份、作业资质、安全环境等信息进行现场采集，结合现场多人联动确认机制，确保人员到位，弥补制度执行过程中人为因素的影响，确保安全风险已识别、安全措施已落实到位，作业人员资质符合要求，并将安全措施落实情况与作业许可证同步存档，便于事后追责。

2. 作业安全分析

作业前要进行作业风险分析，通过系统的工作危害分析（JHA），确定作业过程中可能发生的危害和后果，从而采取有效的防范手段和控制措施防止其发生，并将危险点与控制措施落实到工作票上，以便减少可能引起的人员伤害、财产损失和环境污染。

3. 作业分级审批

作业分级审批能够确保作业许可在审批过程中，该作业许可票证相关人员明确安全责任，清楚作业风险、安全措施，提高相关人员的安全意识。

此外，在满足现场使用条件的关键危险区域，采用电子锁将受限空间、临时配电箱上锁，只有经现场审核满足作业许可前置条件，才能下发开锁授权码开锁，从而避免"先作业、后审批"。

4. 作业人员管理

严格控制作业人员资质，将特种作业人员、监护人员资格与工作票绑定，确保正确的人做正确的事情。

5. 标准化作业受控管理

在作业执行中，将生产操作规程步骤落实到标准化电子作业卡，作业时作业人员能够在系统引导下对照电子作业卡完成各项操作。作业人员通过防爆智能终端按章操作，操作一步，确认一步，确保所有步骤严格按照作业规程执行，避免人的不安全行为造成作业事故，实现现场作业安全管理全过程受控的目标。标准化作业受控管理规范了操作行为，解决了现场人员技能不足、安全意识薄弱、风险评估不清晰的生产安全隐患，确保了生产作业全流程的标准化、规范化。

6. 作业现场安全监护

当作业正式开始时，通过受限空间作业监控、移动作业监控、作业现场人员管理等措施，对作业现场进行实时监控，自动通知属地部门、调度中心、安监部门安全管理人员共同配合开展现场技术指导与安全监督工作，出现问题及时报警处理，将现场监督责任落实到人。

（1）受限空间作业监控。对受限空间的各类危险气体、人员不安全行为、人员身体状况进行实时监控。充分利用传感检测技术、无线信息传输技术、视频分析及物联网技术真正有效的实时监测，第一时间发现危险，第一时间撤离。当监测到受限空间连续作业超过规定时限，而未再次上传气体分析数据，会自动向作业、监护等人员发送报警信息，避免"连续作业超时，不检测"的不安全行为。对受限空间作业的环境、人员实时监控，可确保作业前、作业中、作业后人员的安全。

（2）移动作业监控。移动作业监控能补充视频监控系统的不足，实现作业监控全覆盖。利用携带方便、安装简单的防爆无线移动监控终端对临时施工点、重点安全区域、重要检修工程、污染物排放点配合等气体探测器进行实时监控，有效加强生产指挥中心、安全监管部门对现场的安全管理，并且通过无线视频监控与有线视频监控的有机配合，可实现厂区监控无死角，全面消除安全隐患。

当现场气体探测器检测到可燃气体、有毒气体超标或氧含量不在标准范围内，视频监控研判中断作业超过规定时限后，未再次上传气体分析数据等现象后，自动向作业、监护等人员发送报警信息，杜绝动火作业"中断作业超时、未检测""气体超标、继续作业"等不安全行为。

（3）作业现场人员管理。在作业过程中，通过与门禁系统、人员定位、视频监控系统结合，对现场作业人员授权，禁止无关人员进入重点区域，人员异常闯入后实时报警。通过AI视频抓拍、识别与智能分析，可以实时判断出作业现场人员中，哪些人员是陌生人或未经授权者、哪些人按要求应到场而没有到达现场、现场聚集人员是否超过限额等，从而有效解决陌生人或未经授权人员混入作业现场导致发生安全事故，以及现场作业人员到岗监督难、作业场所人员数量超限自动预警难等难题。

7. 作业评估

对作业执行过程、作业完成情况进行综合评价，分析作业过程中存在的问题，促进作业管理改进提升。对各类进行作业快速汇总评估和统计分析，按照作业状态、作业类型和作业级别实现统计功能，包括当日和当月的作业票证执行情况统计、票证类型统计、作业等级统计，为下一步作业管控重点提供依据。

综上，整个作业安全管控过程实现了风险分析、作业预约、作业票申请现场审批，作业实时监护，作业人员资质管控，作业检查、作业关闭、作业后评价，以及统计分析的闭环管理，让作业每一个过程的安全责任和注意事项一目了然。整个作业过程不再完全依赖个别员工的素质和经验，使作业的每个步骤按企业的安全管理要求得到了有效落实。企业通过现场作业数据与相关方充分的实时共享，促进了各方的业务协同，进一步提升了企业的作业安全管理水平和工作效率。

　　未来，通过现场作业与业务管理、安全监管、关联业务的深度融合，将进一步促进业务的优化。比如，将作业现场与研发设计联系起来，让研发设计人员更早地发现作业现场的实际问题，从而提出解决方案；将作业现场与生产指挥联系起来，让调度员、工艺人员能够全面掌握现场实际情况，实现与作业现场工作人员的高效协同；将作业现场与属地安全监管、厂级安全监管、专职安全监管联系起来，各级安全管理部门充分联动，让作业现场的每一步操作都在受控的条件下开展，确保现场作业安全可控；将作业现场与相关业务部门联系起来，打破部门壁垒，提高部门沟通效率及管理效率。

5.3.7　以设备在线监测为核心，提高设备预警管理水平

　　设备管理在企业生产管理中占有十分重要的地位，是资产密集型企业的重要工作之一，与企业安全生产息息相关。提高设备可用性是增加企业经济效益和客户满意度的重要保障，同时也是降低企业生产安全、环境和人身健康风险的重要手段。

　　现代企业的设备全生命周期包括从规划、设计、采购、制造、安装、使用、维修、改造直至报废、更新的过程，生产装置之间、工艺系统之间、设备之间都存在广泛的联系，会产生大量信息，需要实行系统化管理和数字化支撑，才能进行有效的管理。数字化设备管理是以设备全生命周期为出发点，结合企业设备管理业务目标、管理策略、组织架构、业务流程、业务标准，通过数字化手段支持设备管理各业务方面的规范化、科学化、精细化和高效率运行，构建以健康管理、维修管理、可靠性管理、设备数据管理为重点，配套实时数据、移动应用、GIS、三维可视化工厂等技术的设备管理系统，满足业务上状态监测、业务执行及分析优化三个层面的工作，实现设备管理水平的持续提升，从而达到设备全生命周期费用最经济、综合效率最高的目标，为企业的"安稳长满优"运行保驾护航。设备管理功能架构如图 5-40 所示。

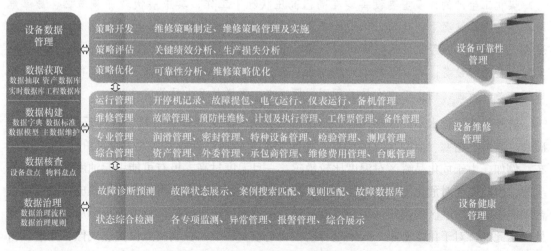

图 5-40　设备管理功能架构

1. 构建覆盖全厂设备的在线监测分析能力，加强设备健康管理

设备的健康管理是以设备本身为主体，跟踪和反映设备技术性能、负荷能力、传动机构及安全运行方面的实际状态的工作过程。

首先，在设备监测方面，大多数企业仅仅对大型压缩机、涡轮机等重要机组进行了在线监测，通过自动识别机组运行状态，发现故障的早期征兆，从而快速处理设备出现的问题。但是，对机泵、重点阀门、管线等设备均由人工巡检监测，部分通过 DCS、GDS 监测报警来实现，存在滞后性，监测时段受限，数据采集间隔过长，监测数据统计工作量大，不利于故障前期特征值及时发现，易出现运行事故。

随着 5G、NB-IoT、WirelessHART、LoRa、WIA（工业无线网络）、ZigBee、光纤侦听、红外热成像等技术的逐步成熟，当今的设备在线监测技术更加成熟、成本更加低廉、建设更加简单、使用更加便捷。在线数据分析解决方案不仅适用于大型机组，同时还适用于工厂周围数百种较小的关键设备，能够方便快捷地对分布在全厂的各类设备进行在线监测。例如，在红外热成像技术应用中，对特殊位置的泵、阀门管道采用红外热成像摄像机进行的温度测量，发现和识别异常，实时报警提示；罐体、阀体的设备连接处会因为输送介质腐蚀管壁，造成管壁变薄及温度异常的现象，采用红外热成像摄像机可以及时监测并定位隐患点；管道内会包裹保温隔热层，通过红外热像仪可以方便地查看管道的保温隔热层有无损坏、是否有泄漏，泄漏介质也可通过红外热成像摄像机及时发现。

因此，企业需要构建覆盖全厂设备的在线监测能力，结合企业现场安全生产需求，利用工业物联网集成各类在线状态监测系统，包括对大型机组、关键设备、管线等在内的动、静、电、仪设备的运行参数、状态进行集中监控，以实现对全厂设备的实时感知，为设备的运行分析、故障诊断提供数据支撑，对设备的异常情况实时报警。

案例实践四：煤化工生产

煤化工生产的许多重要设备均在高温高压状况下工作，其中潜伏着许多易燃、易爆危险。在这样的状况下，现场工作人员必须对生产过程严格巡视检查，以及时消除隐患，这就造成现场工作人员经常要近距离地对设备、管道、压力容器等进行"望、闻、问、切"，尤其对一些关键设备，需要每两小时就巡查一次。这一方面极大地增加了现场工作人员的劳动强度；另一方面，由于工作人员必须到现场巡查，更增加了人员的安全风险。

红外热成像技术不仅能够检测产品传送和管道、耐火及绝热材料、各种反应炉的腐蚀、破裂、减薄、堵塞、泄漏等有关信息，还能快速准确地得到设备和材料表面的二维温度分布。例如，由于危化品罐区对温度比较敏感，一旦温度过高，极有可能引起油库爆炸等突发事故，因此需要对危化品罐区进行温度监控，保证罐区温度安全可控。部署热成像双光谱云台就能够实现对罐区的视频采集和温度采集，一旦温度超出阈值，就发出报警从而进行应急处理。此外，对于化工企业，火炬运行监控也是重要环节。在制高点设置热成像双光谱云台摄像机，对火炬放散情况和火炬温度进行实时监测，出现异常后将报警信息推送给当班管理人员，从而进行应急处理，避免造成事故或物料损失。未来，可以通过各类不同的在线数据监测手段与传统巡检系统结合，有效利用物联网技术，实现绝大部分巡检点的在线监测，从而降低员工劳动强度，提高巡检质量、巡检效率，使数据分析更加科学、故障响应更加及时，全面提升现场巡检工作的智能化水平。

其次，在实现对全场设备感知的基础上，企业需要通过对底层状态监测系统或实时数据库等进行集成，为故障诊断与预测系统提供动态参数，用于进行设备状态诊断分析和预测，增强设备故障分析诊断能力。

一方面，企业加大设备运行状态监测分析能力投入，建立设备运行、性能、状态采样规则，按照采样规则对设备正常和异常时的性能、状态、操作，以及对应的设备故障现象、故障原因、解决措施进行数据收集，通过系统集成形成故障案例库。从案例库中匹配得出征兆相似的案例模型，进而可以根据设备运行状态与案例中的吻合程度，给出故障类别、原因、部位和处理措施等信息及其发展趋势预测，并不断完善知识库。在设备运行状态出现异常时，通过搜索匹配规则能够自动、快速地对设备的故障和潜在故障进行诊断，给出处理建议。基于设备的振动、腐蚀、温度、变形、偏转、抖动等设备状态参数、故障等历史数据，结合专家经验和典型设备故障事故案例，利用多源信息融合与机器学习技术，充分利用在线、多维度和细微尺度的特征信息描述装备的健康程度，构建设备健康状态评估模型，并根据实际应用效果，不断通过参数调优、增加变量、算法升级等方式优化迭代评估模型，判断设备的健康状态，给出设备健康评价，并生成设备运行分析报告。

以腐蚀检测为例。将腐蚀回路作为为监控对象，通过集中展示腐蚀在线监测数据、定点测厚数据、化验分析数据、工艺运行数据的方式，实现可视化的腐蚀监控；根据监测数据，核算设备和管道腐蚀速率，预测设备剩余寿命。

另一方面，企业可将设备运行状态监测分析进行外包，将设备运行状态数据安全传输到云端，由设备运行状态监测分析服务提供商的监测分析软件和行业专家进行监控。服务提供商采用工业无线网技术实现数据的实时、自动收集，而不需要派专业人员到现场收集数据，因此状态分析的结果将更具预测性。此外，服务提供商的专家定期提交设备运行报告，列出设备状况，预测即将出现的问题，以及制订维修策略和需要采取的措施，并在这个过程中应用诊断结果和维修结果完善设备运行知识库，积累和完善设备诊断知识体系，为准确诊断设备故障提供有效支持。基于专业化的设备运行状态监测分析服务，设备管理工程师能够更早发现异常的主要参数、确定故障的原因，能够更准确地预测故障，给出维修策略建议，争取到更多的时间开展设备预防性维修，防止错误的出现，不断提升设备运行的可靠性。这样设备管理人员即使不是专业技术人员，也可以使用分析软件得出准确的设备运行情况，从而帮助设备管理人员掌握设备健康状态和运行规律，有效降低设备失修风险，减少非计划停机，保障设备安全运行。

最后，设备健康管理可为各级管理人员提供设备运行状态综合的、实时的信息和报警，建立对现场动态的快速反应机制。采用直观易读的展示界面，根据不同管理层级关注的重点，对企业设备运行状态和各类绩效指标进行综合展示，辅助企业管理人员快速决策，可以有效地提高企业整体设备管理水平。并且，企业可将设备健康管理软件以安全可靠的技术手段接入互联网，使设备管理工程师能够通过互联网访问设备健康管理软件，在家中就可以监控大型机组、泵和其他设备的健康状况。这样，他们不必来工厂就可以确定哪些设备需要尽快进行大修或重点关注，哪些热交换器近期需要清洗，哪些疏水阀需要更换等，并可以通过数据在线指导现场工作人员。在疫情期间，这能够为减少工厂的工作人员数量、保持安全社交距离提供有力的技术支撑。

2. 以标准化维修管理为基础，夯实设备维修能力

在工厂日常的维修作业中，要规范化设备维修流程，自动化设备维修工单，标准化设备维修工序、合理化设备维修费用，提高设备维修管理水平。对设备突发故障、生产损失及设备绩效进行分析，找出影响设备安全运行的主要问题，科学、系统、全面地制订设备维修策略，避免各类风险，降低维修成本。维修策略的实施实现了从维修计划制订到维修工单执行再到维修作业验收的闭环管理，提高了维修工作效率。

（1）设备运行和综合管理方面：

1）设备档案管理。能够集中、全面地展现设备全生命周期的技术参数、各类文档资料等基础静态数据，以及运行数据、故障缺陷信息、检维修历史等动态数据，实现设备一台一档的电子化管理。

2）设备台账管理。可根据设备种类、分类、关键度、组织机构范围来查询设备台数、购置值、相关比例、设备技术参数等数据，并可按照分类层次逐层穿透查询各类设备的详细信息。

3）设备报废管理。根据设备报废管理业务需求，实现设备报废申请、审批、鉴定、申请单打印、记录设备报废执行结果、与报废管理的资料进行关联、报废设备的用户及系统状态变更等功能。

4）设备检验管理。设备检验管理是企业设备安全运行管理的一个重要组成部分。设备检验管理的目的是通过加强对专业设备的安全监察力度，使设备获得安全投产运行的资质，最大限度地防止和减少设备运行事故的发生，为设备的长周期、安全、稳定运行提供有力保障。它主要针对压力容器、压力管道、锅炉、安全阀、起重机械、电梯和叉车等国家有强检要求及企业内部有定期检验/试验的设备进行管理，包括检验计划、检验历史及超检台账管理。

5）开停机管理。开停机管理包括设备关系维护、运行记录维护和运行月报等功能，通过对设备运行启停记录及设备运行状态实时管理，以便管理人员实时地掌握设备正常运行、停机待修、停机检修、试车或备用等运行状态。

6）承包商考核管理。承包商考核管理通过制订考核标准，可定期或不定期地按照标准对维修承包商进行评估打分，并可进行汇总分析，作为对承包商的考核依据；支持对检维修业务中对承包商的 HSE、施工质量、施工进度等多个方面及综合考核。

（2）在专业管理方面：

1）润滑管理。润滑管理是企业设备管理的一个重要组成部分。设备润滑管理的基本目的是使设备得到正确合理的润滑，保障设备正常运转，减少机件摩擦和磨损，降低润滑材料消耗，延长设备使用寿命，防止故障与事故发生。润滑管理主要实现润滑台账、加换油记录、加换油统计、换油提示表、代用油品申请及审批功能。

2）静密封管理。静密封管理主要包括密封点登记表、密封点泄漏明细表、密封点统计表等内容。

3）防腐管理。防腐管理包括设备腐蚀档案、腐蚀监测与分析、腐蚀检修检验记录等内容。

4）保温管理。保温管理包括保温档案、保温操作记录等内容。

（3）在维修管理方面：

1）维修工单管理。维修工单管理主要通过工单记录工厂中的功能位置、设备或装配组件等技术对象的维修信息，便于查询设备的维修历史及追踪维修成本等。当工厂中的功能位置、设备或装配组件等技术对象需要维修时，通过工单来计划维修任务，并监控维修任务的执行，同时用来追踪维修成本。

设备管理人员利用工单管理实现对维修计划的编制、审核、下达执行、完成确认及结算管理。工单作为下达维护任务的指令，下达给维护工人进行相应的维护活动。通过建立标准维修工单库，在工单执行中，维修人员通过手机 APP 了解维修作业的每一个步骤及所需人力、工具、物资备件等信息。每一项大的作业将自动分解为多个标准子作业，从而高效、有序地完成维修作业任务。

2）备件管理。备件管理通过与仓储系统的接口，对备品配件的需求计划、定额、库存进行管理，查看备件库存、消耗去向及采购信息。

3）预防性维修管理。预防性维修是一种以时间或计量数据为基础的维修方式，即在设备尚未发生故障前就安排进行修理。这种维修方式规定修理的间隔期或计量值，根据固定的间隔期或计量值安排实施维修。预防性维修管理由维修策略、任务清单、维修项目和维修计划组成。

在预防性维修管理中，针对不同设备编制维修标准，依据维修标准生成周期性的维修计划，包括以时间为基准的预防性维修、以仪表读数为基准的预防性维修、以设备状态为基准的预防性维修、定期试验、大小修计划与项目等。通过建立预防性维护计划，系统可以自动产生规则性的维修通知单或工单，确保设备得到及时维修。

4）故障管理。故障管理是通过了解和掌握设备使用状态，结合设备的运行历史，对设备可能发生的或已经发生的故障进行分析、判断，记录故障分类、故障发生地点、发现人、发现时间、故障现象、故障程度等信息，提出控制或维修措施，通过采取调整、维修、治理的对策消除故障，并对设备已经消除的故障进行分析、判断，辅助企业有效把握故障的规律，提高故障预测、监控和处理能力，最终实现故障率降低。

在故障管理执行中，一是维修人员可在故障现场通过智能移动终端进行设备异常提报；二是对来自大机组及机泵群等设备监测系统的报警信息进行分析，经判断确认为故障后将自动发起维修工单，维修负责人可根据故障报修的重要、紧急程度进行工作安排。

3. 以深化设备分析诊断为关键，提升设备可靠性管理

设备可靠性管理是一种业务策略，通过设备可靠性的提高，实现工厂可靠性的提高，从而减少工厂停机时间、降低维护费用、节省生产成本。设备可靠性管理通过建立从策略开发到策略执行再到对策略进行评估优化的闭环管理业务流程，可以辅助企业做好维修体系的变革，帮助企业改进设备状况，促进管理绩效的持续改进，不断提升设备运行可靠性和经济运行水平。

（1）维修策略开发。主动通过基于风险的策略开发工具，系统、全面、科学地制订维修策略，避免各类风险，提高效益，降低维修成本。如基于人工智能、机器学习、聚类分析等先进算法技术，对海量典型设备故障案例和数据开展数据挖掘分析，获取设备健康状态劣化起动时的振动、温度、声音、电流等多种特征，以及劣化加速失效的时间点和关键指标发展趋势，从而建立设备预测性检维修量化模型，形成设备维修策略，自动生成设备预测性检维修的时间点和推荐检维修方法，避免设备受损、意外停机和发生生产安全事故，从而转变传统的被动维修、周期性维修和预防性维修为预测性维修，避免停机生产损失、过剩检维修、超量备件储备、过度依赖个人经验，有效减少设备故障和遏制因设备失效引发事故，确保设备运行期间安全可靠、长周期运行。

（2）维修策略执行。通过策略执行，保障维修计划的落地，如通过检验-测厚-RBI（基于风险的检验）分析的闭环管理，科学地制订检验策略，降低安全、环保、健康等风险，提高效益，降低成本。

（3）维修策略评估及优化。对设备维修、生产损失及设备管理绩效进行分析，找出影响设备安全运行的主要问题，并分析原因，提出改进措施，优化维修策略，持续提升设备绩效水平。

4. 以设备数据管理为根本，夯实设备管理基础

在设备管理中将建立设备数据管理平台，根据设备类型、专业要求，制订设备主数据模型，建立设备基础数据，包含设备的全生命周期（设计、制造、安装、使用、维护、改造、更新、报废）的静态数据（设备编码、设备名称、规格型号、技术参数、生产厂家、投入时间、设备位置、设备图样、使用手册等）和动态数据（动态数据包括设备运行、维修保养、润滑监测、状态监测、静密封监测等数据），并根据不同设备类型制订不同的设备基础档案数据模型，为设备的健康管理、维修管理、可靠性管理，以及设备数据的便捷使用服务。

案例实践五：从一台设备谈起

企业拥有大量数据，如一台设备就包含设备设计数据、设备生产数据、设备使用数据、设备维护数据、设备实时数据、设备应急管理数据等。这些数据的管理状况往往与设备管理水平成正比。我们会看到这样一个场景：工程师来到现场，站在一台设备前，需要获取这台设备的相关数据，而他获取相关数据的速度就反映了企业数字化建设的水平，获取数据的广度就说明了企业数据管理的全面性。

如果能够快速访问到设备的实时运行数据、电流、电压，说明数据通过IoT或PLC连接到DCS，通过DCS实时连接到客户端数据展示。

如果能够快速访问到电动机的生产厂家信息、采购时间、使用说明、保养指南、维护方案，说明企业已经把采购信息连接到数据库，并提供了网络接口。

如果能够快速访问到设备运维数据，如维修历史、维修计划、维修费用等，说明企业已经部署设备维修管理系统。

如果能够快速访问到设备的管理者、员工操作记录、故障记录，说明企业已经建立了生产执行系统（MES）。

如果能够快速访问到备品备件存放在哪里、购买数量、安全库存量，说明企业已经建立了库存管理系统。

实时获得企业级数据是智能工厂的基础。随着企业数据管理系统不断建立和完善，将通过统一数据平台与所有参与者共享数据，让数据充分发挥价值，促进业务发展。

5.3.8 以安全管理为"牛鼻子"，全面提升企业综合管理水平

随着社会的进步、技术的发展，安全已经成为企业生产运行的关键。管生产要管安全、管技术要管安全、管业务要管安全，所以，管安全就要管企业的各个方面，那么对安全管理的要求就上升到了一个全新的高度：安全管理既要着眼于企业全局，也要满足现场具体业务要求，企业要努力通过安全管理的提升带动生产管理水平的提升。这对企业的安全管理人员也提出了新的挑战。在当今时代，安全已经成为社会发展的基本诉求，人们对安全的关注度越来越高，需要在安全的前提下，更好地满足物质文化需求。那么，面对人们的安全诉求不断提高、安全管理理论和先进技术不断发展完善的现状，企业安全管理不能停留在基于事故分析的事后管理及基于规章制度的强制性管理，而要更加尊重生命、注重人因要素、强调人机境和谐，努力做到预防性安全管理，提倡自身价值和安全价值的统一。综合上述原因，企业安全管理需要与新的理论、新的技术进行融合，构建新时代数字化安全管理系统，以提升安全管理水平。

数字化时代的企业安全生产要在现代安全管理理论和安全生产标准化管理体系的指导下，运用数字化思维，构建更为科学、实用、完整的企业数字化安全管理系统，依托工业互联网等技术，打造快速感知、实时监测、超前预警、联动处置、系统评估等新型能力，提升企业安全生产的数字化管理、网络化协同、智能化管控水平，实现更高质量、更有效率、更可持续、更为安全的发展模式，不断加强企业的安全管理水平。着力从强基固本的基础安全管理、全生命周期的生产安全管理、可靠有力的应急安全管理入手，全面提升企业安全管理水平，打造本质安全型企业。

1. 强基固本的基础安全管理

强基固本是企业安全生产的基础。企业要建立并完善安全标准化管理体系和安全管理保障体系，构建闭环式的安全管理运行机制，明确安全管理组织机构、岗位职责，制订安全方针、安全理念，编制并宣贯安全管理制度、业务流程、操作规程等安全文件，梳理企业安全风险和重大危险源，落实相应的管控措施，规范隐患排查治理，完成各级人员安全培训和取证上岗，加大安全资金投入，按照规定开展各项安全管理任务和安全标准化工作，积极开展安全绩效考

核与监督，让安全业务有章可依、有规可循，有力推动各项安全管理工作的贯彻落实。

基础安全管理工作要与移动互联网、大数据分析等技术深度融合，并通过数字化方式完成管理业务落地，实现日常安全管理业务的规范化管理、移动化办理、标准化建档、动态化跟踪、自动化统计、智能化分析，全面提升日常安全管理业务水平。

（1）风险分级管控和隐患排查治理。依托数字化手段推动风险分级管控和隐患排查治理双重预防性工作机制的规范化落地，实现全程动态跟踪，有效落实企业风险管控主体责任。

以安全风险分级管控为基础，从源头上对企业安全风险进行辨识，科学评估和分级管控，建立安全风险预警机制，把各类风险控制在隐患形成之前；以风险管控和隐患排查治理为手段，及时找出风险管控措施失效或者弱化环节，并有效进行治理，把隐患消除在事故发生之前。在风险辨识、风险评估过程中，依托安全环保管理专家力量，借助工业互联网，通过在线方式非常便捷地给现场安全环保管理人员赋能，并对现场风险管控状况进行动态监测、横向比较，推动现场人员安全环保履职，实现安全环保风险受控，如图 5-41 所示。

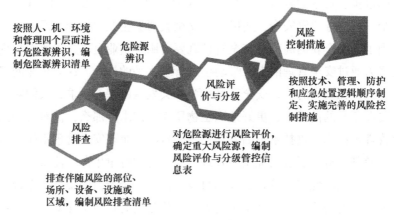

图 5-41　风险分级管控过程

在隐患排查治理中，规范隐患排查治理流程，对企业内部风险进行全场景、清单式的隐患排查。利用移动智能终端设备开展隐患巡查、专项检查，发现隐患立即上报，实现全员、全过程参与隐患排查、隐患登记、隐患整改、隐患复查、隐患原因分析、隐患撤销等工作，让检查和整改落到实处，在隐患排查治理中反向查找风险管控措施的失效、缺陷或不足，完善风险管控措施，如图 5-42 所示。整个隐患管理过程实现了隐患信息的自动推送、自动流转、动态跟踪、统计分析和闭环管理，为以后的隐患治理方向提供决策支持。

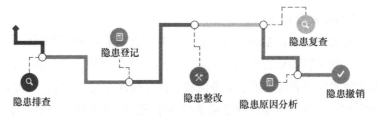

图 5-42　隐患排查治理过程

同时，建立全员参与双重预防激励机制，鼓励各级人员主动掌握风险辨识方法、主动学习风险管控标准、积极参与隐患排查治理，促进各级人员的安全意识与技能持续提升。

（2）重大危险源管理。在重大危险源管理中，一方面，通过对重大危险源普查登记、现场评估、问题整改、升降级全过程管理，严格控制重大危险源数量，提高综合整改完成率；另一方面，以重大危险源实时监测为基础，对重大危险源涉及的储罐、装置、仓库等处的液位、温度、压力和气体浓度的实时监测数据、历史数据、报警数据、危险源视频监控画面等进行有效整合，拓展对 DCS、SIS 联锁运行状态、联锁投用、摘除、恢复及变更历史信息、安全阀、紧急切断阀、消防系统等安全设施状态实时监控，实现对重大危险源的监控预警、自动评估、智能分析、综合研判，便于企业及时掌握危险源安全状态的变化，并及时采取防控措施，同时数据可对接政府监管平台。

（3）职业卫生管理。在职业卫生管理中，根据《企业安全生产标准化基本规范》将安全生产与职业健康要求一体化管理，做到"红伤（指职业病）白伤（指伤亡事故）"都要抓，以人为本，让劳动者活得有尊严。在设计阶段，就要缩短接触危害的时间、减少接触危害的机会，合理设置防护措施。在日常管理中，落实职业健康体检，实现体检管理的定时提醒和医院体检数据自动同步。在个人防护用品管理中，做到配发到位以及防护用品的定期更新；定期或在线进行职业危害因素监测，对超标岗位进行异常整改，对有毒、有害、粉尘、噪声等在线监测实现异常提醒。开展职业卫生培训，在重点场所张贴职业危害告知卡，实现职业卫生管理自动统计分析等，确保企业职业卫生各项工作落实到位。

（4）在法律法规、资质证照、"三同时"（即同时设计、同时施工、同时投产使用）方面。建立随时可获取的安全生产专业法律法规文库，确保管理人员或员工可以随时查阅国家和行业最新的法律法规；安全生产许可证、特种作业上岗证等资质证照的领证日期、复审日期等到期前自动提醒相应的负责人，确保资质证照的有效性；对项目"三同时"手续办理情况进行动态跟踪，实现对项目"三同时"手续办理情况的安全诊断，根据诊断结果对异常项目进行管控。

2. 全生命周期的生产安全管理

生产安全源于设计，实现于生产制造管理过程，终止于到期退出。数字化的全生命周期生产安全管理按照"建设-运营-退出"的时间轴，对一个工厂从"规划建设"到"生产运营"再到"到期退出"三个层级的安全因素予以充分考虑，形成一个完整的全生命周期安全管理过程，打造本质安全型企业。首先，从规划建设阶段就为企业注入安全基因。从工厂建设之初，就对工艺、设备、管线、工厂布局等进行模拟仿真和风险分析，对安全仪表、安全设施进行过程危险分析，确定必要的安全仪表功能及其应达到的安全完整性等级（SIL）；将查找出的安全风险及问题从源头进行控制并提出具体措施，确保项目设计成果安全可靠。其次，在生产运营阶段，在人、机、料、法、环等方面进行数字化提升，利用目前先进的工业物联网、大数据、人工智能、云计算等先进技术助力企业的安全生产，保障人员、设备、环境的安全，为生产运营保驾护航。最后，工厂到期退出阶段。通过数字孪生技术为各种厂房、设备、管线、结构、电器提供规范、详细、完整的记录，为装置拆除前制订三维施工方案，并在作业前对相关作业人员进行培训和安全技术交底，确保对各类设备、设施进行安全、环保的拆除和处理。这里重点对生产运营阶段的安全管理进行说明。

在生产运行阶段，就是在人、机、料、法、环、工控安全及安全生产分析评价方面，结合目前先进的工业物联网、大数据、人工智能、云计算等技术，助力企业安全生产，实现生产运营阶段安全管理的数字化转型。

（1）人的安全管理。人是安全生产中最不确定的环节，也是安全生产管理的重点。据统计，96%以上的安全事故都是由于人的不安全行为导致的。

首先要严格人员进出厂区管理，通过视频监控+AI算法，实现对企业人员进出的身份识别和数量的统计和监管。①采用人脸识别系统对进出厂区人员进行安检认证，确保进入厂区的人员是经过授权的人员；②通过人脸识别系统统计进出厂区的人员数量，实时掌握厂内人员数量及具体名单；③通过访客系统与人脸识别系统的关联，对人员按照时间线进行记录跟踪查询展示，掌握外来人员进出厂区的时间及活动范围；④自动实现人员考勤管理与人脸识别的关联，实现无感考勤；⑤通过与培训系统的对接，未经安全培训人员或安全培训有效期到期人员不得进入厂区。

在员工精神状态分析方面，依托人工智能系统在员工进行交接班时对员工精神状态进行分析，判断员工是否存在疲劳或酒后上岗的问题，评估员工是否符合上岗要求，如图5-43所示。

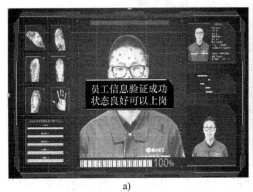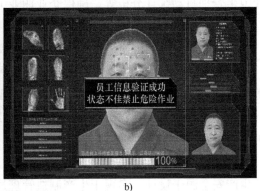

a)   b)

图5-43　员工精神状态识别

在人的不安全行为在线监控方面，建立人员不安全行为样本库，利用人体目标监测、底层特征提取、人体行为建模、人体行为识别等算法，快速识别作业过程中的违章行为或不规范行为并实时报警，如未佩戴安全帽、危险场所未执行双人作业、作业现场安全监护人员未到位、危险区域闯入或滞留时间过长、人员跌倒等，做到即发生即报警，如图5-44所示。

此外，通过对现场人员定位管理，实时掌控现场工作人员的位置、行动轨迹、活动范围，确保现场人员人身安全（见图5-45）；并可基于人员定位，开展装置红线定员动态管理，人员超出规定数量立即报警。

a) 安全帽佩戴及工作服识别　　　b) 危险场所双人作业识别　　　c) 安全监护人员识别

d) 翻越皮带识别　　　e) 吊装作业下方人员闯入识别　　　f) 动火作业灭火器识别

g) 登高作业穿戴安全绳识别　　h) 危险区域闯入或滞留时间过长　　i) 人员跌倒识别

图 5-44　人员不安全行为识别

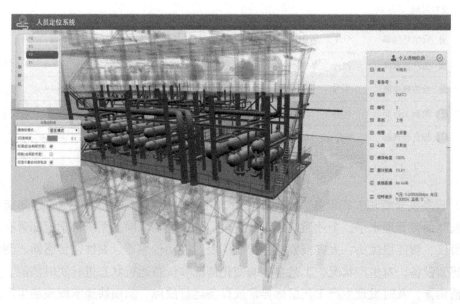

图 5-45　人员定位

通过风险管理、安全检查、不安全行为在线监控、员工培训等系统数据共享，可以对员工的个人安全状况进行画像，如图 5-46 所示。动态显示人员安全状态，对有不安全行为倾向的员工进行及时预警教育和心理疏导，尽可能避免不安全行为的发生。

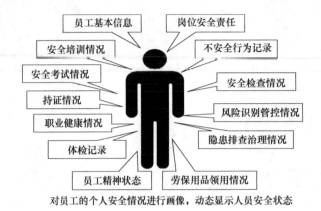

员工基本信息
岗位安全责任
安全培训情况
不安全行为记录
安全考试情况
安全检查情况
持证情况
风险识别管控情况
职业健康情况
隐患排查治理情况
体检记录
员工精神状态
劳保用品领用情况
对员工的个人安全情况进行画像，动态显示人员安全状态

图 5-46　员工安全画像

最后，对企业安全生产目标责任的制订、分解、实施、检查、汇总分析、指标考核进行信息化管理，结合安全目标和安全绩效标准，生成企业安全绩效考核清单，开展安全绩效考核，推动企业安全生产主体责任落实。自动采集相关数据进行关联分析，按设定周期自动进行考核，自动生成考核报表评定绩效得分，客观、真实反映各部门、各岗位的安全工作开展情况，如图 5-47 所示。

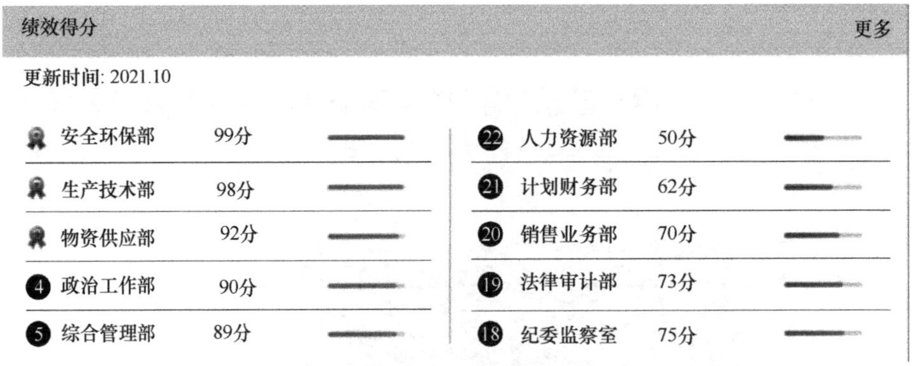

绩效得分
更多
更新时间: 2021.10
安全环保部　99分
生产技术部　98分
物资供应部　92分
4 政治工作部　90分
5 综合管理部　89分
22 人力资源部　50分
21 计划财务部　62分
20 销售业务部　70分
19 法律审计部　73分
18 纪委监察室　75分

图 5-47　安全绩效考核

（2）设备安全管理。在设备、设施安全管理中，构建基于工业互联网的感知能力，提升设备监测预警管理水平。企业通过建设覆盖全厂的工业物联网，系统科学地部署有毒有害气体报警仪、智能摄像头、火灾报警器、智能仪表、振动传感器、腐蚀监传感器、测温测振光纤等感知设备，对生产状况、工艺参数的变化情况和设备运行状态进行实时监测、在线分析、超前预警，及时发现生产工艺指标异常或设备运行故障，从而快速掌握现场生产运行情况，提升工厂全面动态感知能力，减少事故的发生。如：

1）在危险区域、关键位置部署红外热成像摄像机，实现恶劣环境下温度、泄漏的检测

及报警。

2）在不容易检测的位置或隐蔽区域部署智能摄像机，对关键阀门、接头利用计算机视觉识别技术实现跑冒滴漏的智能监测。

3）利用振动传感器，实时监测关键机组、关键设备、管线的运行参数。

4）利用腐蚀传感器，实时采集和收集腐蚀数据，摸清腐蚀介质的分布情况和腐蚀规律，查找腐蚀的重点部位和薄弱环节，开展针对性选材或者在线防腐保护。

5）采用光纤侦听技术对管线、线缆、机泵的温度、振动进行实时监测，动态感知设备设施和环境状况。

6）结合固定式及移动式监控设备，重点覆盖烟雾、火焰、气体传感器盲区和巡检不易达等位置，并能在极端天气、事故灾害等特殊情况下运行，实现全景式、全天候的自动监控、智能分析和及时预警。

在安全设施管理方面，强化安全设施的在线监控，以减少事故及违规行为、缩短响应时间。将安全淋浴器和洗眼器连接到系统，使其在应急处置、应急救援时能够更快响应。在关键位置的手动阀如产品传输阀、隔离阀和旁通阀等，应配备位置传感器，以提高操作员的意识，为其提供操作成功的反馈确认。一些手动阀对控制产品质量有影响，因为如果放在错误的位置，它们会导致交叉污染。因此，手动阀位置传感器既可作为预防措施，也可作为质量保证及不当操作的证明。对特殊位置的传感器进行监测，提前判断传感器是否正常，以及是否存在危险等。对 SIS 自身安全进行监测，实现从传感器、逻辑解算器、最终执行元件及整个 SIS 回路的在线诊断，预先报警，防止意外跳车的发生以及 SIS 的失效。

（3）物料安全管理。在物料安全管理方面，首先从原料进厂就进行严格管控、规范业务流程，最大限度地减少原料在运输、称重、化验、考核、结算等环节的人工干预，通过与 LIMS 对接，将进厂称重数据与分析化验数据进行关联，实现原料质量全面受控，降低原料质量风险；其次，将原料质量、中间产品质量、产品质量紧密联系在一起，通过与实验室分析项目进行绑定，在线共享分析检测数据，追溯各阶段产品质量问题；最后，严把最终产品质量关，结合人工智能等技术手段对产品进行实时在线分析检测，将问题产品堵在产品库房之外，实现产品质量的全过程管理。

在产品质量安全管控中，除了采用检化验仪器外，还要重视通过在线分析仪表和软测量技术，对中间产品质量进行提前预测，为操作员提供实时分析检验数据的参考值，在质量问题出现前就采取措施进行干预，快速指导生产，避免企业损失的扩大。在检化验过程中，逐步实现自动化验代替人工化验，实现采、制、传、存、化五个环节全过程无缝对接，提升检化验效率。

在危险化学品安全管理中，以防止危化品丢失、杜绝危化品引发安全生产事故为目标，实现危化品标准目录与台账管理、危化品存储双人双控出入库及报废销毁处理的全过程管理。

1）支持危化品分类与标准目录维护，在各分类下维护具体的危化品，建立一套适用于企业的危化品标准管理目录，实现危化品类型管理、危化品标准目录管理。

2）在危化品标准目录的基础上建立危化品台账信息，实现危化品台账管理。

3）支持危化品入库、出库的双人管控及存储、报废处理，实现危化品全过程管理。

4）支持采集危化品的在线监测信息，实现在线预警管理。

（4）法的安全管理。法的安全管理中主要包括操作安全管理和作业安全管理。本书将在单独的小节中进行重点介绍，详见5.3.5和5.3.6节。

（5）环境安全管理。"绿水青山就是金山银山。"在环保安全管理方面，贯彻落实国家"推进生态文明，建设美丽中国"精神，以环保监控为手段，结合国家和行业标准构建企业环境保护指标体系和泄漏检测与修复（LDAR）体系，实现"三废"排放的全过程在线监测预警，合理控制无组织排放，降低泄漏排放，规范、完善企业环保管理，提升企业环境风险管控能力。

首先，以企业环境保护指标管理体系为基础，通过对废水、废气、固废、噪声的在线监控，建立风险管控、总量控制、污染治理及建设项目环保管理三大预警机制，全面提升企业环境风险管控、预测预警及应急处置能力；其次，建立以环境监测管理、污染源排放管理、污染治理设施管理、资源综合利用管理为核心的环保管理信息平台，实现环保业务的规范化管理；再次，在全过程生产物质流预测管理方面，搭建覆盖全生产过程的废水、废气及其特征污染物的环境在线监控体系，建成基于工序预测的全过程生产物质流预测系统，通过特征污染物环保指标监控预报系统对全生产过程的重点装置、重点环节的污染物产生、迁移情况进行有效的统一监控和管理，提高企业特征污染物的控制水平，实现重点外排污染源前端预测；最后，结合国家、行业相关规定，构建企业环境保护指标体系和 LDAR 体系，搭建 LDAR 管理平台，实现动静密封点台账管理、检测和修复数据管理、任务指标闭环管理等功能，为建设绿色工厂、无泄漏工厂奠定坚实基础，如图 5-48 所示。

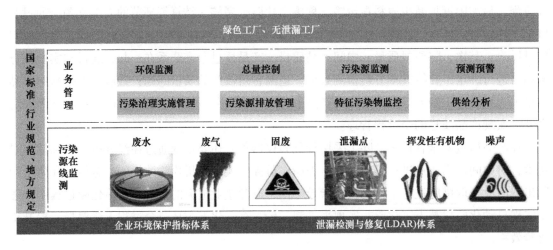

图 5-48　绿色工厂、无泄漏工厂

（6）工控安全管理。工控安全也是需要关注的重点。因工控事故造成的生产故障屡见不鲜，其破坏力往往更大，因此，企业要积极响应国家的号召，不断夯实工控安全基础。工控系统的信息安全问题主要是通过篡改、破坏生产过程中的关键信息和指标等造成生产安全风险，从而给企业带来直接经济损失，甚至成为重特大生产安全事故。所以，工控系统的信息安全问题也属于生产安全问题。企业需要高度工控信息安全，构建一套包括物理、网络、系统、终端到数据各个层面的纵深防御安全防护技术体系，为工控系统的安全稳定运行保驾护航。

企业可以按照纵深防御、区域隔离思想构筑工控安全防护架构。在工控网内部，各个装置网络边界统一部署工业防火墙进行区域隔离，并以白名单方式对允许的协议、服务、端口、数据流进行安全策略配置；在全厂的重要工程师站安装可信终端进行安全加固，提升操作系统安全级别，有效解决现场 USB 端口的管控问题；搭建工控系统安全管理平台实时检测工控网内的网络攻击、病毒并进行报警，同时对用户操作进行合规性审计，从而全方位、立体式地提升工控网的信息安全防护水平。

1）边界安全可控。纵向与横向区域之间需要采用技术手段实现系统边界物理或逻辑隔离。在边界统一部署工业防火墙，并以白名单方式对允许的协议、服务、端口、数据流进行安全策略配置，只允许合规业务协议通过，其他一律禁止。

① 实施网络分区分域。

② 强化安全区域边界访问控制能力。

③ 提高网络内、外入侵和恶意代码防御能力。

④ 提高违规内联、外联检测能力。

2）工业主机安全防护。在工控网内部，在全厂的重要工程师站安装可信终端进行安全加固，提升操作系统安全级别，有效解决现场 USB 端口的管控问题，避免非授权、不安全的移动介质接入业务系统内。

① 提高系统内主机病毒防范能力。

② 采用双因子认证机制，提高主机身份认证能力。

③ 一键式安全加固，提高主机安全基线。

④ 关闭不必要的服务端口，提高入侵防范能力。

⑤ 利用访问控制策略，保证业务配置文件不被篡改。

3）网络通信异常监测。利用工控系统安全监测与审计系统，实时检测工控网内的网络攻击、病毒并报警，同时对用户操作进行合规性审计，从而全方位、立体式地提升工控网的信息安全防护水平。

① 针对工控系统的检测系统，进行工控协议的深度解析，形成特有的工控网络检测策略。

② 利用已知工控设备漏洞对工控网的多种入侵攻击行为进行检测。

③ 根据业务白名单定制专属的异常检测规则，进而对业务异常操作进行有效检测。

④ 检测已知的各种木马、蠕虫、僵尸网络、缓冲区溢出攻击、DDoS、扫描探测、欺骗劫持、网页挂马等。

4）工控安全运维管理。工控安全问题不是单纯的技术问题，必须把技术措施和管理措施结合起来，更有效地保障生产系统的整体安全性。

① 提高日志审计能力，审计日志至少保存 12 个月。

② 加强第三方运维人员管理。

③ 技术手段辅助业主完成定期自检。

④ 建立统一安全管理中心，强化集中管控能力。

（7）企业安全生产评价。为了让企业管理人员能够更便捷地了解企业安全管理现状，通过对企业报警数量、风险隐患数量、隐患治理状况、人员不安全行为、设备运行状态等数据进行加权量化，并基于大数据手段进行智能分析，给出企业安全生产态势感知报告，利用图形展示、曲线对比等方式多维度展示态势变化，方便管理人员对企业安全管理有整体把握，通过横向对比可以看出企业安全管理的变化，有助于发现企业安全管理中造成安全态势变化的关键因素。同时，基于企业安全评价体系，以定性与定量相结合的方式，对安全培训开展情况、安全检查执行情况、生产安全难事故报告情况、作业人员从业资格、危险源控制情况、风险管控情况、隐患排查治理情况、不安全行为情况、违章作业情况、专项安全技术方案落实情况、安全技术交底情况、设备安全管理情况、安全设施和防护管理情况、特征设备安全管理情况、安全生产事故情况等进行综合分析评价，对企业当前安全情况给出评分，形成基于数据的客观的安全评价分析报告，从而对企业的整体安全态势、安全状态、风险控制、危险控制等方面做到全面掌控。

3. 可靠有力的应急安全管理

提升事故状态下的应急指挥与救援能力对于应急安全管理来说至关重要。在应急安全管理中，企业应逐步建成以在线监测、预测预警、应急值守、应急预案、应急资源为依托，以指挥调度、应急处置、应急演练、事故案例为抓手，以风险仿真、综合研判、辅助决策为核心的应急指挥系统，为企业实时收集、分析、处理突发事件相关信息，掌握突发事件的发展态势，应对突发事件提供有效支撑，推动应急处置向事前预防转变，提升应急管理的科学性、精准性和可靠性，并在系统建设过程中形成统一指挥、结构合理、反应灵敏、运转高效、保障有力的应急指挥体系，强化应急管理技术装备水平，提高应急救援响应效率，从而达到保障职工的安全和健康，最大限度地减少财产损失、环境危害和社会影响的目的。

为加强应急指挥系统的应用，应按照"平时管理，战时应急，平战结合"的原则。在实际运行过程中，可将应急指挥系统切换为"日常"和"应急"两种工作状态，既能满足日常的应急管理工作需要，又能满足"战时"的应急处置、救援工作的需求，将生产调度指挥和应急指挥进行深度结合，形成生产与应急一体化、生产调度与应急指挥协同配合的生产应急指挥模式。在日常状态下，主要开展监测监控、应急预案管理、应急资源管理、危化品管理四个方面的工作；在应急状态下，快速掌握现场信息，准确无误执行应急预案，辅助支持应急指挥。

在日常状态下，主要完成应急的日常综合业务管理和对应急资源、应急预案等信息的维护管理，通过 GIS 地图、视频监控、移动作业监控、MES、实时数据库、重大危险源运行等数据的集成，实现对关键部位、重点场所、危险源等的实时监控和预测预警，利用多媒体融合通信技术与现场人员互动沟通，能够"身临其境"地掌握现场实际情况，为企业日常安全生产调度指挥提供有力支撑。

在应急状态下，生产调度指挥中心能够快速收集、分析、处理突发事件相关信息，掌握突发事件的发展态势，为企业应对突发事件提供有效的应急预案和科学的辅助决策信息。调度指挥人员受理报警后，在 GIS 地图上自动标识事故地点，通过联动事故现场附近的视频监控终端查看现场情况，判断报警信息真伪及事故等级。若经综合研判后事故满足应急预案启动条件，则立即启动预案、调度应急资源，由多媒体融合通信系统自动将事故、预案职责通知相关单位、消防部门、维保单位的相关负责人，并推送报警信息给相关人员，以便及时响应和处理。随后，生产调度指挥中心通过大屏幕将企业的各类信息资源，如语音系统、GIS 地图、视频监控、装置状态实时数据等进行统一展示。生产调度指挥中心负责人及专家组依托现场实时数据和事故分析模型对事故情况进行应急调度指挥，直至事故得到有效控制。

5.3.9　以环保监控为手段，建立环保指标体系和 LDAR 体系，规范企业环保管理

新时代对化工行业提出了更高的环保要求。2021 年全国两会"碳达峰、碳中和"被首次写入政府工作报告，更是对企业环保、低碳生产运作管理提出了更高要求。除了减少资源消耗、提高循环利用自然资源的能力以外，减少环境污染是可持续发展中最为重要的环节之一。减少碳排放是减少环境污染的一个重要措施，因此，低碳制造、低碳供应链、低碳生产在智能工厂将得到广泛的重视。近年来，国家针对石油化工行业出台了《中华人民共和国环境影响评价法》《大气污染防治行动计划》《化学品环境风险防控"十二五"规划》《"健康中国 2030"规划纲要》《"十三五"生态环境保护规划》等一系列政策法规，不断加强监管力度。如果企业不积极主动面对，行业的产业布局、产品定位和发展方向都将面临严峻挑战。党的十九大报告提出，要构建政府为主导、企业为主体、社会组织和公众共同参与的环境治理体系。其中，企业是节约资源、污染防治的主体，在生态文明建设中扮演着关键角色。

2019 年中国化工环保协会秘书长庄相宁提出，目前制约化工行业绿色发展的突出问题是资源能源消耗高、"三废"排放量大、污染治理难度较大、安全环保事件频发、技术支撑能力不足、标准体系不完善，导致有害气体大量排放，水资源不断遭受污染，经济发展与环境污染的矛盾不断凸显。行业层面还应加快推进落实绿色发展行动计划；加强引领绿色发展的标准体系建设；着力解决突出环境问题，深入推进废盐、废酸、固废、挥发性有机物（VOCs）的治理；强化绿色发展技术支撑，开展绿色关键技术创新平台建设，树立一批技术创新示范企业；加大绿色发展理念宣传力度。

针对这些问题，在国家相关法规不断出台的背景下，化工企业应积极响应国家政策，主动遵守各项节能减排规定，不断优化生产过程，加大环保投入，推进产业绿色转型。

在数字化时代建设智能工厂的过程中，企业要搭建环境保护智能监控平台，积极利用物联网技术，实现对废水、废气、废渣、噪声的有组织排放和临时性排放的控制、监测、治理、处置、费用进行全方位实时管理。要对企业的节水和资源综合利用进行数字化管理，完成不同级别、不同部门环保数据的统计分析，便于企业横向和纵向的比较，及时发现问题、

解决问题，重点关注对象的监测数据实现图形化、可视化展示，并及时向相关人员预警报警，辅助领导决策。同时，企业需将固废处理实现上线管理，对产生固废的申请、审批及处理进行全过程管控。企业应建立环保治理设施基础台账，自动采集治理设施运行信息，分析月度运行情况，实现治理设施停运申请、审批、效果评估的流程化审批。环境保护智能监管系统平台一般功能模块包括环保计划、环保统计、评价分析、风险管控、综合管理、建设项目环保、决策诊断、污染源监控、VOCs 管理、泄漏检测与修复、特征污染物监控、异常监控报警、过程控制等主要模块。首先，实现对废水、废气、固废、噪声的在线监控，建立风险管控、总量控制、污染治理及建设项目环保管理三大预警机制，全面提升企业环境风险管控、预测预警及应急处置能力；其次，建立环境监测管理、污染源排放管理、污染治理设施管理、资源综合利用管理为核心的环保管理信息平台，实现环保业务的规范化管理；最后，通过特征污染物环保指标监控预报系统对全生产过程的重点装置、重点环节的污染物产生、迁移情况进行有效的统一监控和管理，提高企业特征污染物的控制水平，实现重点外排污染源前端预测，全面提升化工生产环境保护管理水平。环境保护智能监管功能如图 5-49 所示。

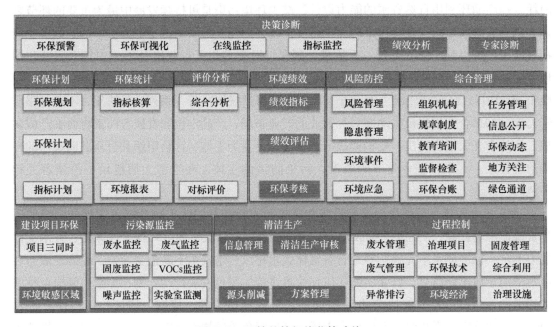

图 5-49　环境保护智能监管功能

企业还要构建企业泄漏检测与修复（LDAR）体系和环境保护指标体系，通过建立排放清单、VOCs 监控体系、估算模型等，支撑化工生产全流程的泄漏检测及修复的业务要求，实现对厂区设备及管阀件泄漏与修复的管理。其中 LDAR 体系的内容主要包括标准录入、模型建立、检测准备、现场检测、效果评估、泄漏量估算等。环境数据指标体系的内容包括污染源、用排水、废气、固废、污染治理设施、环境监测、环保费用、总量控制、综合利用等九类环保指标及环保相关生产数据指标。

5.3.10　以提升调度指挥能力为核心，推进智能生产指挥体系建设

面向所有调度人员，围绕企业进出厂业务、罐区管理业务、装置运行业务、物料平衡业务和公用工程平衡业务，构建具备生产感知自动化、数据分析科学化、指挥决策规范化的生产指挥新模式，以保障安稳生产为核心，形成智能化的调度指挥能力，实现生产运行全过程实时监控、生产异常预测预警、调度指令一体化闭环管理，全面提高指挥效率和决策水平。

1. 生产运营监控

围绕企业进出厂业务、罐区管理、装置运行、物料平衡和公用工程等，自动对全面感知的信息进行筛选、整定、计算，为调度人员提供当前生产运行状态及过程变化趋势，实现对生产业务的全局实时动态监控，提高协同指挥效率。

2. 调度指令

基于调度指令生成规则，将调度作业计划和异常处置模块生成的智能处置建议自动分解为可执行的生产指令，并提供在线编制功能，经确认后下达执行；对调度指令的编制、审核、发布、执行与反馈过程实现在线闭环管理。

3. 调度排产

建立从原料进厂到产品出厂范围内，包含原料调度、装置生产调度等的全厂调度模型，实现全厂生产调度优化。模型中涵盖不同产品的生产方案和工艺操作参数，模型会选择一个具有最佳经济效益的产品生产方案。要求涵盖所有生产模式，通过优化算法，从生产模式中优化加工方案，要求能通过滚动编制的方式，实现周、日的调度作业计划编制。具体内容包括：装置生产方案的切换、侧线产品收率及物性计算、侧线产品流向安排；生产方案安排、进装置原料安排、产品收率及物性计算、产品流向安排、外运安排。

4. 数字化调度会

搭建企业统一的调度会管理平台，实现会前材料准备，会中数据综合监控及展现，以及会后问题督办和落实等功能。调度会材料准备实现调度会汇报材料的分部门附件（文本、图片等多种格式）的上传和下载。通过数字化调度系统，实现各参会部门对汇报内容的上传、展示，以及纪要、问题督办的历史查询。会后可将问题以督办的方式通过系统下发至各参会部门，各部门查看后可对问题整改内容进行在线反馈。

5. 调度日常管理

建设日常工作安排、调度日志在线管理、调度知识管理及数字化调度会，支撑调度人员的日常工作管理需要。通过日常工作安排加强白班调度与值班调度的横向协作；通过调度日志在线管理实现调度日志的无纸化；同时，建立日常工作规范及相关文档的在线管理，使调度人员可以便利地查询及补充日常生产活动的管理经验和方法；通过建立数字化调度会，辅助企业召开日常生产例会，在调度例会上全面展现企业当前的生产营运情况，对会议上的决策和问题进行在线管理，以便做到对问题的日结日清。

调度指挥基于工业监控大屏幕硬件建设基础，实现行政电话、调度电话、扩音对讲、无线对讲、手机、大屏幕等系统的音、视频融合，具备智能化的调度指挥通信平台，会议内

容、生产指令、重要数据实现全过程可视化。针对调度中心应用环境分别进行屏幕组态顶层设计，从企业实际应用角度出发，满足日常参观形象展示、生产数据监控分析需要和异常处理、现场视频、信息联动的需要。

5.3.11　以模型数据为基础，构建企业数字孪生应用

"孪生"的概念起源于美国国家航空航天局的"阿波罗计划"，即构建两个相同的航天飞行器，其中一个发射到太空执行任务，另一个留在地球上用于反映太空中航天器在任务期间的工作状态，从而辅助工程师分析处理太空中出现的紧急事件。当然，这里的两个航天器都是真实存在的物理实体。2003年前后，关于数字孪生（Digital Twin）的设想首次出现于迈克尔·格里夫斯（Michael Grieves）教授在美国密歇根大学的产品全生命周期管理课程上。直到2010年，"Digital Twin"一词在美国国家航空航天局（NASA）的技术报告中被正式提出，并被定义为"集成了多物理量、多尺度、多概率的系统或飞行器仿真过程"。2012年，NASA与美国空军联合发表了关于数字孪生的论文，指出数字孪生是驱动未来飞行器发展的关键技术之一。越来越多的研究将数字孪生应用于航空航天领域，包括机身设计与维修，飞行器能力评估，飞行器故障预测等。近年来，数字孪生得到越来越广泛的传播。同时，得益于物联网、大数据、云计算、人工智能等新一代信息技术的发展，数字孪生的实施已逐渐成为可能。现阶段，除了航空航天领域，数字孪生还被应用于制造、石油天然气、电力、汽车、农业等领域。特别是在智能制造领域，数字孪生被认为是一种实现制造信息世界与物理世界交互融合的有效手段。许多著名企业（如空客、洛克希德·马丁、西门子等）与组织（如Gartner、德勤、中国科协智能制造协会）对数字孪生给予了高度重视，并且开始探索基于数字孪生的智能生产新模式。

从企业角度定义，数字孪生是资产和流程的软件表示，用于理解、预测和优化绩效以实现业务成果的改善。数字孪生由三部分组成：数据模型、一组分析或算法以及知识。从数字孪生的定义可以看出，数字孪生具有以下典型特点：

（1）互操作性。数字孪生中的物理对象和数字空间能够双向映射、动态交互和实时连接，因此，数字孪生具备以多样的数字模型映射物理实体的能力，具有能够在不同数字模型之间转换、合并和建立"表达"的等同性。

（2）可扩展性。数字孪生技术具备集成、添加和替换数字模型的能力，能够针对多尺度、多物理、多层级的模型内容进行扩展。

（3）实时性。数字孪生技术要求数字化，即以一种计算机可识别和处理的方式管理数据以对随时间轴变化的物理实体进行表征。表征的对象包括外观、状态、属性、内在机理，形成物理实体实时状态的数字虚体映射。

（4）保真性。数字孪生的保真性是指描述数字虚体模型和物理实体的接近性。要求虚体和实体不仅要保持几何结构的高度仿真，在状态、相态和时态上也要仿真。值得一提的是，在不同的数字孪生场景下，同一数字虚体的仿真程度可能不同。例如，工况场景中可能只要求描述虚体的物理性质，并不需要关注化学结构细节。

（5）闭环性。数字孪生中的数字虚体，用于描述物理实体的可视化模型和内在机理，以便于对物理实体的状态数据进行监视、分析推理、优化工艺参数和运行参数，实现决策功能，即赋予数字虚体和物理实体一个大脑。因此，数字孪生具有闭环性。

数字孪生的行业应用简介如下：

石油天然气：设备故障预测、设备维修规划、设备设计验证、设备状态远程监测、数据可视化与集成。

制造业：产品设计、仿真验证、工艺规划与仿真验证、生产规划与执行、质量管理追溯与工艺优化、能效管理与优化、设备管理、远程监测、预测性维护、虚拟巡检、AR检修。

电力：电厂三维可视化管理、电厂运行优化、电力设备监控管理、通用电网模型构建、电网设计及运维。

汽车：汽车研发环节验证、汽车运行状态监测、故障诊断与维护维修、不同环节形式过程模拟。

航空航天：飞行器故障预测、飞行器维护维修、机组人员安全、生产及装配优化、供应链数字化、发动机设计与管理。

农业：农作物与牲畜监测管理。

文化：物质文化遗产数字化建设。

教育：物理设备与场景模拟。

数字孪生在智能制造领域的主要应用场景有产品研发、设备维修与故障预测及工艺规划和生产过程管理，如图 5-50 所示。

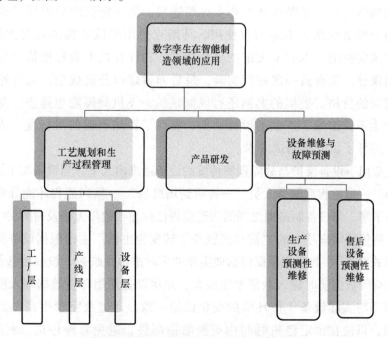

图 5-50　数字孪生在智能制造领域的应用

数字孪生应用于工艺规划和生产过程管理。随着产品制造过程越来越复杂，对多品种、小批量生产的需求越来越多，企业对生产制造过程进行规划、排期的精准性和灵活性，以及对产品质量追溯的要求也越来越高。大部分企业信息系统之间数据未打通，仅依赖人工进行排期和协调。数字孪生技术可以应用于生产制造过程从设备层、产线层到车间层、工厂层等不同的层级，贯穿于生产制造的设计、工艺管理和优化、资源配置、参数调整、质量管理和追溯、能效管理、生产排程等各个环节，对生产过程进行仿真、评估和优化，系统地规划生产工艺、设备、资源，并能实时监控生产工况，及时发现和应对生产过程中的各种异常和不稳定性，日益智能化实现降本、增效、保质的目标和满足环保的要求。离散行业中，数字孪生在工艺规划方面的应用着重于生产制造环节与设计环节的协同；流程行业中，要求通过数字孪生技术对流程进行机理或者数据驱动的建模。

数字孪生应用于产品研发。传统的研发设计方式下，纸张、3D CAD 是主要的产品设计工具，它建立的虚拟模型是静态的，物理对象的变化无法实时反映在模型上，也无法与原料、销售、市场、供应链等产品生命周期数据打通。对新产品进行技术验证时，要将产品生产出来，进行重复多次的物理实验，才能得到有限的数据。传统的研发设计具有研发周期长、成本造价高昂的特点。数字孪生突破物理条件的限制，帮助用户了解产品的实际性能，以更低的成本和更快的速度迭代产品和技术。数字孪生技术不仅支持三维建模，实现无纸化的零部件设计和装配设计，还能取代传统通过物理实验取得实验数据的研发方式，用计算、仿真、分析或虚拟实验的方式进行虚拟实验，从而指导、简化、减少甚至取消物理实验。用户利用结构、热学、电磁、流体和控制等仿真软件模拟产品的运行状况，对产品进行测试、验证和优化。以马斯克的弹射分离实验为例，火箭发射出去后扔掉的捆绑火箭，靠爆炸螺栓和主火箭连接，到一定高度后引爆螺栓爆炸释放卫星，但贵重的金属结构爆炸不能回收使用。马斯克想用机械结构的强力弹簧弹射分离，回收火箭。这项实验用了 NASA 大量的公开数据，在计算机上做建模仿真分析强力弹簧的弹射、弹射螺栓，没有做一次物理实验，最后弹射螺栓分离成功，火箭外壳的回收大幅度降低了发射的价格。类似的案例还有风洞试验、飞机故障隐患排查、发动机性能评估等。数字孪生不仅缩短了产品的设计周期，提高了产品研发的可行性、成功率，减少了危险，大大降低了试制和测试成本。

数字孪生应用于设备维护与故障预测传统的设备运维模式下，当设备发生故障时，要经过"发现故障——致电售后服务人员——售后到场维修"一系列流程才能处理完毕。用户对设备知识不了解、与设备制造商之间的沟通障碍往往导致故障无法及时解决。解决这一问题的方法在于将依赖用户呼入的"被动式服务"转变为主机厂主动根据设备健康状况提供服务的"主动式服务"。数字孪生提供物理实体的实时虚拟化映射，设备传感器将温度、振动、碰撞、载荷等数据实时输入数字孪生模型，并将设备使用环境数据输入模型，使数字孪生的环境模型与实际设备工作环境的变化保持一致，通过数字孪生在设备出现状况前提早进行预测，以便在预定停机时间内更换磨损部件，避免意外停机。利用数字孪生，可实现复杂设备的故障诊断，如风机齿轮箱故障诊断、发电涡轮机、发动机以及一些大型结构设备，如船舶的维护保养。典型的企业如达索、GE 聚焦于数字孪生在故障预测和维护方面的应用。GE 是全球三大航空发动机生产商之一，为了提高其核心竞争力和加强市场主导地位，在其航空发动机全生命周期引入了增材制造和数字孪生等先进技术。2016 年，GE 与 ANSYS 合作，携手扩展并整合 ANSYS 行业领先的工程仿真、嵌入式软件研发平台与 GE 的 Predix 平台。GE 的数字孪生将航空发动机实时传感器数据与性能模型结合，随运行环境变化和物理发动机性能的衰减，构建出自适应模型，精准监测航空发动机的部件和整机性能。并结合历史数据和性能模型，进行故障诊断和性能预测，实现数据驱动的性能寻优。

5.4　规范高效经营决策

5.3 节介绍了智能工厂生产运行的各个方面，包括生产计划管理、物料管理、能源管理、质量管理、操作管理、设备管理、安全管理、调度指挥等多个环节。上述环节都分别或多或少地与订单、营销和销售、库存控制、运输管理、成本核算、人力组织等有着直接关系，而企业的经营管理就是对整个生产运行活动进行的决策、计划、组织、管控、协调。经营管理需要合理地组织生产力，使产、销、研、运等各个环节相互衔接、密切配合，对人、机、物、法、料各种要素合理结合、充分利用，以尽量少的消耗生产出更多满足市场需要的合格产品。经营管理对外需要获取效益和市场影响，对内强调内部资源的整合和秩序的建立。陈春花在《经营的本质》一书中提到，经营管理的目的就是获得顾客的认同和市场的回馈，就是要取得经营成效，取得投入产出的有效性。

在智能工厂中，经营管理各系统将企业的人力、资金、信息、物料、设备、方法、时间等资源进行科学的计划、管理和控制，为企业的采购、生产、库存、销售、财务等业务人员提供集成，支持原材料供应、生产加工、配送环节、流通环节及最终消费者这一完整供应链上的信息流、物流、资金流的有效规划和控制，实现供应、销售、营销和服务业务信息处理自动化、智能化，实现物流、资金流和信息流"三流合一"，实现供销、财务等业务的一体化管理，与生产运行共同构成智能工厂运行的三条主线。

在智能工厂中，企业的生产、经营所有活动将被"数据化"。分析和挖掘数据是智能工厂必须具备的能力，是企业的管理者必须掌握的基本技能。智能工厂将充分利用数据掌控各种内部或外部信息，不断强化数据加工，提取信息用于管理决策，在数据中挖掘价值，充分发挥数据的力量，实现智能辅助决策。

5.4.1　以业务协同为突破口，全面提升企业管理效率

信息化的快速发展虽然有效支撑了企业的各个业务，但各个信息系统仍然相对独立，具体业务之间仍然需要有效协同，需要一个可以实现资源整合的高效的信息平台，将企业的各项业务互联互通，实现工作门户统一化、业务流程规范化、业务办理一体化、业务协作高效

化、信息展示可视化、数据共享便捷化，使企业单位内部人员方便快捷地共享信息、高效地协同工作，从而提升企业管理水平。

业务协同平台主要包括统一门户管理、统一业务办公、统一文档管理、综合事务处理、统一流程管理、统一系统管理、统一报表管理。业务协同平台的功能架构如图 5-51 所示。

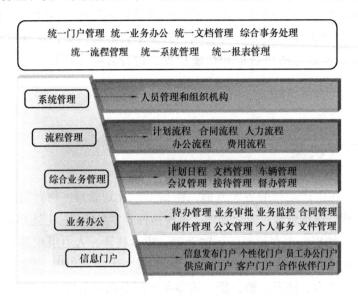

图 5-51　业务协同平台的功能架构

1. 统一门户管理

统一门户管理实现各信息系统的表示层集成，能够将组织管理中的业务活动、管理活动及活动产生的信息在组织、部门、个人之间进行及时高效、有序可控、全程共享的沟通和处理。用户可以经由统一门户访问后端应用系统。它支持包括单点登录、用户管理与授权、个性化服务、多种设备接入等功能。

2. 统一业务办公

业务办公是组织内使用范围最广、频率最高的应用，能够通过统一的业务办公应用实时、直观地了解到组织的运营状况（如生产、营销、财务等数据），同时有效地解决组织内"信息孤岛"问题，实现对现有业务办理的自动化管理。在业务办公过程中，支持公文的处理、收发文、各种审批、请示、汇报等，并且能够在流转过程中保留各级审批人员对文档的处理痕迹、跟踪业务处理过程。

3. 统一文档管理

能够对文档、电子表格、图形和影像扫描文档的存储、分类和检索，方便进行文档的统一管理和综合查询。

4. 综合事务处理

能够对现有的孤立系统进行分析，将系统进行归类集成，通过流程将接待、督办、请销假等业务系统有效整合，实现统一管理，同时将企业内很多孤立的管理制度、规范和流程在业务协同平台集中实现。

5. 统一流程管理

管理流程与业务流程中，除 ERP 实施范围外，还存在大量的辅助流程和管理流程，因此需要将日常工作活动、管理活动、业务活动有机结合，以快速响应用户需求；同时减少不必要的重复工作，将管理流程与业务流程进行有效的整合，实现工作流程自动化和跨系统端到端流程的全面监控和集约化管理，通过对流转过程进行实时监控、跟踪，对业务流程进行持续优化和改进；并基于流程的横向和纵向集成，解决多岗位、多部门之间的协同工作问题，促进系统间的业务协同，实现高效率的协作。

6. 统一系统管理

能够对企业内的组织结构、角色、权限、账号及密码等进行统一管理等，实现一处修改全局生效的作用，从而提升系统管理质量和效率。

7. 统一报表管理

可以对涉及的不同部门、不同需求、不同人员进行统计分析，将统计分析细化到某个人的某个业务方面，方便领导对员工进行查看和分析。

此外，面对智能工厂多业务场景的工作要求，以及当今互联网时代以人为本、以用户体验为中心的系统建设思路，建立以工作角色为核心的深度定制工作台，满足智能工厂"千人千面"的个性化需求。一体化智能工作台功能架构如图 5-52 所示。

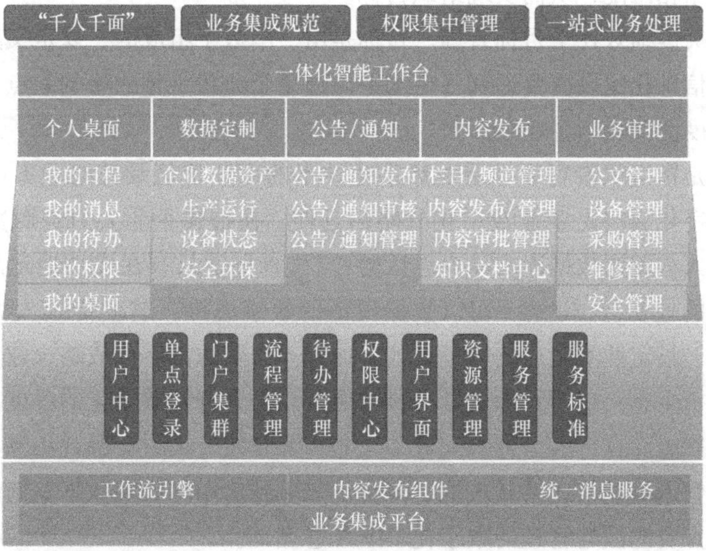

图 5-52　一体化智能工作台的功能架构

传统的应用系统功能比较单一，员工容易使用，随着功能不断扩展，员工对功能的需求也不尽相同，这就要求系统必须具有人性化设计，能够根据不同员工的需要进行功能组合，将合适的功能放在合适的位置给合适的员工访问，实现真正的人本管理。一体化智能工作台依托智能工厂的基础平台能力，与业务系统进行深度的数据集成、业务集成、界面集成，形成个性化定制工作台，从而实现企业所有业务的一站式操作。

5.4.2　以数字化人力战略为支撑，推动人力资源管理升级

新时代，全球商业世界正被数字化加速重塑，企业对大数据的关注将成为竞争力的一部分，数字化战略也将是企业未来战略的重心。可以说，没有数字化的企业就没有未来。数字化战略需要数字化人才，人力资源战略中数字化人才的引进与培养直接决定了企业战略的成败。虽然现在企业信息化被大多数企业家所认可，但真正达到全链条信息化的企业并不多，当人力资源管理无信息化软件支撑时，人力资源管理决策大多是基于经验做出的主观判断，可以计算投入，却难以量化产出，绩效考核指标也多为定性评价指标，数据分析是事后的延迟分析，不能及时指导管理改善。在这种情况下，企业如何从人力资源战略重塑开始，为持续发展创造竞争优势？

1. 从企业数字化战略到人力资源数字化战略

"战略"作为一个战争名词，从引入企业管理起，就成为企业发展的重要引擎。企业战略的关键在于以客户为中心，首先要有好的产品，之后才会有好的客户，并能为客户提供好的服务，从而为企业带来好的利益。能够长期生存的企业其实都是非常简单的，使命与战略没有那么复杂，就是保持创企、建厂的初心，做好产品、卖好价钱、赚得利润，而做也好、卖也好，都需要有人来实现。所以，人力资源是确保企业战略实现的首要资源。人力资源战略必须与组织战略相匹配，从而实现组织目标。

企业战略的关键绩效在于目标管理。目标是由一串数字组成的，要定义这些目标、获得这些数据，企业信息化建设需要达到一定水平。这是企业数字化战略的起点，是第一生产要素，并在一定程度上代表了企业生产力。

数字化战略是指组织最高领导层对数字化技术的商业价值及其对业务影响的评估和判断。人力资源数字化战略是企业数字化战略的延伸，在搭建企业人力资源数字化战略模型时，首先要建立人力资源数据库。马克思认为："一种科学只有在成功地运用数学时，才算达到了真正完善的地步。"树立一切以数据说话的数字思维，改变传统人力资源凭经验决策、凭主观判断、只定性不定量的管理方式，通过人力资源数字化战略，建立企业完整的数据资产管理与分析生态，以便管理者做出科学决策。人力资源数字化的程度决定着人力资源管理的成效。从职能而言，人力资源配置、人力资源开发、人力资源评价和人力资源激励可以构建人力资源管理机制，还要从数据、流程、表单到应用均实现数据互通的一体化管理模式，完成企业人力资源战略管理的数字化 PDCA 总循环。

2. 从人力资源数字化战略到业务数字化战略

兵无常势，水无常形。VUCA 时代（即波动性（Volatility）、不确定性（Uncertainty）、复杂性（Complexity）、模糊性（Ambiguity）的时代），企业人力资源管理该怎么管？从组织变革到业务变革，人力资源部门要完成从职能管理到战略支持的角色转型，重新调整组织结构，快速响应业务需求，重新部署人才队伍，支持业务前线战斗力。基于业务需要，人力资源部门还要从人才地图、AB 角机制盘点业务关键人才，建立企业人才库，特别要建立业务人才链，实现人岗匹配，助力企业业务发展。

业务数字化战略需要信息化技术提供支持，让业务链和信息链产生互联，利用数字技术改变商业模式，为企业创造新的商业价值。业务数字化的前提是流程数字化，把人、物（原材料）、产品、自动化设备及信息系统联通，实现人机协同，建立企业数字业务模型，将人力资源数字化战略与业务数字化战略的信息墙打通，形成人力资源管理对业务人员的关键业绩目标，通过大数据构建可定量、可测评、可考核、可评价、可提升的一体化的业务数字化管理新模式。

数字化时代，面对 VUCA 这个企业难以跳脱的时代格局及市场的不确定性，带来了人力资源管理的深度思考：①拥抱数字化，主动变革，从管理到服务，赋能业务；②敏捷反应，做好人才补位与绩效改进；③洞察现状，开展技能培训，提升组织绩效；④预见未来，构建从人力资源数字化战略到业务数字化战略的全信息平台系统。

3. 从业务数字化战略到数字化人才战略

站在业务的角度来看，从智能制造到智能物流、智能客户服务等，当企业业务端都实现数字化时，业务数字化显得格外重要。业务数字化战略是指筹划和指导企业业务数字化转型的战略。企业内部业务数字化战略的调整，永远跟不上外部市场数字化战略的快速变化。站在人才的角度来看，当业务与智能制造、智能物流、智能客户服务都实现了数字化后，企业数字化组织需要重塑，人力资源管理部门要重点关注数字化人才的引进和培养工作，作为企业数字化人才战略来管理。

企业数字化人才战略的核心是数字化组织文化。数字化人才需要数字化组织来管理，建设数字化组织文化既是对企业文化管理的挑战，又是对人力资源管理的挑战，人才的数字素养决定了数字化人才战略能否赋能业务数字化战略。

数字化人才是指具有数字化思维和能力，取得相关资格证书，拥有相应的专业和行业经验，并能交付特定成果的人。从战略的角度来讲，数字已经成为一种资源，人才也是一种资源，相对于数字化技术能力差的企业，数字化人才则变成了一种稀缺资源。

某机构认为数字化人才具有三大显著特征：文化适应、快速学习和情商。企业需要哪些数字化人才？首先是数字化人才的领导者——首席数字官（Chief Digital Officer，CDO）；其次是企业数字化技术人才。光有首席数字官和数字技术人才是不够的，企业还要成为行业人才的源头与基地，成为行业数字化人才的高地，打造行业人才生态链，确保企业数字化人才库成为企业取之不尽、用之不竭的人才宝藏，并将企业数字化人才优势转化为数字化绩效，变成企业的竞争优势。

数字化已成为企业新的经济增长引擎，对于非数字企业的数字化战略来说，当传统人才发展的速度不能支撑业务战略转型的速度时，重塑人才的数字化能力，包括管理者的数字化运营能力和领导者的数字化领导力，从战略层面承接企业数字化战略落地。

5.4.3　以财务管理数字化为基础，全面提升企业财务管理水平

进入 21 世纪以来，全球科技创新进入了空前活跃的新时代，互联网、大数据、云计算三者的深度融合及协同效应，推动社会生活和市场新常态走入智能时代。数字经济作为智能时代

的核心经济形态，成为我国及全球创新增长的驱动力与新动能。同时，伴随"互联网+"、"智慧城市"、2025 战略等深入推进，制造业、零售业、房地产、金融等传统行业重塑进程加速，实体经济和服务业开始释放数字化红利。要想在红利收割中拥有战略价值和创新优势，"数字化转型"和"信息化引领"是企业在新时代进一步发展的立身之本及制胜战略。而财务管理的数字化转型对于企业而言，是从适应依赖技术到升级数字化思维、信息化发展的过程。这不仅是技术革命，更是一场生态系统的进化、组织文化的变革和企业管理的飞跃，无疑也对管理者提出了更高要求和挑战。

财务管理不仅是企业管理的"地基"，更是企业内部管理的中枢。财务管理是企业管理的一个组成部分，它是根据财经法规制度，按照财务管理的原则，组织企业财务活动、处理财务关系的一项经济管理工作。企业的生产、经营、进、销、调、存每一环节都需要在财务上反映出来，同时管理者也需要通过财务手段对其进行调控，企业的经济核算、财务监督更是企业经济活动的有效制约和检查。

时代变迁，技术革新，财务管理发展也有了较大的变化。在信息化时代，企业的业务流和财务流通过 ERP（Enterprise Resource Planning，企业资源计划）软件被逐步线上化，又通过业务财务的互融互通，实现了随着业务信息生成财务记录的业财联动。在最佳实践里，部分企业还通过组织重构和流程优化实现了更高效的运营和管控。随着数字化、智能化时代的到来，整个技术生态更加丰富和强大，一方面支持着企业通过创新裂变实现新的突破，另一方面也支持着财务进一步挖掘自身价值，实现财务业务的高效、低成本、可视化和业务洞察。财务管理数字化演进路线如图 5-53 所示。

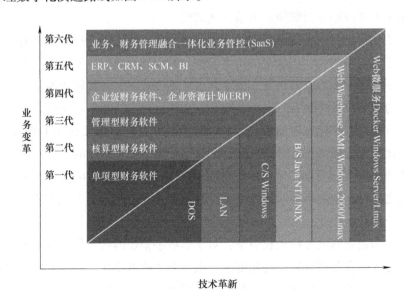

图 5-53　财务管理数字化演进路线

20 世纪 70 年代末期，我国财政部首次在长春第一汽车制造厂以试点的形式开发应用财务软件。80 年代末明确提出财务软件通用化、标准化的理念，同时财政部颁布了我国第一个会计电算化管理办法——《会计核算软件管理的几项规定》。我国财务数字化由此起步发展，并于 1992 年正式步入第二代财务数字化阶段，核算型财务软件正式面世并投入使用。

1996 年，在北京召开了"会计电算化发展研讨会"，意在进一步提高我国"核算型"财务软件水平的基础上，大力发展我国"管理型"财务软件。同年通过了我国软件行业第一个行约《中国软件行业协会财务软件分会行约》。

1998 年，在财务软件分会的指引下，国内财务厂商企业共同定义了中国财务软件数据接口标准。

2000 年前后，我国开始进入企业级财务软件阶段。国内信息化厂商用友、金蝶、浪潮等推出多款财务平台产品。这个阶段的财务软件则是以集团大集中财务核算系统为特征，站在整个集团企业管理的角度上设计的。它以资金流的形式反映企业的管理过程，充分考虑和企业其他职能部门的衔接，是整个企业管理系统中不可分割的一部分。这个阶段的财务软件大多是基于 C/S 三层结构开发，采用 SQL Server、Oracle 等大中型数据库，面向大中型企业和集团企业的应用。

2010 年开始，各大集团企业开始以实施集团财务共享服务平台为牵引，带动并实现三算（清算、结算、核算）合一为主的阶段。这个阶段国内外新兴了非常多的财务共享服务平台，全面推进了财务共享服务平台与业务相融合，财务各大系统之间融合协同，主要有资源规划（预算系统）、信息采集（电子报账、电子影像）、账务处理（核算系统）、资金管理（资金系统、银企直联）、信息归档（电子凭证）等财务系统的协同与融合，从而形成财务管理一体化平台。但随着之后 SaaS 在国内的逐步推广应用，以及各大业务的管理需求，以财务管理为核心、与业务应用相融合的业财一体化管控逐步走进人们的眼帘。

未来的业务发展中，在云平台、大数据、物联网、移动互联、信息集成技术等新兴信息技术的支撑下，通过集团财务、业务、数字化的深度融合，企业将实现财务信息化管理水平综合、全面、系统地提升，财务管控能力大大增强：在财务会计方面，对内实现财务与业务全面集成，对外实现与银行、税务等外部系统地紧密连接；在管理会计方面，通过全面实施全面预算、成本管控及加强成本分析，实现管理会计价值创造最大化；在风险内控方面，将支撑企业制度标准化，流程科学化和精简化，实现管控预警，有效防范风险；在辅助决策支持方面，通过大数据支持建立的经营风险与绩效评价系统将为经营决策层提供经营状况的数据和分析预测，以及风险分析和未来发展趋势，提高综合分析能力及财务综合管理水平。

新时代背景下，我国经济逐渐步入高质量发展阶段，而达到高质量发展必然需要对信息进行更加高质量的采集、存储、分析和共享。企业要积极实施数字化转型，主动作为适应新经济形态，把投身数字经济作为推动经济发展质量变革、效率变革、动力变革的重要驱动力，实现经济效率提升和经济结构优化。

财务数字化转型可明显提升企业经营效率。企业通过财务数字化转型，以数字化转型推动企业内部管理决策机制的升级、降低财务的整体运营成本、加强企业的风险管理的数据支持、对变化的市场提供更加敏捷高效的应对、有效推动企业数字化转型的进程，从而增强企业在全球环境下的整体盈利能力和综合竞争力。那么，企业财务数字化转型主要从哪几方面入手呢？

（1）场景式财务。实现深度业财融合，开发应用场景"分析包"，如销售场景、研发场景、制造场景、销售场景、人力资源场景等。充分发挥财务的业务伙伴角色定位，为业务部门提供前瞻性业务预测，进行实时业务跟踪与差异分析、及时异常预警与预案制订支持等。

（2）定制化财务。财务分析模型化，关键业绩指标自动测算与图形化展现，实现层层下探、步步分解，建立差异反馈与追踪溯源机制。

（3）资源整合财务。通过集团化财务管控，实现集团资源高效整合、共享与最优配置，提升资源投入与产出效益，实现企业集约效应与规模效应最大化。

（4）生态圈财务。与外部专业机构资源如财务、资本、金融、法律、税务、IT、咨询等建立良好的互动机制，强化合作互助的业务关系，从而推动企业的长效发展。

随着财务数字化地深入转型，企业应该更重视两大策略支撑财务模式变革，从而推进财务数字化进程，如图5-54所示。

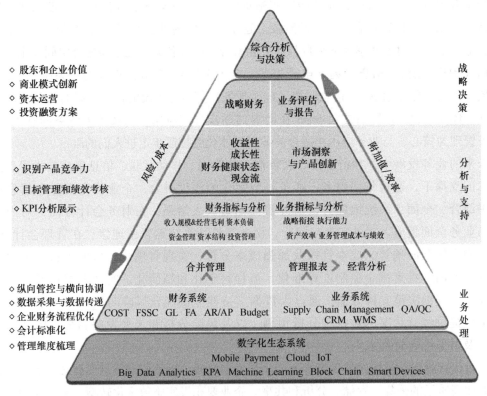

图 5-54　财务数字化转型

1. 连接全流程

数字化的核心是连接，即利用新一代信息技术，实现企业内部各部门的连接、企业与用户的连接、企业与上下游供应商的连接，乃至未来企业与整个社会的连接。具体到财务数字化领域，就是将财务流程与业务流程和管理流程完全连接起来，实现全流程的"互联网化"，并基于互联网打通内外、连接内外，重构财务流程，并使后端财务和前端交易能够在线同步进行。

传统财务模式下，财务流程和交易分离，导致大量冗余的流程环节。以费用管控为例，很多企业为了实现流程管控，设计了诸多控制流程。比如，企业往往需要设置事前预算申请和预算审批流程，以保证预算的正确使用。而当交易发生后，不管是业务人员、审批领导还是财务人员，都必须重复做很多事后工作，导致管理低效且成本高。同时，在传统财务系统中，财务会计按权责发生制的要求确认损益，凭发票入账，业务发生和业务入账分离，财务处理在时间上滞后于业务活动，导致财务会计提供的信息是历史性的，缺乏前瞻性。同时，财务会计依据会计分期假设的要求，定期产出并传递信息。在充分的市场竞争中，财务会计信息传递的时间固定性与决策的及时性产生了巨大的矛盾。这两方面因素叠加，使得传统财务信息滞后，无法满足使用者实时决策的需要。

要想从根本上解决上述问题，企业首先需要打通财务和交易，通过将财务流程、业务流程和管理流程相连接，重构财务流程，消除大量冗余环节；其次要将财务流程、业务流程和管理流程全部互联网化，使业务端所有交易在线上发生，使财务端的所有业务能够基于线上交易实时进行处理，从而实现将事后记账报账转变为业务发生时记账报账，将手工会计处理转变为在线自动实时处理。

2. 打通全数据

数字化的基础是数据。实现财务数字化，就要实现全方位、全过程、全领域的数据实时流动与共享，并实现信息技术与财务管理的真正融合。

从本质上来说，传统财务是准则导向、披露导向的，不是业务导向、管理导向的。ERP系统主要为流程操作服务，带来两个问题：一是财务信息客观但未必真实。财务记账以发票内容为主体，但发票无法反映业务的本质。财务数据与业务实质脱离。这些都导致 ERP 财务信息失真，口径无法满足管理需求。二是财务信息为单一化的货币计量信息，而非企业综合性的全面经济信息。货币计量的信息固然具有一定的综合性，但非货币性信息对管理往往至关重要。财务信息支撑体系存在的这些问题，使得财务信息片面、失真，难以满足业务管理的需求。

同时，传统企业信息化系统由一系列相互独立的专业套装软件系统构成，这些系统彼此独立，形成了烟囱式的架构，造成了大量信息孤岛。大量财务数据和业务数据重复、凌乱地散落于企业的各类信息系统平台中，使数据采集和数据转换成为难题。

因此，企业必须打通数据壁垒，改变基础数据的获取路径，推动数据流动。一方面，要打通业务和财务数据，消除信息孤岛；另一方面，要使管理会计不再仅仅依赖于财务会计提供信息，而能够直接从交易端、从不同的业务系统中自动实时地进行数据收集和处理，丰富数据来源，提升数据质量，开展数据洞察，最终实现让数据赋能业务发展。

在新时代的大背景下，企业想要实现平稳的可持续发展，需要对自身经营模式及财务管理模式进行优化改良，从而使企业适应经济全球化的变化，扩大企业的市场份额；同时利用有效工具，通过数据实时的流动关系来助力企业数字化转型，才能更好地抓住"新基建时代"带来的企业发展机遇。

企业管理者需具备数字化领导力、信息化洞察力，从全局高度制定数字化愿景与价值主张，制定战略决策及推动企业文化变革；数字化运营力和信息化领导力，从业务模式、产品研发、运营重塑、营销升级、客户体验、服务制胜等商业价值链各个环节提升系统运营效率，实现数据与业务的真正融合。

5.4.4　以供应链管理为主线，打通连接企业上下游的各类资源

GB/T 18354—2021《物流术语》将供应链定义为：生产及流通过程中，围绕核心企业的核心产品或服务，由所涉及的原材料供应商、制造商、分销商、零售商直至最终用户等形成的网链结构。根据范围不同，供应链可以分为内部供应链和外部供应链。内部供应链是指企业内部产品生产和流通过程中所涉及的采购部门、生产部门、仓储部门、销售部门等组成的供需网络。外部供应链则是指企业外部的，与企业相关的产品生产和流通过程涉及的原材料供应商、生产厂商、储运商、零售商及最终用户组成的供需网络。

不同类型的企业具有不同特点。化工企业供应链具有其特殊性：①化工产品涉及气态、液态、固态，化学性质和物理性质极易变化，需要由专业人员利用不同的手段与设备来储存和运输不同的产品。②化工产品的包装多种多样，有袋装、罐装，还有槽车装等。③除了公路运输化工产品，还有铁路、汽运、货轮和管道运输等。④化工产品具有易燃易爆、有毒和腐蚀等特点，影响其运输安全的原因有许多种，企业不能仅考虑经济效益，而要把安全因素放在首要位置。

在智能工厂中，供应链管理是一种新的管理方式，其利用移动互联网技术赋能供应链管理，集成整个供应链，充分利用外部资源，实现快速敏捷反应，能够极大地降低库存水平。

1. 供应商协同

在智能工厂中，建立供应链协同系统和供应链协同大数据平台，通过其带来更丰富的信息，有利于消除企业和供应商因信息沟通不畅而造成的误会，实现双方库存与需求信息交互，为建立供应商管理库存（Vendor Managed Inventory，VMI）运作机制创造有利条件。供应商通过共享企业的当前库存和实际耗用数据进行补货；企业也能尽最大可能地了解供应商库存，按照实际的消耗模型、消耗趋势进行预测性补货，降低双方供应链的总成本。

2. 采购与销售

传统采购、销售模式以人工为主，效率非常低下，一方面成本很高，另一方面又很难满足企业的采购、销售需求。部分企业开始使用电子购销系统，但是系统间的数据往往难以兼容和共享，阻碍了企业快速、科学地制定业务决策，导致采购成本始终居高不下。

（1）采购业务。在智能工厂中，企业一方面可以根据消耗模型、供应链模型、库存模型实施采购决策自动化程序，加快采购效率，另一方面将更多业务由线下转为线上。企业将用最新的成本信息来调整库存成本，保证最佳的安全储备，同时提供在线订购、验收信息，在线跟踪催交采购或外委加工的物资，保证货物及时到达。库存消耗、采购计划、采购招

标、合同签订、送货运输等所有环节将实现全程跟踪和智能预警。

　　某工厂采购业务智能化管理，如图 5-55 所示。

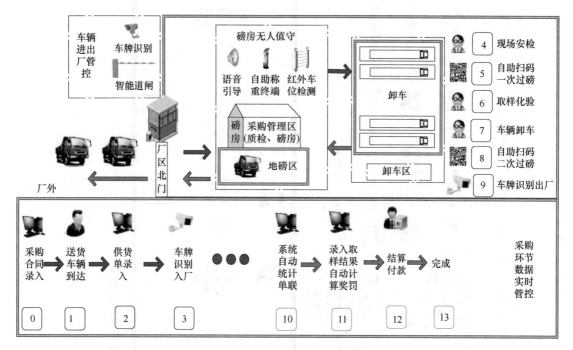

图 5-55　某工厂采购业务智能化管理

　　1）业务流程全部实现线上管控。

　　2）磅房实现无人值守，车辆进出厂系统严格管控。

　　3）采购业务数据（供应商、原料名、车辆、重量）等数据从线上层层流转，数据来源一致，避免各环节重复录入。

　　4）车辆进出厂智能调度，车牌识别留存通行记录，规范车辆秩序，消除安全隐患。

　　5）通过二维码实现称重交易数据自动关联送货单并实时上传。

　　6）系统自动统计采购量，并自动关联化验数据进行奖罚计算，提供结算依据。

　　（2）销售业务。在智能工厂中，企业销售业务将在线上运行。从销售订单数据到提货数据，再到磅房和仓库装车数据，一次录入，共享使用，既避免了重复录入数据，又解决了数据一致性问题；所有环节实现线上审批、可视监控，提高了销售效率；客户实现自助、自动提货，撤弃了线下开票环节，大大提高提货效率，为客户提货提供便利，提升客户体验，为营销业务、内控管理、绩效考评和决策分析提供有效保障。

　　某工厂销售业务智能化管理，如图 5-56 所示。

　　1）业务流程全部实现线上管控。

　　2）磅房实现无人值守，车辆进出厂系统严格管控。

　　3）销售业务数据（客户、产品、车辆、重量）等数据从线上层层流转，数据来源一致，避免各环节重复录入。

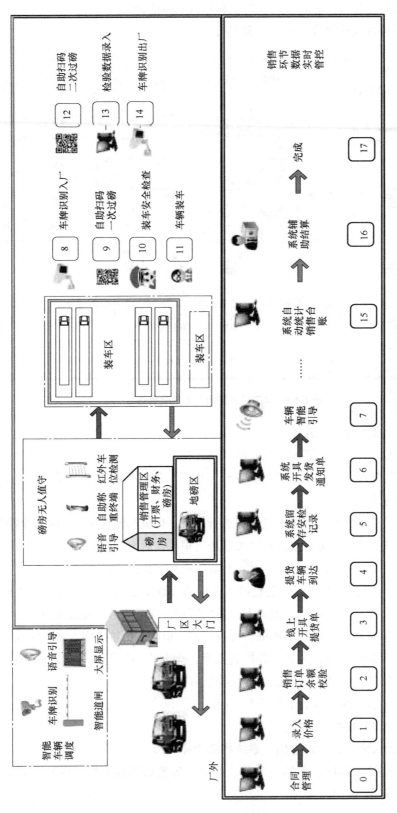

图 5-56 某工厂销售业务智能化管理

4）校验客户余额和库存，销售过程严格管控，数据准确透明。

5）车辆进出厂智能调度，车牌识别留存通行记录，规范车辆秩序，消除安全隐患。

6）车辆罐体资质在系统中留存，资质到期自动提醒。

7）客户可从互联网登录系统提交订单并查看订单执行情况，提高客户提货体验。

8）通过二维码实现称重交易数据自动关联提货单并实时上传，实时核减库存。

9）系统自动统计销售台账，支持结算，大幅提高工作效率。

3. 物流管理

为能够实现即时采购、销售业务，从采购物资订单到物资卸货入库，从销售下单到客户收货核算，从物流车辆进出厂到驾驶员安全教育、质量取样、分析化验，从无人值守磅房称重到装车、卸车，所有环节都可以通过计算机、手机实时查看，不论是对供货商、采购商、货车驾驶员、调度、门岗、化验员、保管员，都能实现全业务信息动态展示、统计、分析，所有供应链实现来源可循、去向可溯、状态安全、全程可控。

4. 仓储管理

在现代供应链改革中，智慧仓储是非常关键的一环，也是当今仓储行业变革的重要方向。在智能工厂中，智慧仓储系统借助新技术实现了效率上的成倍提升，在仓储系统布局设计、库存最优控制、仓储作业操作等方面实现全面数字化、智能化。

对于库房管理，实现出入库、货位、库存优化、数字化管理只是基本要求，对于智能工厂，更多是采用智能化、无人化库房，实现库房物品摆放、搬运、入库、出库自动化、智能化，减少现场搬运工作，降低物供部物资搬运和上下架工作量，提高领料发料效率。

目前比较先进的技术包括立体货架、AGV 和无人化超市。

采用立体货架，在场地较规整、存入物资大小尺寸统一的场景，通过建设牛腿式和横梁式货架，库房管理人员及领料人员在交货区取放料，自动货架控制系统根据指令，按货位或物资自动进行物资转运及物资上下架操作，实现基于领料申请自动备料。

采用 AGV，通过配有激光导航系统的 AGV 代替代传统人工搬运，由车载系统负责工作区域内的路径规划、站点排布及物资上下举升操作，减少库存物资人工筛选工作，实现自动入库、自动出库管理，减低人工成本，减轻人员劳动强度，减少人员在库房的作业活动，提高物资供应环节的工作效率，降低物资上架、下架过程中的安全风险。

采用无人超市库房，领料人员通过人脸识别和身份识别后进入无人值守库房，自行取料下架，取料完毕后，视频识别系统确认核对领取物资，发料出库并进行库存更新。

5.4.5　以企业各类数据为资源，实现数据驱动的业务转型

对于传统行业来说，拥有数据资源将使企业拥有创新的可能性，并降低被淘汰的可能性，更好地适应高速变化的市场环境和用户需求，从而更加具有竞争力。但随着企业数据的不断积累，如何通过数据洞察其背后的本质，而不是盲目地被数据牵着鼻子走，从而形成独立、有批判性的分析思考能力，在大数据时代比任何时候都显得更加重要。因为随着数据的增长，每个人的决策能力不是增强了，而是大大减弱了，但这种能力是随着对数据的认知和

处理能力而变化的。我们不应该把数据当成累赘，而是要让数据成为真正有价值的资源，支撑业务的高质量发展。

在当今企业管理中，数据是对企业实际运行情况最客观的、最清晰的反映，能够帮助企业管理者化繁为简，透过错综复杂、盘根错节的流程看到业务的本质，更好地优化决策。数据驱动，意味着以数据为核心，将企业的数据资产梳理清楚，对之进行集成、共享、挖掘，建立企业的数据处理能力，用数据驱动业务的运营、战略的制定和创新的产生，是数字化转型最核心的工作。在数据的指数级增长、算力提升和人工智能技术不断发展的背景下，数据驱动业务将成为大势所趋。

企业想要获得更多利润，就必须懂得如何挖掘更多数据，并使用数据驱动决策、流程、产品，甚至更多数据，让数据成为商业闭环系统中实现自我优化的原材料。传统企业由于流程和组织的划分，将原本统一的数据割裂，产生了不同的解读，不仅无法提高效率，更难以应对市场变化。某世界顶级能源行业客户，内部管理非常标准化，所有的业务都分解到流程、任务，每一个任务都有专人负责，然后通过各种 KPI 来度量考核。但是，近几年发现随着新能源产业革命带来的冲击，以前的那种方法不起作用了。不管内部如何规范，如何提高效率，都无法提升销量，无法提升企业业绩。企业通过对客户进行数据分析，发现本来相对简单的业务，由于部门割据、角色繁多，一套数据被反复解读、二次加工，产生了不同口径、不同维度的报表，然后这些报表又在不同的场合被作为事实的依据来指导不同的决策。所以，对于一个企业来讲，所有业务的本质和目标只有一个，就是将数据利用好，通过数据驱动业务实现企业的转型升级。

1. 数据驱动业务创新

从数据中发现规律、发现价值，能够产生更多的创新，特别是那些原来人的经验所不能够洞察和理解的。随着行业边界的消失，海量的数据涌入企业，谁都无法掌握全面的信息，任何一个小小的决策都会带来大量信息的关联分析，靠人的经验决策风险巨大，并且随机性太强。举例来说，房地产行业的投资研究是最重要的环节，每天全国有众多的地块在拍卖，买哪一块不买哪一块，用多少成本购买，买回来建造什么类型的产品，这些决策至关重要，决策的对错直接决定项目的成败。而过去这种类型的决定，更多的是靠经验"拍脑袋"决定的。现在，众多的房地产企业都在利用数据来做投资研究，结合行业宏观信息数据、消费数据、历史销量数据等，来建立投研模型。又如，在一个智慧物流的项目中，通过对几千万条货运数据的分析，发现一些地区之间的货物运输是有模式和规律的，而且这些规律在一定的时间内是生效的，这就带来了巨大的商业价值。因为原来的货运定价是相对固定的、静态的，而当企业洞察了这样的规律后，就可以动态定价，针对不同的地区、不同的路线、不同的货物差异化定价，从而提高企业效益。所以，企业需要拥有一个全面、开放、方便、快捷探索数据价值的体系，从数据中产生洞察、驱动创新，利用数据可视化、建模、算法来发现经验不能触达的部分。

2. 数据驱动流程优化

数据能够帮助企业优化原来的业务流程和系统。对于传统企业来说，通过信息化建设将流程固化的过程是漫长的，这个过程中有太多的噪声和干扰，利益的博弈、人员的重组、风险的考量等。所以，呈现到用户面前的业务系统的流程，是附加了太多的组织、人员、利益、风险因素的综合体，往往复杂而不能被清晰地理解。而所有的流程都会沉淀成数据，数据是业务最本质的反映。不论业务流程多么复杂，物理世界的本质是清晰的，数据之间的关联是清晰的，那么从数据出发就可以穿透流程的迷雾，快速到达业务的本质。如在很多的企业中，本来一个很清晰的业务，由于业务流程、组织结构、运营分块的原因，被打上了众多内部管理的标签。虽然这些标签名义上都是为了方便内部管理，但是对最终用户不产生任何价值。通过梳理企业的核心数据资产，发现那些不产生价值的过程数据、管理数据，以这些数据为源头和出发点去优化业务流程，才会真正带来企业内部效率的提升。

　　企业业务流程管理（Business Process Management，BPM）已经成为企业得以敏捷、高效运行的重要支撑技术和基础。国内许多大型企业都已经建设了 BPM 系统，且积累了大量的数据。从 BPM 的大数据中深挖企业管理知识，进而驱动企业 BPM 优化高效运行，实现用数据驱动企业 BPM 已成为可能。通过对 BPM 进行大数据分析，至少可以从以下两个方面让流程变得更有效率：一方面是优化流程本身；另一方面是希望找出某些数据处理的共性，如依据 BPM 历史数据，给出某些数据在某些环节的处理的建议，使流程流转更有效率。流转过程如图 5-57 所示。

图 5-57　流转过程

　　1）数据获取：从 BPM 数据库中获取全部历史数据和正在处理的流程数据。

　　2）数据分析：将获取的数据分别进行纵向和横向整理分析。应用大数据分析方法，找出 BPM 数据内在的关联关系。若该关联关系具有普遍性，则可作为分析结果，存储到知识库，以此为依据指导数据流程处理。

　　3）结果确认：对分析得到的结果进行确认。确认方式有两种：一种是专家确认，由精通业务的专业人员对计算机分析的结果进行确认；另一种是由计算机通过比对分析知识库已有知识，识别结果正确与否。若认为结果不正确或不合理，则将结果舍弃，并记录在知识库，以后再分析出类似结果将自动屏蔽；若认为分析结果正确，也记录在知识库，调整并优化流程。

　　4）结果应用：应用知识库中存储的正确结果指导优化流程，对正在处理的业务数据给出合理的处理意见。

　　如某企业的计划审批流程，计划员提交计划后，依据其提交的计划内容和计划流程进行模式匹配。若近似搜索成功，即模式匹配成功，则可给出该项计划当前是否合格，是否有不妥之处，可根据相似计划在历史上的驳回意见给出合理建议；同时，可预测出后续审批流程中关键环节的审批意见，或者可以由类似计划的执行情况预测出当前计划的执行效果。这样，就可以在计划员起草计划时给出较为合理的意见和可预测的前景，使计划员在起草计划时做出有针对性的调整，更加有助于提高后续流程环节的处理效率。

3. 数据驱动业务决策

传统企业决策程序主要依靠高管的思维与经验进行，一般都要经过长时间的资料搜集、调查研究、分析论证、方案选择与评估等程序。但是，现代市场的激烈竞争客观上要求企业能先他人动而动，迅速决策，实施战略部署与推进，争抢市场战略制高点，最终在市场竞争中占有重要的 席之地。相对而言，在大数据时代，企业不仅要制定科学战略决策，更要求决策程序高度简化易行。通过对数据的挖掘、分类、整合、分析，找出对决策有价值的信息，并快速做出决策方案，既是一种技术较量，也是一场组织变革。

智能工厂数据驱动业务决策可分为两大建设阶段，即业务数据化和业务智能化。其中，收集、监测和洞察是业务数据化阶段，决策和重塑是业务智能化阶段。按照循序渐进的思路，数据驱动业务决策应先实现数据的收集、监测和洞察，再逐步实现部分业务的自动决策和重塑。业务数据化阶段，数据是信息采集和业务流程的副产物。业务人员基于行业经验和流程建立业务系统，数据主要用于监测业务进展和洞察规律，最终决策由企业管理人员制定。业务智能化阶段，即由机器形成数据报表或者数据报告，业务人员进行决策，变为机器直接给出决策建议，让机器具备推理能力，由业务决策进入业务重塑阶段。大多数执行环节将由机器来实现，但仍有众多环节需要人参与其中。

数据驱动可以帮助在产品改进、运营优化、营销分析和商业策略等方面做出决策。如在电商领域，企业有了数据，就能判断哪些渠道转化的效果更好，哪些功能样式更加受用户欢迎，哪些类型的用户群体更喜欢企业产品等。这也就是人们常说的商业智能（Business Intelligence，BI），通过数据来支持决策。又如在炼焦行业中，配煤是影响焦炭成本的关键环节，降低配煤成本将直接降低焦炭成本，为企业带来经济效益。传统配煤以胶质层重叠为理论基础，主要根据人工经验来确定配煤比。一方面，需要高度依赖专业配煤师，而培养一个专业配煤师，无论是时间成本还是经济成本都不低；另一方面，随着炼焦配煤技术发展，每一个煤种由传统的 A、S、V、G、Y 五大参数，骤然增加至 30 多个参数，这也使人工经验不适应当下精细化配煤的技术要求。建立以数据驱动的智能配煤系统，能够将运营数据、焦炭数据、原料煤数据、设备运行数据进行整合，结合云平台先进的训练架构及强大的算力，对已有历史数据进行预处理，并利用人工智能算法构建焦炭质量预测模型和配煤比例优化模型。模型部署后，企业可以基于当前实际的原料煤质量及对应的配比预测焦炉生产后的焦炭质量，也可以基于现有的原料煤质量输出当前生产条件下的最优配比，从而有效地降低焦炭生产成本，提高产品质量，提升企业在市场上的竞争力。

4. 数据驱动产品智能

数据驱动产品智能简单来说，就是企业有了一定的数据基础，然后在上面套一个算法模型，再将得到的数据结果反馈到产品中。这样，产品本身就具有了学习能力，可以不断迭代。比如个性化推荐，通过采集许多用户行为数据，在这个基础上训练用户兴趣模型，然后给用户推荐信息，再将用户的使用数据反馈到模型中。智能输入法、精准广告就是类似的模式。

如在影视行业，创造爆款内容是出版发行方的普遍追求。那么，如何能够在爆款显露端倪的时候，就注入合适的资源、流量，从而使其快速发酵，就成为打造爆款的关键。不像传统的收视率调查方式，Netflix 利用数据驱动的方式，通过对基本资讯、浏览行为、观看行为、喜好追踪、装置使用等数据的综合分析，构建模型来实时捕捉和跟踪预测爆款剧集，从而第一时间匹配对应的推广和营销策略。同时，Netfflix 搜集了用户所有的"事件"数据，然后将这些数据都打上标签，从而了解什么类型、什么区域、什么年龄段的用户对什么样的内容比较感兴趣，再根据这些数据分析的结果来选择，制作和推广影视内容。

5. 如何实现数据驱动业务

在数据爆炸的时代，拥有大量数据并不等于企业有能力使用数据。数据驱动业务要坚持价值创造和数据驱动相结合，聚焦企业持续发展的价值效益，要把数据作为提升价值链的新生产要素，着力深化数据资源开发运用，建立数据标准规范，构建数据资产管理体系，在数据资产中发现新的业务价值点，创新产品和服务，从而实现数据驱动式的数字化转型。

（1）业务量化。在如今高度发达的互联网社会，人们可以从各种媒体、咨询机构得到大量与企业相关的分析报告，这些报告主要是从宏观角度分析行业的现状和发展形势。企业领导层常被这些信息困扰，因为这些报告看似很客观，让领导者对企业的发展有了深入的了解，但慢慢就会发现这其中没有具体的战略、战术的指导，反而越看越迷茫。研究这些没有量化的信息，往往不能让企业领导者对企业实际有深入的洞察，反而在花费了大量时间后，发现自己还在原地踏步。因此，需要对企业的各类业务进行量化，然后基于量化的数据，通过大数据应用系统，实现对数据的挖掘、分类、整合、分析，从而找出对业务有价值的信息，并快速做出决策。

一切业务皆可量化，表面上看似不存在的数据，其实也是有迹可循的；业务量化的过程，就是一个从无到有的过程，很多重要的东西就那么"无中生有"了。量化是对被量化事物的一种映射。如果 X 是我们关心的事情，为了量化 X，首先要定义什么是 X。例如，你想量化"开心"，但究竟什么是"开心"？需要不断用问题去澄清 X。其次，要采用合适的方法量化 X。如果我们认为"开心"的表现是笑，那么可以通过面部情感识别的技术去量化笑，现在已经有较为成熟的软件。最后，通过对 X 的量化，要增加我们对 X 的了解。我们需要找到量化后的"开心"指数，并在实际应用中确认其价值。

（2）数据连接。大数据能力的根源是连接，而连接的基础是数据的流通和标准化。大数据要成为企业核心资产的前提是，数据必须具有足够的流通性。所以，数据流通必须建立在互惠互利的条件下，数据交换必须基于统一的标准体系，要确保从数据拥有方一直到数据最终使用方的中间过程有非常好的利益关系，数据流通或共享的价值链才会成立，否则就无法做到对数据的高效获取、有效连接、规范使用和充分共享。此外，从数据的连接到应用，企业中的所以部分都要通力配合，因为没有人能单枪匹马地完成整张数据地图。

（3）数据打通。企业要实现数据打通，需要有一个非常清晰的、自上而下的数据资源战略，也需要具备良好的、自下而上的协同能力，这两者相辅相成。任何数据管理体系的形成都必须经历两个过程，即开放与规范，两者为递进关系。只有基于数据打通，才能保证企业拥有高质量的可用数据，为各类数据服务、数据产品奠定良好的基础。企业要在良好的数据管理体系基础上，建立强大的数据分析平台，让业务需求提出者能够自助式（Self-Service）地完成数据分析需求，让收集数据、分类数据、整合数据、分析数据成为业务人员日常工作的一部分，让数据管理成为所有成员的共识，全面提高企业数据分析管理能力。

（4）数据应用。没有场景做目标的数据应用如同一盘散沙，数据的价值必须来自场景；企业要找到能足够积累数据的场景，再匹配合适的模型、算法，快速迭代生成数据产品，利用自动化、智能化的数据产品嵌入场景中实现业务价值，然后利用生生不息的数据反馈对业务进行优化，从而形成闭环系统。

（5）数据思维。大数据时代的到来对人类社会的各个层面，特别是人们的决策思维带来巨大的影响。①看待大数据要用历史的眼光。相对于农业社会和工业社会，信息时代的生产要素与发展驱动力明显不同，大数据、云计算的应用将对社会发展产生前所未有革命性的颠覆性影响，在推动社会进步的同时，对人的思维也将产生颠覆性影响，应积极转变。②积极适应大数据时代，树立数据思维。大数据不仅仅是先进信息技术的外在表现，更是对企业决策者世界观、方法论的改造。在新形势下，如若不及时转变决策思维则会被时代所淘汰，要学会紧跟时代步伐，学会收集、分析、处理数据，挖掘数据潜在大价值，全方位、高效地实施决策。

（6）数据人才。数据驱动业务的关键是对数据处理，而数据处理涉及采集、传输、存储、建模、处理、聚合、分析、展现等多个过程，需要多种专业技术人才的支撑，智能工厂应建立数据人才引进、培养、使用机制，建立数据人才成长通道，提供人才激励机制，为推进数字化转型提供技术支撑。

（7）数据生态。智能工厂未来的发展趋势必然是基于数据的生产、管理、运维服务和决策开展，不断地产生数据、分享数据、管理数据、决策服务，企业必须将自身融入整个产业链环节中，通过与上下游企业、合作伙伴进行数据交换与共享，不断赋能产业生态体系的完善和发展，推动数据的高度融合。

在不远的将来，数据的应用会如同电力一样，成为企业运营的必需品，渗透到企业的每一个业务环节，数据资源的供应也将如同电力一样不可或缺，为企业提供源源不断的优化能力。数据已经成为企业实现更大商业价值的最强驱动力。

5.4.6　以项目进度管理为切入点，规范项目全过程管理

工程项目的管理团队是以业主为核心，与总承包方、设计方、监理方、承包商、供货商相互约束又相互协作的组织。而工程项目建设管理涉及设计、进度、投资、采购、施工、质量、安全等全方位、全过程的整体协调和综合搭配，各项工作关联度非常高，需要缜密的管控体系和有效的管理手段。因此，有必要采用完善的管理体系和高效的管理手段进行项目管理。项目管理信息系统的建设，能够有效地加强各方的沟通、协调，让所有人在一个平台上、按照统一的规则流程开展相关业务。这些规则流程融入了国内外先进的工程建设管理理论，通过信息系统实现项目管理思想的落地。项目管理功能架构如图 5-58 所示。

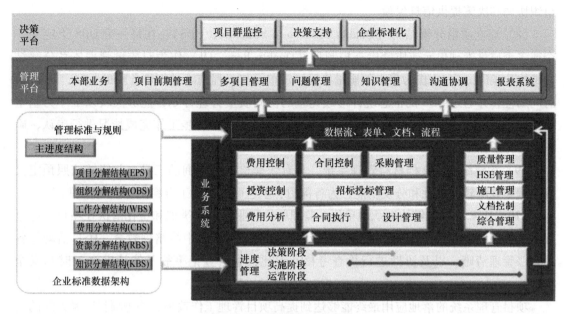

图 5-58　项目管理功能架构

（1）项目管理信息系统以项目管理知识体系为主导思想，以计划为龙头，以合同为中心，通过进度控制、投资控制、质量控制、HSE 控制，以及合同管理、采购管理、信息管理、沟通管理满足业务层面的需求，同时以流程控制促进标准化和规范化落地，从而全面推动项目管理水平的提升。

（2）以进度计划为龙头运筹协同，通过主进度计划、各种专项辅助计划，以及计划与具体业务管理过程的关联，使得所有的业务都在主进度计划主导下协同行进。

（3）以项目的工作分解结构（Work Breakdown Structure，WBS）为导向，把与工作相关的资源（人、材、机）、支付项（也可以是工程量清单项）、费用、质量、安全、环境、健康、图样、文件全部集成到一起，实现集成管理。

（4）以合同管理为主线，以费用/成本控制为核心，将从决策、设计、采购、施工到竣工投产整个过程发生的建安、设备、材料等所有费用集中管理，并提供按照标段、合同、费用科目、WBS 的多种对比分析和控制手段，力求把费用的发生规模控制在批准的投资限额以内，实现对费用管理的事先计划、事中控制和事后分析。

（5）以流程管理为纽带，使得企业各部门、承包方、设计方、监理方等单位能够在一个平台上协同工作，完成从设计、采购、施工、开车、竣工移交的项目全过程标准化、规范化管理。

（6）以知识管理为支撑，通过日常应用提炼出符合企业自身特色的项目管理模式与做法（如编码、文档模板、业务管理表单、过程），做到知识、技能和方法的沉淀与复用，帮助员工缩短学习时间，快速适应工作。

（7）对项目各阶段的信息进行收集、整理、汇总与加工，从多个视角对数据进行分析与挖掘，形成具有高度概要性、宏观性和预见性的工程进展综合报告，为多个管理层次进行组织协调和决策提供信息保障。

（8）建立质量分解结构（Quality Breakdown Structure，QBS），在每一个 QBS 下定义一个或多个质量管理单元或质量检查控制项（Quality Item，QI）作为对质量管理体系分解结构结构化编码。将 QI 作为最小的质量检验评定单元与工程施工计划作业项的关联，赋予 QI 时间属性，并通过 QBS 的汇总统计形成完整的协同质量管理计划，能够反映以工序为基本单元，包括材料、设备等的检验情况，对项目 WBS 中的每一步工作完成情况进行确认，确保项目保质保量完成。

（9）构建统一的文档材料管理系统，具有快捷检索、查询的工具，并能够按照预定义的流程实现流转、审批和分发功能，为各部门、承包商提供竣工资料的归档和整理。

（10）HSE 管理能够协助承包单位、监理单位和业主事前辨识和量化潜伏在项目实施过程中的各种危险源点，并事前制订控制措施及控制预案；事中将培训教育、HSE 活动等各项台账管理清晰，以及协助进行检查考核及评比；事后登记事故及统计安全工时和安全天数。

项目管理系统的落地应用最终能够达到提高项目管理工作效率、增进项目干系人间的沟通、保障企业的项目管理业务有序开展、促进企业的知识积累与利用的目的，有助于提高项目建设的工作效率，促进管理规范化、透明化和痕迹化。在项目规范管理方面，解决了项目管理团队建队时间短、成员来源广泛、知识结构多样、背景复杂等可能造成的人员素质参差不齐、管理职责意识不到位、管理流程不健全、管理体系不完善等问题，提高了人员执行规范和规定的意识，在短时间内提高了管理团队的凝聚力和管理能力；在计划进度管理方面，提高了整体计划统筹能力和界面协调能力，解决了工程建设前期准备不足、设计准备不足、采购准备不足、施工准备不足等造成的很多管理盲区和时间延误，尽可能避免疲于应对各种突发事项；在项目投资管控方面，协助项目管理团队做好从设计阶段、招标阶段、实施阶段直到竣工验收建设过程全周期的费用控制，能够按工程内容分解的各项投资进行控制，即对单项工程、单位工程乃至分部分项工程的投资进行控制，并按总投资构成内容分解的各项投资对比控制。

5.4.7 利用数字化仿真模拟手段，助力企业培训管理效率提升

新建现代化工厂的自动化程度高、装置设备先进，其各类操作人员，尤其是一线工艺操作人员缺乏经验，大规模引进有操作经验的员工几乎不可能。基于计算机的操作员培训仿真（OTS）系统，在现代化工企业中已成为装置开车投产前最为有效的人才培养平台与途径，成为化工产业人才快速培训的助推器。装置开车后，工艺技术人员利用 OTS 模拟生产过程中实际发生的问题，分析问题原因，优化操作流程，助力生产稳定、高效运行。目前企业除了应用 OTS 系统进行工艺仿真培训外，企业还利用锅炉、汽机、电气运行仿真培训系统、安全仿真培训系统、事故应急演练实训系统、变电运行仿真培训等信息化手段进行内部培训，提升企业培训管理效果。数字化仿真培训系统是以计算机为手段，集成了化学工程、自动控制工程、计算机技术、网络通信技术、软件工程、三维建模和系统工程学等学科技术的

高科技产品。利用数字化技术进行工艺仿真培训，不仅技术上可行，能够减少试车投产风险，提高日常检修和安全应急管理效率，而且会为工厂大量减少外出技术培训费用，带来可观的效益。

1. OTS

OTS 系统由 DCS 操作员站、DCS 工程师站、控制器模拟站、教师站、现场操作员站/ESD 模拟站、模型服务器组成，如图 5-59 所示。其主要用途和功能包括对新入职操作员进行开车、停车、操作异常、设备故障、紧急状况、正常操作、修改方案等状况的操作培训，保证和真实的 DCS、PKS 操作-流程图画面、趋势、报警、操作员响应与现场完全一致。装置开车后，根据实际工厂数据调整、验证 OTS 模型并重新设置、检验开车/停车、正常操作、生产方案切换及紧急工况处理预案，并就此实施对员工的培训、考核。能够对学员的档案进行管理，对操作过程进行评价、考核，自动评分，也可举行学员职业技能等级鉴定、技术比武等。培训教师可根据学员的水平和要求，因人而异、因材施教，开展实施线上网络培训与线下课堂培训相结合的混合式培训。采取必要的安全策略，并充分考虑系统的独立性和安全性。同时，对关键设备进行冗余配置，确保整个系统的稳定性。OTS 系统可作为公用工具，供操作员、工艺工程师、控制工程师进行报警管理和对工艺、控制等方面的研究。工程师可基于稳态流程模拟软件，建立基于严格热力学和真实设备参数，能够表现装置动态特性的工艺动态模型。

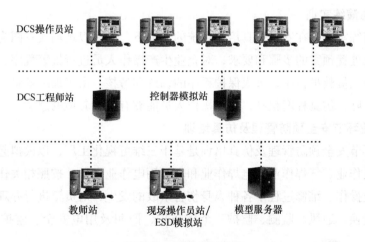

图 5-59 OTS 系统架构

锅炉、汽机、电气运行仿真培训系统完全模拟现场监控操作 DCS 画面，针对发电厂炉、机、电三大专业进行仿真，可以实现机组各种运行工况的仿真，包括冷态/热态启动、正常停机、滑参数停机、紧急停机、机组所允许的不同负荷下的稳定运行及相应的运行操作、变工况运行、故障运行工况等，并能实现用户所要求的各种运行故障、事故处理，显示学员的正确操作或误操作。控制室盘/台上的所有指示、报警、操作及 CRT 显示器上的显示等均属仿真范围，可直观了解参比机组的各种现象和特征，能真实体现各设备和系统间的相互作用。当故障发生时，数学模型能完好地反映实际机组特性。所建模型呈现各主要辅机启停和主要调节阀门或挡板的特性，以及调节整个机组运行，使学员准确掌握所仿机组控制系统的控制逻辑、辅机顺控逻辑、各种联锁保护逻辑关系和调节方案。

OTS 系统建设过程中，一是要合理安排进度计划。目前新建化工项目建设周期为 26~30 个月，新厂建设要在装置投产开车前 6 个月就完成 OTS 建设，以便安排学员的培训工作。一般来讲，DCS 安装验收后，需要与 OTS 系统连接，因此要给企业带来真正意义上的 OTS 系统培训效果，就必须做好 OTS 系统与其他工程的衔接。二是需要不断优化、完善系统。工厂实际投产 3~5 年后，往往需要结合过程状态和特性，调整实际的过程控制系统。因为 OTS 系统与实际投产后的控制系统会存在不一致情况，甚至运转状态都有差异，若仍用原来的 OTS 系统进行操作工培训，就会失去身临其境的培训体验。因此，需要根据实际的开工情况，不断完善系统建设，直至系统完全符合实际工况。

2. 安全仿真培训

安全仿真培训是指通过建立三维数字模型建，形成与实际建筑及装置设备高度一致的数字化模型厂区，再通过人机交互式的培训模式，使生产管理人员、运行人员、应急救援人员能够可视化地参与到安全生产培训和应急演练过程当中，并能够模拟各级人员进行相关应急联动。应急演练可以使各级救援人员熟悉救援过程和应急预案的相应流程，增强指挥人员与救援人员的默契程度，提高一线运行人员的安全操作意识及对紧急事件的应急反应速度，提高应急人员的统一指挥、协同作战能力。

3. 事故应急演练实训

事故应急演练实训是在安全仿真培训系统的支撑下，地面以现场实景图为跑位基础，投影显示现场应急处置预案的步骤和要求，对企业生产操作人员进行报警程序、现场工艺处置程序、中毒受伤人员救护程序、灭火保护程序的训练和考核。由于训练场景、训练过程完全取自生产现场实际，仿真程度很高，生产操作人员能够有身临其境的感觉。

4. 直接作业环节安全预防管理及仿真培训

直接作业环节安全预防管理及仿真培训是基于三维可视化工厂，以模拟起重作业、受限空间作业、高处作业、气焊作业、电焊作业和临时用电作业设备，按照相关作业安全管理规定要求，为防止操作、维修过程中各种人身伤害事故的发生，对员工进行办理作业票、安全隔绝、清洗、置换、通风、监测、监护、个体防护、照明及用电安全、监护等项目的安全培训。

5. 变电运行仿真培训

变电运行仿真培训系统可对 110kV、35kV、10kV 变电站和 0.4kV 高低压变电站（所）进行详细仿真，以联络线、变电站、保护装置和自动装置等为仿真对象，实现与电力系统和变电站仿真的结合。变电运行仿真培训以变电站运行学员为主，通过对一次设备、二次设备及关联电网的描述，模拟了变电站的工作环境。学员可以针对自己的工作内容，对虚拟站内的设备进行各种操作、观察。通过仿真培训，学员可以熟练掌握变电站如何进行巡视和操作，从而提高正确判断、排除各种异常和故障的能力，缩短熟悉电气设备和理解规程的周期，达到快速提高学员综合操作、控制和反事故能力的目的。

6. VR 安全培训

VR 安全培训通过高仿真现实景,多维度还原现场及伤害发生过程,让体验者从视觉、听觉、触觉深刻体验各类伤害给人的冲击感,对工人产生持久震慑力。结合行业特点,能够给员工提供现场巡查、业务操作、高处坠落、物体打击、触电、坍塌、机械伤害等 VR 体验。一方面,能够强化对人的安全意识培养。企业通过 VR 体验式安全教育培训将 VR 技术引入三级安全教育、班前会或三讲一落实中,使员工在虚拟环境下对自己不安全行为导致的事故灾难有真实体验,感受切肤之痛,从而杜绝侥幸思想。另一方面,加强安全技能培训。在化工生产现场由于仍存在许多手动任务,如现场部分设备的启动和关闭、装载和卸载等,所以在新员工上岗前必须进行系统培训。以前传统的学习方法是新员工与一个经验丰富的现场操作员一起学习,直到新员工每次都能把所有的步骤做好。但是,在真正的实践中独自尝试是不可能的。而且,大多数工厂在下次停车前往往会运行很长时间,新员工往往没有机会获得启动等关键程序的实践机会。在操作过程中,新员工可以在虚拟环境中启动和停止泵和其他电机或发动机,打开和关闭阀门等。虚拟现实系统也可以与 DCS 结合使用,实现动态过程模拟。当员工进行诸如关闭阀门或停止泵之类的更改时,仪表针或变送器液晶显示器(LCD)上指示的压力会下降,并且流量会减慢,就像在现实中一样。在练习模式下,员工可以看到任务要采取的步骤列表。步骤列表包括简单地将一个特定的设备定位在你需要读取或检查的地方、运行一个泵、将一个阀门设置在一个特定的位置等,这可用于评估技能,证明资质可以执行此任务。

VR 系统可以与 OTS 系统集成,这样现场操作员和控制室操作员就可以像在真实工厂中一样,在某些任务上一起完成工作。通过使用 VR 系统补充现场学习,现场操作员可以在室内教室环境中安全地练习和学习手动任务,能够更快地熟悉现场环境、更快地完成学习培训、更好地完成现场工作任务,从而提高安全素质,降低培训成本。此外,由于现场培训的一部分被 VR 模拟取代,培训可以在工厂设计完成后开始,也可以在调试之前开始,帮助新员工更快地胜任现场工作的要求。

5.5　绿色节能 IT 基础设施

传统意义的工厂基础设施是从工程项目的角度进行理解与论述的,可以分为电信基础设施和 IT 基础设施两个部分。其中,电信基础设施主要包括智能工业电视监控系统、融合通信系统及智能火灾报警系统三个部分;IT 基础设施主要包括网络系统、智能机房、云数据中心、安全态势感知系统及运维监控服务平台五个部分。本书将重新定义智能工厂基础设施,打破传统意义上各基础设施的设计理念,突破边界,整合电信基础设施与 IT 基础设施为一体,打造一个软件定义基础设施的新局面、新支撑体系。

智能工厂基础设施建设应按照"总体规划、分步实施、保障基础、着眼未来"的思路开展,其新型基础设施总体架构如图 5-60 所示。

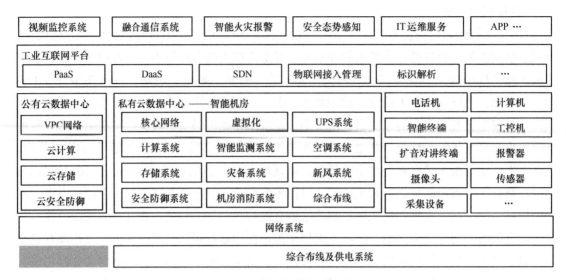

图 5-60　基础设施总体架构

5.5.1　网络系统

看到"网络系统"这个词的时候，浮现在人们脑海中的可能是网线、光纤、无线路由器、交换机等经常可见、可感触的设备设施。实则不然，作为一个企业、一个智能工厂，其网络系统则是一个信息点较为密集的网络系统，它所连接的信息点为在整个企业内办公的各部门提供了一个快速、方便的信息交流平台。接下来要了解的是新一代企业/工厂网络系统：这样的网络不再是一个个独立的网络单元构建的网络体系，不再有办公网、安防监控网、语音调度网等概念存在，它将所有网络单元融为一体，形成一个综合性的网络架构。

当下，行业内对新一代网络系统的定义也是各有不同、众说纷纭。本书引用工业和信息化部印发的《"双千兆"网络协同发展行动计划（2021—2023 年）》中"聚焦制造业数字化转型，开展面向不同应用场景和生产流程的'双千兆'协同创新，加快形成'双千兆'优势互补的应用模式"的要求和观点，重新定义新一代智能工厂网络系统。新一代智能工厂网络系统是一个以 5G 与千兆光网为基础，融合 SDN、TSN、Wi-Fi 6、IPv6+等新技术，打通工业领域信息数据流动的"大动脉"。其中，SDN 是网络实现人工智能管控的基础；5G 解决远程操作问题；TSN 解决高精度同步问题；千兆光网解决行业全场景布局 5G 所带来的投入改造成本过高问题。如此结合形成的工厂网络系统可以更好地应对工业领域超低时延与可靠性、大带宽、大规模等多样化应用场景。

到底什么是新一代智能工厂网络系统呢？它由哪些部分组成，架构设计是什么样的呢？新一代智能工厂网络参考架构如图 5-61 所示。

1. 软件定义网络

SDN 的全称是 Software Defined Network，即软件定义网络，2006 年诞生于美国 GENI 项

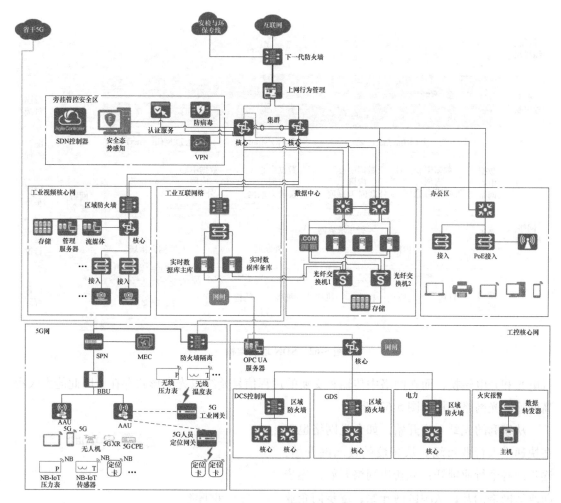

图 5-61　新一代智能工厂网络参考架构

目资助的斯坦福大学 Clean Slate 课题。其目的是重新设计互联网，改变已略显不合时宜且难以进化发展的现有网络基础架构，是网络虚拟化的一种实现方式。2012 年，SDN 作为国家"863"计划项目"未来网络体系结构和创新环境"获得科技部批准。

SDN 的核心技术为 OpenFlow，即通过将网络设备的控制面与数据面分离开来，从而实现对网络流量的灵活控制。SDN 的核心诉求就是通过自动化业务部署简化网络运维。满足这种需求同时不分离控制与转发，是一件比较难以做到的事情。也就是说，控制与转发分离只是为了满足 SDN 的核心诉求的一种手段，某些场景中也有其他手段可以满足，如管理与控制分离。同时，在 SDN 的设计理念中，不能为了业务需要而一味增加网络的复杂度，还需要对网络进行抽象化处理，以屏蔽底层复杂度，只为上层提供简单的、高效的配置与管理。其目的在于实现网络流量的灵活控制，使网络作为管道变得更加智能，为核心网络及应用的创新提供良好的平台。SDN 功能架构如图 5-62 所示。

2. 光网络

所谓光网络，是指网络传输和交换过程全部通过光纤实现，信号只是在进出网络时才进

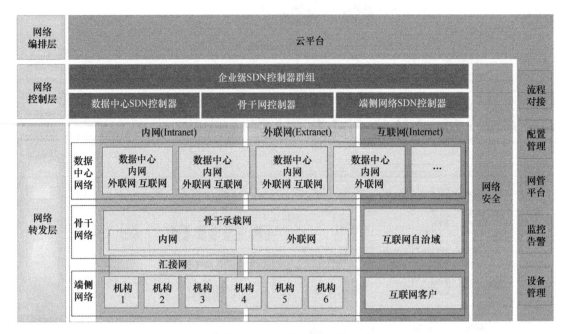

图 5-62　SDN 功能架构

行电光和光电转换，而在网络中传输和交换的过程信号始终以光的形式存在，因此能大大提高网速。光网络架构如图 5-63 所示。

从家庭的光纤入户开始，如今光网络也正在快速进入行业市场。从高校的校园网开始，逐步向各个行业铺开；从新建网络开始，逐步向改造网络铺开；从园区网开始，逐步向企业网铺开。

面对这样的情况，是什么原因驱动着光网络的快速铺开？这样的速度好比是一夜初醒的感觉：到底该不该用光网络、该不该升级到光网络？该选择什么样的光网络？该如何为不同场景选择不同的光网络方案呢？

图 5-63　光网络架构

从这些问题入手，对光网络在不同行业应用场景的解决方案加以解读。

简单来说，就是需求升级了，整个社会、行业、企业的数字化步伐加快导致的。在我国市场上，新技术、新应用的普及往往是个人用户更快一些，企业用户随后跟上。

我国的家庭光纤入户早在多年前就开始了，其原始驱动力就是各种新应用对高带宽的需求，尤其是随着视频应用在移动端的普及，以及家庭联网设备数量的成倍增长，都需要提升家庭的联网能力。

企业客户的需求也比较类似。随着企业数字化转型进程的深入，越来越多的业务跑在线上，甚至跑到云上，这就要求企业的网络接入有更高的速度、更好的质量，光网络无疑是一个很好的选择。而部署简单、管理便捷的优点，使得光网络更受欢迎。新冠肺炎疫情的爆发在很大程度上加速了这一进程。以高校为例，线上授课、远程教学等应用的增加，提出了校园网的改造需求，升级到光纤网络就成为重要选项。此外，Wi-Fi 6 普及的拉力、5G 商用的推力、光纤设备价格的下降，这些因素也促进了光网络的普及，使得其成为各行各业数字化转型的关键基础设施。

3. 5G 网络

5G 技术是数字化世界的物理基础设施。5G 技术的部署和应用，为工业 4.0 提供了保障。但是，5G 是工业 4.0 的加速器，而不是工业 4.0 建设的必要条件。

采用 5G 网络技术可实现对生产装置、设备、罐区、厂区环境的全面感知和作业现场的无线通信。5G 无线网络的部署架构按照逻辑主要分为三层：应用层、网络层和终端层，如图 5-64 所示。

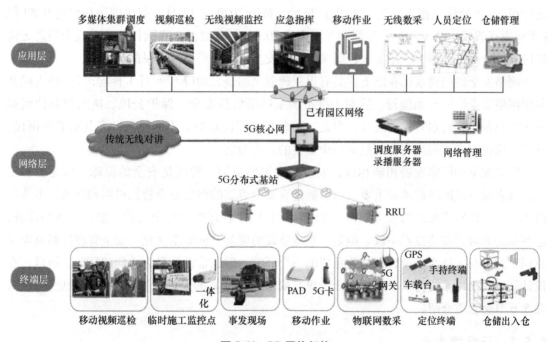

图 5-64　5G 网络架构

（1）应用层：负责生产监控、运行管理、协同调度等业务无线应用。

1）多媒体集群调度：生产控制中心作业人员和站场作业人员能够进行多方通话，互通信息，及时完成相关紧急任务的处理。

2）无线视频监控：对于不便有线接入网络的装置、危险区域等位置设置移动摄像头，远程实时了解生产设备的运行状态，保障生产的安全。

3）人员定位：通过 GPS 定位外操人员所处精确位置，生成运动路径，与视频监控、调度、GIS 等集成，实时显示定位信息，提高外操人员安全保护水平。

4）移动作业：通过工业无线网实时回传外操人员巡检过程中采集的仪表数据，详细记录"跑、冒、滴、漏"的情况，提高巡检效率，保证安全生产。

（2）网络层：生产区无线网络相对工况环境复杂，划分成两部分装置密集区（含罐区等）和厂区室外（较空旷地带），实现生产各种业务的承载，保证业务的实时性、可靠性、安全性。

（3）终端层：实现一线语音、视频及数据信息的采集和无线网络接入，包含移动终端、客户终端设备（CPE）、视频监控摄像头和人员定位终端等设备。

4. 网络安全

2016 年 4 月 19 日，全国网络安全和信息化工作座谈会在北京召开，习近平总书记发表重要讲话，从党和国家事业全局出发，科学分析了信息化变革趋势和肩负的历史使命，系统阐述了网络强国战略思想，深刻回答了事关网信事业发展的一系列重大理论和实践问题，为加快推进网络强国建设指明了前进方向、提供了根本遵循。

2021 年 2 月，中国互联网信息中心（CNNIC）发布了第 47 次《中国互联网络发展状况统计报告》（简称《报告》）。《报告》显示，截至 2020 年 12 月，我国网民规模达 9.89 亿（手机网民规模达 9.86 亿），互联网普及率达 70.4%。可以说，我国目前已经成为当之无愧的世界第一网络大国。网络安全，既关乎国家安全，又关乎亿万网民的福祉。

网络安全的构建永远在路上。具有里程碑意义的是，2017 年 6 月 1 日起，《中华人民共和国网络安全法》开始施行。这对于维护国家网络信息安全，保护公民、法人和其他组织的合法权益，具有划时代的意义。但是，随着我国网民基数的不断扩大，尤其对老年网民、青少年网民而言，网络安全仍然是一个重要的社会命题。

网络安全和网络发展相辅相成，安全是发展的前提，发展是安全的保障。作为智能工厂，具有新一代网络系统很重要，但前提是有安全可靠的网络安全管控机制和体系，本节中给出了新一代网络系统的参考架构，也能从架构图中看到很多安全监控、监管、感知设备，这些都是非常关键的技术手段。但是，重点建设的应是一种安全文化、安全管理机制及安全意识，这是对于网络安全管理最为重要的一个环节，但也常常是最为薄弱的环节。所以，在设计新一代网络系统时，一定要全面考虑其安全管控体系的设计。这里就不再做更多讲述，在 5.6 节会着重介绍。

5.5.2　云数据中心

当下正处在一个软件的时代，在数据量飞速增长的今天，在大数据时代呼啸而来的浪潮中，云计算、移动互联和物联网等产业蓬勃发展，越来越多的数据需要软件来驱动。而仅仅有软件是不够的，软件是实现数据驱动、业务驱动的方法和途径，硬件则是运行软件、处理数据，将智能化、自动化借助软件从数据中"汲取"出来的基础。随之而来的就是数据中心，数据中心主要保障企业的办公、生产、经营等各类系统高效、稳定及安全的运行，是整个智能工厂基础设施的重中之重。云数据中心包括私有云数据中心和公有云数据中心两种，企业可以根据实际情况选择建设模式，可选择其中一种，也可将两种模式进行混合，形成企业混合云数据中心。

企业私有云数据中心即由企业机构所有并使用，以组织内部用户、合作伙伴和客户为服务对象的云系统的数据中心。它能够将 IT 资源转变为服务快速推送给用户，并允许用户通过网络，方便灵活地访问可配置计算的资源共享池。在新时代，企业面对竞争日趋激烈的市场、不断攀升的成本、越发复杂的客户需求，正在积极寻求新出路。企业数据中心进入转型期，由传统的数据中心转变为新一代云数据中心。新一代云数据中心具有整合性、敏捷性、高可用性和高性能等特点。目前大型企业数据中心多采用私有云的形式，私有云数据中心不仅具有云数据中心的大部分优点，还有其自身的其他优势。因此，研究企业如何正确运用云计算优势帮助自身更轻松、迅速地收集、管理和分析数据，从中挖掘出蕴含宝贵商业价值的信息，最终为企业创造价值，是值得探究的问题。

公有云数据中心是指第三方提供商在一个特定地点建设的数据中心，通过公共互联网提供计算服务，可以面向希望使用或购买的任何人。它是根据客户使用需求（CPU、存储、带宽、使用市场等）进行出售的。其建设成本和运维成本较低，不需要使用者考虑设备固定资产购置与维护维修等问题。

对于混合云数据中心，人们有不同的看法和理解，Gartner 认为，混合云是指至少使用了两种不同部署模式（公有云、私有云、社区云）的云部署模式。例如，公有云与私有云的组合、公有云与社区云的组合、私有云与社区云的组合等，都可以称为混合云。IDC 认为，混合云是一种整合和集成了多种模式云资源的云服务方式，它主要包括"公有云和公有云""公有云和私有云""私有云和私有云"之间的组合。混合云应该具备可自动化运营和运维、资源和流程统一管理的解决方案，并且可以实现在多云之间按需编排云资源，使数据和应用能够在不同的云平台上进行共享和协同。

混合云不是公有云与私有云的简单组合，而是基于统一架构的云底座，让客户在本地订阅公有云服务，并支持通过云联邦实现租户跨多云使用全栈云服务和资源。通过与公有云同构的软件堆栈部署在企业数据中心内，企业可以根据业务需求将应用负载分布部署在公有云和自有数据中心内，并享受同样的云服务体验。

私有云数据中心有别于传统的数据中心，相较传统数据中心，它具有许多优势，不仅节能环保、降低成本，而且可以灵活部署、安全高效。

传统数据中心往往存在诸如投资成本高、高耗能、业务部署缓慢、运维管理复杂及业务扩容困难的问题。新一代私有云数据中心涵盖网络、计算、虚拟化、存储和统一管理几大方面，能够实现数据中心资源的弹性供给、网络的灵活规划、安全策略的统一部署、业务的集中运维，简化传统数据中心的基础架构、加固对核心数据的保护、优化数据中心的应用性能，能够为各个信息系统提供一个高可靠、高可用、可扩展和安全的运行环境，满足智能工厂安全、稳定、高效的运行要求。

数据中心的建设应以模块化、层次化、虚拟化、融合化为原则和特点，建成了一个先进、完善、弹性、可扩展的云架构数据中心，简化各类 IT 应用的部署，达到按需部署、灵活调配、集中运维的目的，为各类信息系统如期上线、稳定运行提供可靠支持，实现数据中心可靠运行，保证业务的可持续性。

如流程行业的数据中心建设可采用混合云的建设方式（见图 5-65），实现企业业务的全面上云。私有云承载企业敏态业务，满足企业对计算资源、网络资源、存储资源的充分共享，同时满足本地业务高可靠、低时延的要求；公有云承载企业稳态业务，在满足稳定性、可靠性的同时，降低企业投资成本和运维压力。

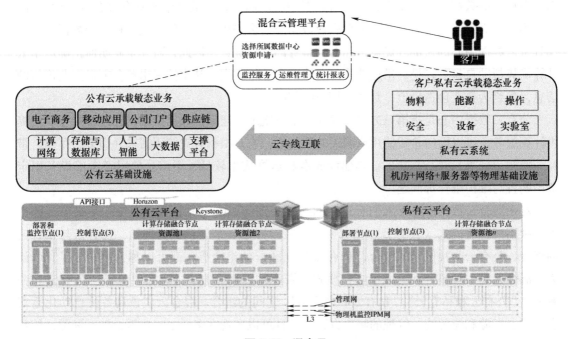

图 5-65 混合云

5.5.3 智能机房

机房是企业私有云数据中心的核心基础，主要包括服务器、交换机、存储设备、机柜、电源、综合布线等。其建设投资非常高，而且机房的运维管控也非常有难度。随着时代进步，新一代信息技术快速革新，人们引入了"智能机房"的概念。该概念的引入使机房建设上了一个新台阶，随着网络、通信和计算机系统的大规模应用和发展，作为其核心的各种机房的重要性越来越突出。机房的动力、环境设备，如配电、不间断电源、空调、消防、监控、防盗报警等子系统，必须时刻保证能够提供系统正常运行所需的环境。一旦动力、环境设备出现故障，或故障不能及时处理，就会影响到整个系统的运行，甚至损坏机房中的硬件设备，造成严重的后果。若金融、电力、通信等重要部门出现机房故障，将造成不可估量的经济损失和社会影响。因此，许多机房不得不采取 24h 专人值班，定时巡查环境设备的措施。但是，这样仍然存在着耗费人力资源，人长时间重复劳动易于疲劳和疏忽，巡查人员专业技能水平不足以排除故障和整个机房动力，环境设备监控管理不科学、不规范等问题。

针对这些问题，在机房建设中引入了智能机房集成管理系统，利用先进的计算机技术、KVM 控制技术和通信技术，将整个机房的各种动力、环境设备子系统集成到一个统一的监控和管理平台上。通过一个统一的简单易用的图形用户界面，维护人员可以随时随地监控机房的任何一个设备，获取所需的实时和历史信息，进行高效的全局事件管理。该系统为机房维护人员提供了先进的管理手段、实时的管理信息和丰富的历史记录，可以提高对机房系统设备的管理水平，实现科学管理，同时也节省了人力，减轻了维护人员的劳动强度，提高了对突发事件的快速反应能力，减少了事故带来的危害和损失，从而使机房管理步入了一个新的境界，也为实现机房无人管理创造了条件。

同时，随着数据中心规模不断增大并呈现两极化发展趋势，末端（企业、工厂）的微型数据中心越来越多。而零星分布的微型数据中心因地理、环境、建筑等方面的差异，一直面临着难以统一规划、建设和运维管理的窘境，为业务的快速上线带来了极大的挑战。

面对空间紧张、效率低下、能耗过高，这些特点使得企业每年为传统数据中心支付巨大开支，而且数据中心属于长期建设项目，一旦建成，用户往往很难进行改造和升级，这无异于给企业带上了一副"金手铐"。

基于这样的趋势，数据中心变革浪潮应势而起——智能模块化数据中心开始盛行。这种将电源、配电、制冷系统、机柜、管理和服务有机地集合起来，通过标准化的模块化架构构建数据中心的方式，比传统的数据中心在安装和管理上要容易很多，也更加高效和节能。它既满足了节能性、扩展性、易于管理及建设周期的新要求，又整合了制冷、配电、机柜、布线及监控系统，能够有效提升机房的可用性、扩展性、可管理性和运行经济性，更能替代工作人员对机房环境的温度、湿度、洁净度、风速度、电磁场强度、电源质量、噪声、照明、振动、防火、防盗、防雷和接地等巡检要求，如图 5-66 所示。

图 5-66　智能模块化机房

制冷方面，采用行间空调和冷通道封闭式系统。行间空调全正面送风，结合机柜排风通道封闭措施，冷量集中供冷到发热负载，保证了服务器机柜不同高度进风温度的均衡性，避免了局部热点，延长设备的使用寿命，能够降低空调风机功耗，提高制冷效率，实现最佳节能目标，与传统下送风空调机相比能效比提高 10%~15%。机房环境采用高性价比的弥散式送风普通柜式空调，保证机房环境温度正常。

配电方面，采用机柜排列头配电柜现配电分散控制，每排机柜配置 1 台列头配电柜，由列头配电柜分配给本排内的各个机柜配电单元和空调室内机，便于集中控制管理。

监控方面，采用数据收集器收集机柜前后门上下温度、机柜通道内温度湿度、漏水检测、烟感检测、列头配电柜工作状况、空调工作状态等信息，数据收集器将数据整合转发至上层软件，通过上位机进行告警及操作设置，实现与 IT 设备在同一监控平台下统一管理。

供电方面，为保证 IT 设备的不间断供电、市电稳压和抑制电网的电力干扰，一是对市电电源供应采用三路高压一级供电，用一路备用两路，保证计算机可以连续运行；二是配置 UPS 电源系统，以保证在市电断电、空调室外机停机时，空调室内机风扇可以继续运转，维持气流循环散热。

布线方面，采用机柜顶部一体化电源/数据线槽和双侧走线单元，方便高度密度线缆有序管理，有效减少线缆占用空间，保证系统散热。

接地方面，采用等电位接地系统，一般采用联合接地方式与大楼共地连接，要求大楼接地电阻≤1Ω，各台机柜空调等设备柜体均与接地铜排（铜网）地线做等电位联结。

消防方面，配备满足机房空间的七氟丙烷灭火系统，并与火灾探测器、机柜门、机房门进行联动，保证出现火情后能够及时灭火。

5.5.4 智能安防

智能安防管理平台以技防数据采集及数据应用为设计基础，以"GIS 地图应用""多系统联动""智能分析""数据综合应用"为核心，从人防、物防、技防等方面入手，构建"三位一体"的安全管理机制，实现全厂区范围的安防实时监控。

平台集厂区安全保卫、防范监控、公共服务、安保业务、安全生产智能视频分析等于一体，把视频监控系统、智能视频监控技术、周界报警系统等在一个平台上进行集中控制和管理，综合利用各子系统产生的业务信息，并根据这些信息的实时变化情况，让各子系统有机联动，使安防信息高效地交换、提取、共享和处理。智能安防平台各子系统既能独立工作，又能相互联动，可以有效地整合相关技术资源与管控措施，从而全面、有效提升厂区安全技术防范能力。

1. 视频监控系统

视频监控系统是安全技术防范体系中的一个重要组成部分，是一种先进的、防范能力极强的综合系统。它可以通过遥控摄像机及其辅助设备（镜头、云台等）直接观看被监视场所的一切情况；可以把被监视场所的图像传送到监控中心或分控中心，使被监控场所的情况一目了然。同时，视频监控系统还可以与防盗报警等其他安全技术防范体系联动运行，使防范能力更加强大。视频监控系统已成为安全技术防范体系中不可或缺的重要部分。

视频监控系统架构如图 5-67 所示。

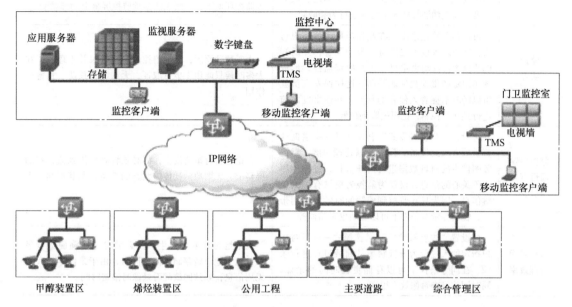

图 5-67　视频监控系统架构

2. 智能视频监控技术

智能视频监控技术（Intelligent Video Surveillance）起源于计算机视觉技术（Computer Vision），它通过对视频进行一系列分析，从视频中提取运动目标信息，根据用户设置的报警规则，自动分析判断报警事件，产生报警信号，从而可以在许多场合替代或者协助人为监控。

智能视频监控和传统视频监控的比较见表 5-1。

表 5-1　智能视频监控和传统视频监控

	智能视频监控	传统视频监控
监控持续性	保安人员不需要一直紧盯屏幕，只需要在系统告警时进行确认即可。这样避免了保安人员因长时间观看屏幕造成疲劳而降低注意力，提高了实际监控的效果，真正做到 7×24 全天候监控	需要长时间持续紧盯屏幕，容易导致保安人员视觉疲劳、注意力下降。根据研究表明，人眼紧盯屏幕 22 分钟之后，注意力就会大幅下降，远低于正常水平（此时人眼只能察觉画面里不到 5% 的信息），因此实际使用时，无法达到真正意义上的 7×24 监控效果
监控有效性	所有监视屏幕均由编码器自动进行智能监控，保安人员只需要对产生告警的图像进行确认和处理即可。这样保安人员的实际有效监控范围可以提高数十倍，大大提高了监控效率	人眼观察范围有限（理论上人眼水平最大视角为 100°~120°，但实际上有效视角只有 20°~30°，其中视觉敏锐视角仅 10°，剩余部分即所谓的"眼角余光"区域，视力非常低），无法同时紧盯多个屏幕；而人脑也无法同时处理多个监控屏幕的画面。因此，保安人员面临大型屏幕墙时无法有效监控

（续）

	智能视频监控	传统视频监控
监控能力	智能视觉摄像机可以识别出人眼无法分辨的细微变化，例如在遥远距离、光线不足、低对比度、环境伪装等情况下的入侵行为和威胁	人眼视觉灵敏度有限，在监控距离遥远、光线不足等监控环境下，人眼无法察觉监控屏幕上的细微变化
监控实际效果	可以侦测并记录出现在监控屏幕内的违规行为；在发现入侵者之后可以自动预警，并通知PTZ摄像机自动锁定目标进行跟踪监控，形成视频跟踪和摄像机区域联防。这样保安人员就可以随时掌握着入侵者的行踪，并在事发之前进行预防和控制，把损失降到最低	出于种种原因，传统监控的实际效果并不理想，在大多时候只能用于事后取证，无法起到预防、预警的作用
监控传输通道有效利用率	可设置"告警触发式"传输模式——借助计算机或嵌入式设备的强大数据处理功能，对视频图像中的海量数据进行高速分析，过滤掉用户不关心的信息，仅仅为监控者提供有用的关键信息。因为只在监控到威胁的时候才占用带宽，在同等带宽条件下可以容纳更多路监控	无论是否有事情发生，都必须将画面传到监控室的屏幕上，无谓地消耗传输线路的带宽，尤其不利于大型监控系统
监控录像管理效率	可设置"告警触发式"录像模式——只对用户指定的入侵行为或威胁事件前后过程进行录像，在同等条件下可以存储更长时间的录像，同时回放翻查录像效率很高	无论是否有事情发生，都必须对监控画面进行录像，极大地浪费存储空间；同时，由于录像存在大量无用信息，导致回放翻看录像时浪费时间

通过前端智能设备或后端智能分析服务器来实现视频智能分析的应用。智能分析服务器在对视频进行分析后将产生相关报警，报警服务器在接收到报警信号后可进行预案设置的联动。视频智能分析能实现对所有摄像机的图像质量诊断、周界监控、公共场合监控等重点监控区域等行为分析，具体智能分析应用如下：

（1）图像质量诊断（解决前端摄像机故障或认为恶意破坏）。借助视频智能分析技术，可以对视频图像出现的雪花、滚屏、模糊、偏色、画面冻结、增益失衡和云台失控等常见摄像头故障，以及恶意遮挡和破坏监控设备等不法行为做出准确判断，检测前端摄像头常见故障与视频图像质量的低下，实现对监控系统的有效维护。

（2）人员聚集检测（解决厂区人员聚集闹事的问题）。对厂区的室外公共场所等监控区域范围内实现人员聚集检测，实时关注聚众行为，维持正常的秩序。若发现人员异常聚集的情况，将触发报警，上传监控中心，引起监控人员注意。

（3）跨线报警检测（解决外来人员翻越厂区围墙的问题）。在厂区四周围墙设置警戒线，当有人翻越警戒线时，马上进行报警，可及时阻止非法人员侵入。

（4）区域入侵检测（解决室内重要场合入侵的问题）。在室内重要场合，如重要机房等设定警戒区域，24h不间断实时监控，只要有人进入警戒区域，马上报警并上传监控中心，提醒监控人员注意。

（5）物品遗留检测（解决厂区工作人员乱堆货物的问题）。在消防通道等区域设定警戒区域，24h不间断实时监控，只要有人在警戒区域内乱堆货物超过设定时间，马上报警。

（6）非法停车检测（解决车辆乱停乱放的问题）。在地面和地下禁止停车的区域实现非法停车检测，车辆穿越该区域不触发报警，当有车辆非常停车超过预设值时，将触发报警并上传监控中心，引起监控人员注意。

综上所述，智能分析技术可以很好地辅助安保管理部门的日常管理工作，做到事前警示，将危害控制在尽可能小的范围内。

3. 周界报警系统

建立安全级别较高的周界报警系统，可以威慑和制止非法入侵，保证企业生产运行安全，起到提前预警、争取处理时间，延缓非法活动，缩小和分散被破坏范围，以及事后追索、查证的作用，尽可能地将非法入侵等活动扼杀在萌芽阶段，对厂区周界进行全天候 24h 监控和记录，保障厂区的安全。周界报警系统架构如图 5-68 所示。

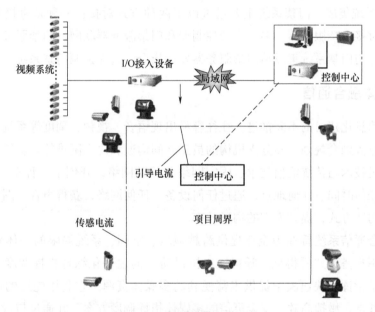

图 5-68 周界报警系统架构

周界报警系统可采用分布式光纤技术进行入侵探测监控设备，传感光缆沿线任意一点均为入侵传感点，结合智能模式识别技术，实现无缝布防和入侵行为识别，同时实时联动视频监控系统，进行复核并采集证据供后续追溯。

在周界可设置辅助联动系统，当光纤周界报警系统发生报警时会立即传送指令给视频监控系统，在此可通过视频监控系统再次确认警情是否属实。一旦发生报警，现场还可联动灯光告警设备自动或手动启动，警告现场非法人员马上离开等。同时，安防人员接到报警后立即启动其他出警预案。

4. 与各个安防子系统集成

（1）视频监控系统集成。视频监控系统主要分为两种：一种是模拟视频监控系统，通过集成 DVR、编码器方式进行；另一种是数字视频监控系统，通过兼容网络摄像机来进行。两种方式都是通过网口与管理平台进行通信，软件平台支持标准的 H. 264 或 ONVIF（开放式网络视频接口论坛）国际标准。

（2）防盗报警系统集成。防盗报警主机可以通过自带的以太网接口或外接网络扩展板方式与管理平台进行通信，通过平台软件可获得报警主机运行状态，并能进行布防、撤防、旁路等操作，可通过平台与其他安防子系统联动。

（3）火灾报警系统集成。火警报警控制主机通常采用总线式连接前端多个探测探头，控制主机可以外接串口转网络口方式联入局域网，平台软件通过控制协议与主机进行通信，获取火灾报警信号。

（4）周界报警系统集成。周界报警系统通常有多个报警探测主机在前端，每个报警主机都有独立网口，支持以太网通信，可通过控制协议与平台软件进行通信，集成后可联动视频、灯光等其他安防子系统。

（5）门禁系统集成。门禁系统主要通过以下两种方式对接：一种是直接对接门禁控制器；另一种是对接门禁服务器。多个门禁控制器和门禁服务器联网，门禁服务器管理下属多个控制器，通过与门禁系统集成给门禁服务器发送指令，进而控制门禁系统。

5.5.5 多媒体融合通信

随着企业信息化建设的不断推进，往往容易出现语音、视频、调度等系统相互独立的问题，缺乏跨网业务融合规划，多分支机构的员工之间沟通和协作困难等。多媒体融合通信同时融合了计算机技术与传统电信技术、固定网络与移动网络，开创了一种全新的通信模式，让人们可以在任何时间、任何地点，通过任何设备、任何网络，获得声音、图像和数据，从而丰富人们的沟通方式，提升人们的沟通效率。

多媒体融合通信系统旨在为企业提供跨越地域、空间、系统局限的一体化指挥调度系统，满足行业用户搭建"看得见、呼得通、拉得动"的扁平化综合指挥调度平台的业务需求，为领导科学指挥、快速决策提供丰富便利的多媒体资源。它利用先进的信息和通信技术，构筑开放共享、敏捷高效、安全可信的多媒体指挥调度方案，并通过与行业客户业务软件的深度集成，具备全面的综合指挥调度和作业能力，能够为行业客户提供共享的基础资源、开放的数据支撑平台、丰富的指挥调度应用、立体的安全保障及高效的通信服务保障。多媒体融合通信系统架构如图5-69所示。

系统可将音频、视频、图形进行融合和联动，形成"平时起到协作管理作用，战时起到应急指挥作用"的一体化指挥平台，从而提高综合指挥调度能力。

5.5.6 IT 运维服务

良好的 IT 运维服务是企业智能工厂各项业务系统安全稳定的运行保障。企业的 IT 运维服务体系应以 ITIL 和 ISO 20000 标准为指南，设计满足企业智能工厂运维服务需求的事件管理、问题管理、配置管理、变更管理、知识库管理及服务报告管理等相关流程，规范企业智能工厂运维服务管理的日常工作规范与工作流程，依托 IT 运维服务平台使 IT 运维服务体系落地，提升智能工厂的运维服务质量与服务水平。

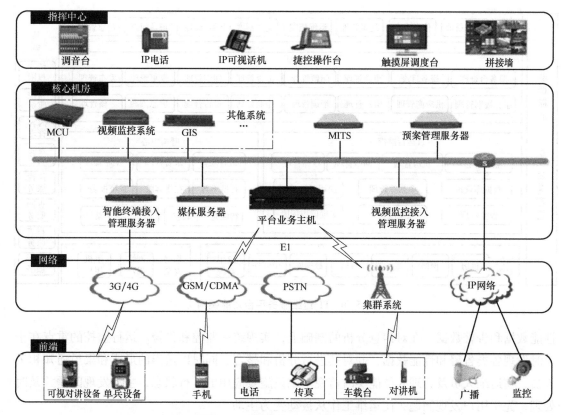

图 5-69　多媒体融合通信系统架构

智能工厂 IT 运维服务平台协助运维人员进行日常运维工作，帮助管理人员对整体运维进行把控及决策，保障基础设施及应用正常运行，为最终用户提供优质运维服务，是集基础设施监控、基础运维、服务管理和安全管控为一体的运维基础支撑平台。

企业智能工厂 IT 运维服务管理平台，对各业务系统的各项资源及服务实现统一、集中、标准、规范的管理、测量、监控、预警和控制，提高运维服务管理能力和效率，为企业提供稳定、可靠的支撑和保障。IT 运维服务平台功能架构如图 5-70 所示。

IT 运行管控平台的功能模块主要包括 IT 运维门户、服务管理、运行监控、配置管理、统计分析。

（1）IT 运维门户。提供用户问题提报与 IT 服务申请入口，并实现 IT 信息、通知推送与展示功能，实现服务入口的统一，方便用户便捷地进行提报、信息发布及查阅。

（2）服务管理。根据 IT 运维现状，结合国际国内的标准管理体系，并借鉴成功企业 IT 服务管理的实践经验，设计 IT 服务管理体系，实现 IT 服务管理中服务目录管理、事件管理、问题管理、变更管理、发布管理、知识管理、巡检作业管理的功能。规范化企业日常运维工作，并对运维工作实现计量，提高服务管理水平。

（3）运行监控。主要实现对应用系统和基础设施运行数据的采集、处理和综合展现。通过应用系统运行数据的采集和处理，收集和记录 IT 基础设施和信息系统的基础配置数据、

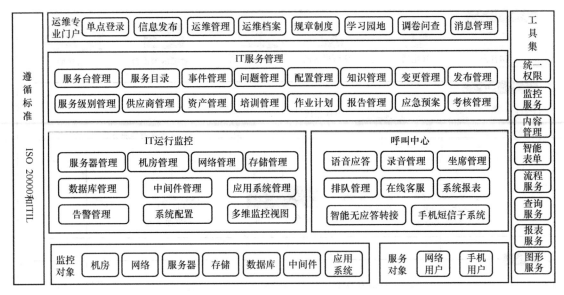

图 5-70 IT 运维服务平台功能架构

性能数据和告警数据，在对信息分析的基础上，实现统一监控和告警。运行监控的重点在于及时发现各类告警和性能数据，并对其进行分析和整合，同时以适当的形式和渠道通知相关人员，使运维人员及管理人员能实时监视基础设施及应用的运行状态，主动发现问题并及时处理，先于用户发现问题，使运维工作从被动变为主动。

（4）配置管理。实现配置模型的灵活定义，实现配置数据的统一存储、统一展示，以及配置数据相互关联，支持配置数据关联关系的定义、配置项信息多维授权、配置基线管理及配置项关联关系图的自动生成功能。配置管理覆盖企业的基础设施及重要应用系统等，实现配置项信息的线上化管理，为企业提供完备的基础设施台账。

（5）统计分析。提供服务管理、运行监控等综合统计分析报表，从不同维度结合用户关注点，提供直观的报表统计分析结果，为总体的分析及决策提供基础数据支撑。

5.6 自主可靠信息安全管控

在智能工厂建设过程中，需要进行信息安全总体规划，信息安全总体规划应依照国家相关法律、法规，以及企业自身信息安全有关要求和规范，结合企业的业务、应用、数据、基础设施等架构规划，在充分利用现有安全基础设施的前提下，遵从"安全基础先行、系统安全建设为核心、规范制度保障、安全运维持续化"的理念，逐步建成涵盖安全技术、安全管理、安全运维三大方面内容，统一、安全、稳定、合规的信息安全体系。

5.6.1　信息安全管控体系建设的基本要求

信息安全体系建设应遵循下列基本要求：

（1）信息安全建设。需要遵循"统一规划、统一标准、统一设计、统一建设"的原则；应用系统的建设要与信息安全的防护要求统一考虑。

（2）架构先进，突出防护重点。要采用先进的架构，选择成熟的主流产品和符合技术发展趋势的产品；分清楚信息安全建设的重点，重点保护基础网络安全及关键应用系统的安全，对不同的安全威胁进行有针对性的方案建设。

（3）技术和管理并重。注重系统间的协同防护，"三分技术、七分管理"，合理划分技术和管理的界面，从组织与流程、制度与人员、场地与环境、网络与系统、数据与应用等多方面着手，在系统设计、建设和运维的多环节进行综合协同防范。

（4）统一安全管理。考虑合规性要求，建设集中的安全管理平台，统一处理各种安全事件，实现安全预警和及时响应；基于安全管理平台，输出各种合规性要求的报告，为企业的信息安全策略制定提供参考。

（5）高可靠性。可扩展性。这是信息安全建设的必备要求，也是业务连续性的需要，是满足企业发展扩容的需要。

5.6.2　信息安全管控体系框架

信息安全体系建设是管理与技术的紧密结合，是"管理体系、技术体系、运维体系"三位一体的系统工程，也是与信息化同步发展、不断提高和完善的动态过程，如图 5-71 所示。

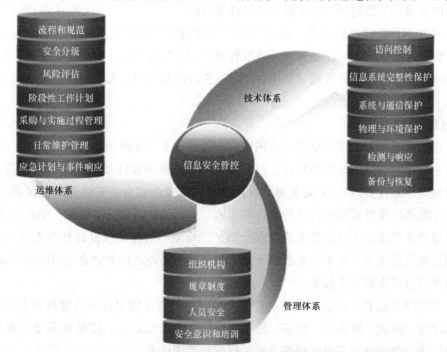

图 5-71　信息安全管控体系框架

1. 信息安全管理体系

信息安全管理体系建设针对信息系统自身的业务特点，开展信息安全管理工作，达到与现有的业务管理体系及信息安全技术体系相互依托、高度融合，更好地发挥技术体系作用；同时，信息安全管理体系融入日常的运维体系当中，将关键指标纳入正常的绩效考核体系中，从组织、人员、运维等方面进行信息安全管理体系建设。信息安全管理体系应围绕企业的业务安全特点，突出重点，初步建立覆盖安全组织架构、人员安全管理、通信与操作管理、访问控制等方面的基本信息安全管理制度、流程和规范，围绕信息系统生命周期，以风险为导向，完善信息系统设计、开发、运行和操作、废弃等过程的信息安全管理制度流程及规范。

建设企业安全管理体系实现包括安全管理机构、安全管理制度、人员安全、系统建设管理和系统运维管理在内的安全管理体系，应包括但不限于以下内容：

（1）安全管理制度规划要求。实现企业安全管理制度规划包括制订、发布、评审及修订各项安全策略、制度和流程。根据等级保护基本要求对管理制度建设的要求，结合企业的安全组织架构体系及实际工作情况，对安全策略体系进行规划。

（2）安全管理机构规划要求。安全管理机构规划包括但不限于以下内容：岗位设置、人员配备、授权和审批、沟通和合作、审核和检查等方面。

（3）人员安全管理规划要求。人员安全管理规划主要包括但不限于以下内容：人员录用、离岗、考核、人员安全意识培训、外部人员安全管理等方面。

（4）系统建设管理规划要求。系统建设管理规划主要包括但不限于以下内容：系统定级、安全方案设计、产品采购、自行软件开发、外包软件开发、工程实施、测试验收、系统交付、系统备案、等级测评、安全服务商选择等方面。

（5）系统运维管理规划要求。系统运维管理规划主要包括但不限于以下内容：环境管理、资产管理、介质管理、设备管理、监控管理及安全管理中心、网络安全管理、系统安全管理、恶意代码防范、密码管理、变更管理、备份与恢复管理、安全事件处置、应急预案管理等方面。

2. 信息安全技术体系

信息安全技术体系的作用是通过使用安全产品和技术，支撑和实现安全策略，达到信息系统的保密、完整、可用等安全目标。信息安全技术体系的设计是从企业的安全需求出发，依据总体原则、最佳实践及 IT 安全架构设计原则，以安全能力、安全服务满足需求，通过对信息安全服务模块及其功能模块的设计和实施，建立信息安全技术架构。信息安全技术体系主要从技术角度提出了对信息系统的安全防护、检测、响应和恢复四种技术能力的要求。这些不同层次的信息安全技术应根据安全策略和不同的需要，部署到合适的网络环境，为信息系统提供有效可靠的安全服务。

（1）物理安全防护。信息系统的物理安全应包括不限于满足计算机设备和人员对温度、湿度、洁净度、屏蔽、防静电、防雷、防电磁干扰、防水及鼠害、接地和安全防范等要求。物理安全应满足等级保护三级物理安全技术标准和管理标准。

（2）网络安全域划分。支持遵循国家及企业等级保护要求，对企业网络架构进行合理划分，实现管理网和生产网的隔离防护。

（3）边界安全防护。实现实时掌控信息外网流量流向的信息，明确信息外网内各关键网元的流量状况、运行趋势、内部热点，全盘掌握信息外网流量信息，针对无法迅速发现攻击的问题，实现迅速发现攻击流量，确保具备在 DDoS 攻击面前的快速响应能力；通过 Web 方式对企业内部网络进行安全管理，应强化对计算机终端从准入、注册、监控、修复的全周期的安全管理。

（4）安全合规审计。支持企业应用系统的监控、审计和报告机制，收集日志信息、分析日志信息，发现非法操作和安全事件，缺乏日志信息的分析，有效地定位和追溯安全事件。合规性审计应包括但不限于以下内容：数据库审计、操作系统审计、中间件审计及维护性操作审计。

（5）应用安全防护。支持从业务连续性入手，围绕企业应用系统的网站安全、代码安全、业务数据安全，保障业务流程和数据的完整性、可用性、保密性，并结合安全基础设施对应用会话内部的请求来处理应用层，保护 Web 应用通信流和所有相关的应用资源免受利用 Web 协议或应用程序漏洞发动的攻击。

（6）安全基础设施。支持提供网络入侵检测能力，采用自动识别和实时响应的方式，监视网络中的活动事件，寻找有攻击企图和未经授权的访问行为，当网络入侵检测系统检测到一个攻击时，根据匹配规则提供检测和报警服务；支持实现高效的、全方位的检测网络中的各类脆弱性风险，需提供专业、有效的安全分析和修补建议，并贴合安全管理流程对修补效果进行审计，最大限度地减小受攻击面。

3. 信息安全运维体系

随着企业信息化的不断发展，信息化资产数量日趋增多，系统的关联性和复杂度不断增强，然而当前信息安全形势日益严峻，信息安全防护工作面临前所未有的困难和挑战。为了更好地监控和保障信息系统运行，及时识别和防范安全风险，同时满足国家和行业监管要求，保证信息安全管理工作的依法合规，企业亟须建立一个信息安全运维管理平台，做到事前预警、事中监控、事后分析，全面提升信息安全管理与防护水平。

信息安全管理平台能够应对传统网络和海量数据带来的挑战，通过数据采集和大数据分析，利用机器学习等先进技术，协助企业 IT 运维人员和安全分析人员快速发现威胁，以情报为驱动，针对企业 IT 资产情况进行全方位的监控和告警，协助用户进行网络安全的统一管理。

信息安全管理平台以大数据框架为基础，结合情报系统，通过攻防场景模型的大数据分析及可视化展示等手段，协助用户建立和完善安全态势全面监控、安全威胁实时预警、安全事故紧急响应的能力，通过独有的自适应体系架构，高效地结合情境进行分析，协助安全专家快速发现和分析安全问题，并通过实际的运维手段实现安全闭环管理。

此外，为了保障信息安全的可持续性，需定期进行的一系列安全保障活动，包括日常安全运维服务和安全咨询服务两个方面。日常安全运维要求包括（但不限于）以下内容：安全巡检、安全设备变更管理、应用系统上线检查、安全通告、安全事件处理、渗透测试、安全漏洞检测等。安全咨询服务要求包括（但不限于）以下内容：安全咨询服务、等保合规自查、安全评估、安全加固等。

　　基于以上各节的阐述，智能工厂的建设要打通底层数据连接、打破信息数据孤岛、构建大数据处理平台、建设可靠高效的自动化系统、构建新型统一底座的生产运行和经营管理APP，搭建绿色节能的 IT 基础设施和自主可靠的信息安全休系，才能实现真正的强基固木，逐步建成真正的智能工厂。

第 6 章
智能工厂的
应用案例

6.1 案例一

本案例中的企业作为新型煤化工示范企业，相比国内同类型企业，在先进技术应用、生产过程自动化、关键业务全覆盖、信息系统集成等方面处于领先地位。面对煤炭行业进入寒冬，智能工厂建设能够为新型煤化工行业的建设研究出一条可行、可借鉴的先进技术路线，并形成一套行之有效、有据可依的建设体系，从而提升企业核心竞争力。该企业通过智能工厂项目的建设，在工厂设计、生产优化、质量控制、降本增效、节能减排等方面，均取得了较好的示范作用，在最短时间内为企业创造了经济效益，为煤化工行业的企业建设提供了借鉴。

6.1.1　企业简介

该企业一直以来以建设智能工厂为目标，着力提高企业的生产自动化、管理精益化、决策智能化水平，目前已建成覆盖全厂、国内领先的控制系统，自控投用率、生产工艺数据自动数采率均达到95%。通过对设备运行状态及生产全流程数据的自动采集，依托生产业务模型和专家经验，建成了生产执行平台，实现了生产管理在线控制、生产工艺在线优化、产品质量在线控制、设备运行在线监控、HSE 管理在线可控，以智能化的手段全面提升了生产管理水平。通过对生产、经营、财务等主题数据进行有效整合建成智能决策平台，能够及时发现生产经营风险等问题并加以解决，从而推动企业决策机制从业务驱动向数据驱动转变。

6.1.2　智能工厂项目概述

1. 系统架构

企业成立不久就将信息化建设上升到企业发展的战略高度，根据信息技术发展趋势，以及国家、行业、集团公司的政策指引，于 2012 年 9 月启动了信息化建设总体规划工作，吸取了国内能源化工行业的成功经验，编制完成

《公司信息化规划总体报告》（共四册），为制定适合企业的信息化发展战略、构建先进的信息化架构与实施蓝图奠定了基础。该企业计划用 5 年左右的时间，建设和完善两个支撑体系，搭建一个平台，以三条业务主线为抓手，实现六大核心业务领域充分联动，信息数据被高效传递和加工的"智能工厂"。智能工厂信息化系统架构规划如图 6-1 所示。

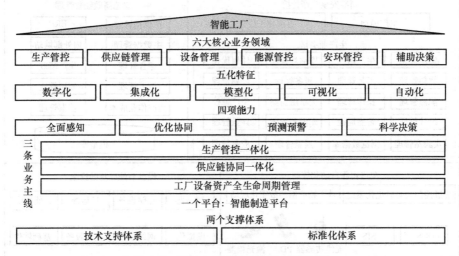

图 6-1　智能工厂信息化系统架构规划

　　总体规划提出"夯实基础、完善提升、智能应用"三步走的建设路线，"整体规划、创新驱动、顶层设计、分步实施"的建设策略，以云计算、物联网、移动互联、大数据、3D 等新一代信息技术为支撑，通过应用构架、基础设施、信息资源、信息安全、信息管控等体系建设，打造两化深度融合、本质安全、生产高效、节能环保、管理卓越和可持续发展的智能工厂。

　　智能工厂是以供应链管理为主线，以生产管理为核心，综合应用现代传感技术、网络技术、虚拟化技术、大数据技术等先进的信息化技术，与现有生产工艺、设备运行、管理理念等高度集成，实现物流、资金流、信息流和业务流"四流"集成的新型工厂，从而实现本质安全、生产高效、节能环保、管理卓越和可持续发展的目标。具体包括先进可靠自动化控制、绿色节能 IT 基础设施、精准安全生产管控、规范高效经营管理及智能便携决策支持五个方面。智能工厂系统架构如图 6-2 所示。

　　（1）先进可靠自动化控制。实现生产控制自动化、智能化，实现生产数据、现场环境等数据的实时采集和上传，应用物联网、远程诊断、移动应用等先进技术，实现生产过程自动化、智能化控制，实现现场环境与信息系统的无缝对接，建立智能工厂的感知层和控制层。

　　（2）精准安全生产管控。实现化工生产过程对物料、能源、质量、设备、安健环及工艺的全业务管控，满足日常生产管理与现场执行的全部业务需要，为生产管理的精细化、可视化、实时化、智能化提供有力的信息保证。

　　（3）规范高效经营管理。实现财务、计划、采购、销售、人力等全资源的有效管控，实现生产操作与企业经营管理的数据共享与融合，提升企业经营管理信息化、智能化水平。

　　（4）智能便携决策支持。实现对企业各类生产、经营、财务等主题数据的有效整合，

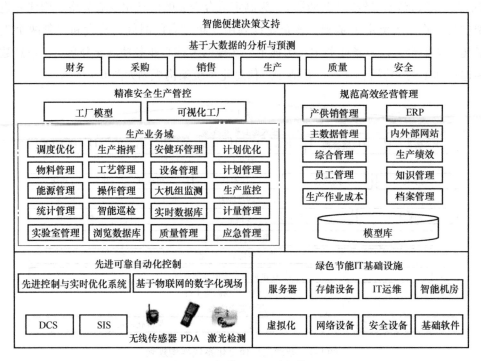

图 6-2 智能工厂系统架构

实现对信息的深度挖掘和综合利用，帮助企业领导层随时随地监控生产经营管理活动，及时发现生产经营风险、隐患问题，追溯问题并解决问题，提升企业风险防控能力和盈利能力，实现决策的移动化和智能化。

（5）绿色节能 IT 基础设施。采用"云计算"等先进技术，搭建企业服务器和桌面云平台，形成智能化、集中化、虚拟化、可扩展的技术体系，搭建网络及安全平台，为各类应用系统提供安全、稳定、可靠的工作环境。

2. 建设路线

智能工厂项目建设路线如图 6-3 所示。

（1）第一阶段：自动化、信息化和智能化应用基础建设。生产装置全部实现自动控制，数据采集全面，实时监控，建成云计算中心、安全高速的网络和简单可靠的云桌面等基础设施，主要生产和经营业务实现信息化全面覆盖，业务均在系统上运行。

（2）第二阶段：深化智能应用建设。重点业务领域如生产管控、安全和环保、资产管理、能源管理等方面实现智能应用，支持两化深度融合，集成创新和业务变革。

（3）第三阶段：打造智能工厂升级版。实现智能感知、人机协同、知识员工、业务模式、实时决策融等多种智能应用，支撑企业达到世界一流企业的目标，企业全面实现智能化。

6.1.3 项目实施内容

目前智能工厂建设已经覆盖企业生产经营的所有环节，具备了智能制造试点示范项目要求条件。下面对智能工厂的主要建设内容和实际应用效果进行介绍。

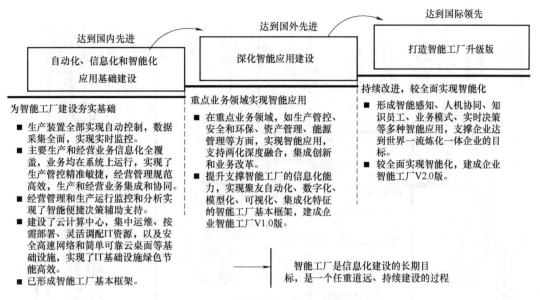

图 6-3　智能工厂项目建设路线

1. 项目系统模型建立与运行

（1）全厂总体设计模型说明。按化工工艺流程走向，自南往北分别是煤气化装置、净化装置、甲醇装置、甲醇制取低碳烯烃（DMTO）及烯烃分离装置、PP/PE 装置，最北面是两聚产品包装仓库及火炬设施。热动力站、空分、罐区、循环水站、加压泵房和消防水池、污水处理及污水回用装置等围绕生产装置合理布局。原料与动力煤由工业区西北方向 55km 处的井田运输至厂区西侧，最终产品通过位于厂区北侧的成品铁路运出。

（2）主要工艺流程说明。原料煤、燃料煤均来自厂区附近煤矿，由汽车运至煤化工厂卸储煤单元，分别储存在三个桶仓内。原料煤通过输煤栈桥送至气化装置，在气化装置，原料煤经磨煤机制出合格水煤浆，煤浆进入气化炉与纯氧在高温高压下进行气化反应，生成粗煤气。粗煤气进入净化装置，经过耐硫变换单元，将 CO 和 H_2 的比例达到合成甲醇所需要的比例。再经过低温甲醇洗单元，脱除 H_2S 和 CO_2，变成甲醇合成气。将合成气送入甲醇合成装置，经压缩机加压至 7.63MPa，再经换热器升温至 216℃，在催化剂的作用下，经甲醇合成装置生成 DMTO 级甲醇。H_2S 气体经过硫回收装置得到硫黄，作为副产品出厂。

DMTO 级甲醇进入 DMTO 装置得到以乙烯、丙烯为主的产品气。产品气在烯烃分离装置冷冻液化并利用各组分沸点的不同实现组分分离，得到乙烯和丙烯产品，并副产混合碳四。乙烯进入聚乙烯装置经过精制后，与共聚单体（丁烯-1 或己烯-1）、H_2 在流化床反应器内进行聚合反应，生成聚乙烯产品。丙烯进入聚丙烯装置经过精制后，与聚乙烯装置送来的精制乙烯和 H_2 在气相流化床反应器中进行反应，生成聚丙烯产品。

将烯烃分离装置副产的混合碳四送入 C_4 综合利用单元，混合碳四中的异丁烯与甲醇在 C_4 综合利用装置内反应生成产品 MTBE。将醚后碳四送丁烯-1 单元，通过精馏制取丁烯-1 产品；精馏后的重组分主要为丁烯-2、正丁烷等，送烯烃转化装置（OCU）反应单元生产丙烯。

煤化工项目全厂工艺流程如图 6-4 所示。

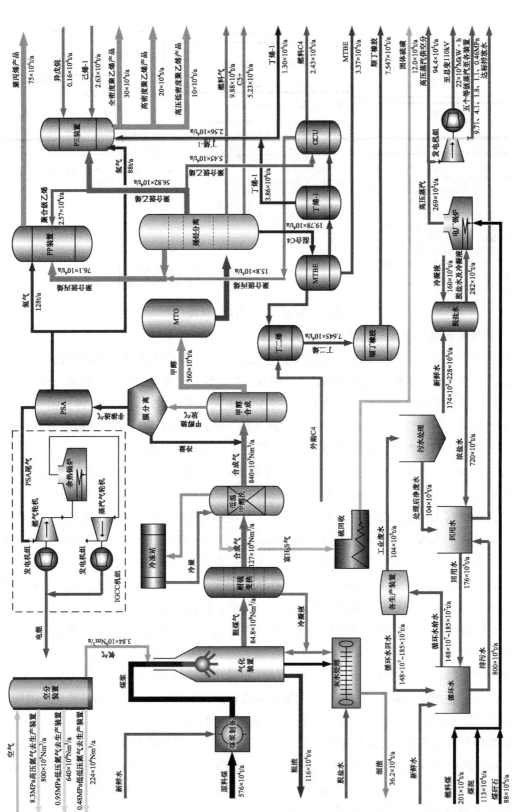

图 6-4 煤化工项目全厂工艺流程

（3）项目系统模型建立与运行情况。在项目前期设计阶段，就以高起点、高水平、高标准的要求，实现了项目总体设计、项目基建及生产运行的模型化、数字化。

1）生产工艺模型化。针对煤化工人才引进比较困难的现状，建设覆盖煤化工生产全流程、国内领先的仿真培训系统。仿真系统的主要建设内容包括化工装置 OTS 系统（含气化、净化、硫回收、甲醇合成、DMTO、烯烃分离、碳四综合利用、PP、PE 以及罐区等装置）、热动力站 OTS 仿真（含锅炉、发电机、汽轮机、脱硫、脱硝等 8 个单元模块）。此外，企业还建设了安全培训与应急三维演练、电力运行、分析化验、电气维修、仪表维修及机泵维修等培训系统。

2）OTS 仿真培训。OTS 仿真培训系统为企业培养出了大批合格的岗位操作工人，共计完成 390 名学员为期 6 个月的培训，仅培训费用节约 1000 多万元，为项目一次顺利开车成功提供了重要保障。企业还为国内多家同类企业提供外部培训。

3）安全仿真培训。安全仿真培训系统以化工厂区为建设基础，通过建立三维数字模型而搭建形成与实际建筑及装置设备高度一致的数字化模型厂区。安全仿真培训的主要建设内容见表 6-1。系统录入相关安全培训内容和 46 个应急预案，通过人机交互式的培训模式，使生产管理人员、运行人员、应急救援人员能够可视化地参与到安全生产培训和应急演练过程当中，并能够模拟各级人员进行相关应急联动。通过桌面应急演练，使各级救援人员熟悉救援过程和应急预案的相应流程，增强指挥人员与救援人员的默契程度，提高一线运行人员安全操作意识以及对紧急事件的应急反应速度，加强应急人员统一指挥、协同作战能力。

表 6-1　安全仿真培训的主要建设内容

煤气化装置区安全仿真培训	热电装置区安全仿真培训
净化装置区安全仿真培训	空分装置区安全仿真培训
甲醇合成装置区安全仿真培训	循环水装置区安全仿真培训
硫回收装置区安全仿真培训	系统操作流程二维试题训练与考试培训

4）事故应急演练实训。事故应急演练实训是依据某企业的现场应急处置预案，在三维应急演练系统支撑下，地面以现场实景图绘为跑位基础，投影显示现场应急处置预案的步骤和要求，对企业生产操作人员进行报警程序、现场工艺处置程序、中毒受伤人员救护程序、灭火保护程序等的训练和考核。由于训练场景、训练过程完全取自生产现场实际，仿真程度很高，生产操作人员能够有身临其境的感觉。事故应急演练实训的主要课程设置见表 6-2。

表 6-2　事故应急演练实训的主要课程设置

甲醇区过滤器法兰泄漏应急处置预案流程培训	净化区变换炉卸料口着火应急处置预案流程培训
硫回收区酸气泄漏应急处置预案流程培训	空分区氮气泄漏冻伤应急处置预案流程培训
煤气化区蒸气分离器着火应急处置预案流程培训	循环水二氧化氯泄漏中毒应急处置预案流程培训

实训以班组为单位，1 名组员跑位训练，其他组员进行讨论和点评，可以提高实训效率和效果，使整个班组的人员全面学习和掌握现场事故发生后全过程的处理，为生产安全、人

员安全提供有力保证。

5）直接作业环节安全预防管理及仿真培训。直接作业环节安全预防管理及仿真培训是通过模拟起重作业、受限空间作业、高处作业、气焊作业、电焊作业和临时用电作业设备，按照相关作业安全管理规定要求，为防止操作、维修过程中各种人身伤害事故的发生，对员工进行办理作业票、安全隔绝、清洗、置换、通风、监测、监护、个体防护、照明及用电安全、监护等项目的安全培训。直接作业环节安全预防管理及仿真培训的主要建设内容见表6-3。

表6-3 直接作业环节安全预防管理及仿真培训的主要建设内容

起重作业安全实训	受限空间作业安全实训
高处作业安全实训	气焊作业安全实训
电焊作业安全实训	临时用电作业安全实训

直接作业以班组为单位，1名组员学习训练，其他组员进行讨论和点评，可以提高培训效率和效果，让整个班组的人员全面学习和掌握直接作业安全规定及相关要求和做法，为生产安全、人员安全提供有力保证。

6）消防气防实训。消防气防实训主要设置消防、气防器材展示、操作方法及现场教学，让学员直观了解各种消防、气防器材的使用方法和动作要领。

主要建设内容包括：4kg、5kg、8kg和推车式灭火器的使用方法；室外消防栓的结构；室内消防栓箱内消防水带、水枪、消防栓的操作方法；火灾报警探头、手动报警器的操作方法；空气呼吸器的使用；防毒面具的佩戴、逃生自救方法；各种防护用品的使用和穿着；心肺复苏法实践训练；四合一检测器、便携式可燃气体检测仪等侦检器材的使用；无齿锯、液压器、多功能钳、无火花工具、堵漏袋等抢险救援器材的使用方法等，见表6-4。

表6-4 消防气防实训的主要建设内容

干粉、CO_2、D类干粉等各种灭火器使用方法及初期火灾的扑救	消防水带、水枪、消防栓、灭火毯等各种消防器材的操作方法
火灾报警探头、手动报警器的操作方法	如何正确佩戴正压式空气呼吸器
如何正确佩戴各种防毒面具	逃生自救方法展示演练
如何使用和穿着各种防护用品	心肺复苏法实践训练
如何进行有毒有害物质检测	消防安全四个能力建设培训电子教学

通过实训，学员能够熟悉各种灭火器的不同用途，系统学习消防安全知识，掌握灭火器材的操作要领，熟悉火灾报警、手动报警器的操作要求和消防自动灭火系统原理，全面了解消防设施，树立正确的消防安全意识，为消防安全服务。

7）锅炉、汽机、电气运行仿真培训。锅炉、汽机、电气运行仿真培训系统完全模拟现场监控操作DCS画面，针对发电厂炉、机、电三大专业进行仿真，可以实现机组各种运行工况的仿真，包括冷态/热态启动、正常停机、滑参数停机、紧急停机、机组所允许的不同负荷下的稳定运行及相应运行操作、变工况运行、故障运行工况等，并能实现用户所要求的各种运行故障、事故处理，显示学员的正确操作或误操作。锅炉、汽机、电气运行仿真培训的主要建设内容见表 6-5。

表 6-5　锅炉、汽机、电气运行仿真培训的主要建设内容

冷态/热态启动仿真培训	正常停机仿真培训
滑参数停机仿真培训	紧急停机仿真培训
运行故障、事故处理仿真培训	

控制室盘/台上的所有指示、报警、操作及 CRT 显示器上的显示等均属仿真范围，可使学员直观了解参比机组各种现象和特征，真实体现各设备和系统间的相互作用。当故障发生时，数学模型能完好反映实际机组特性。所建模型能如实呈现各主要辅机启停和主要调节阀门或挡板的特性，以及调节整个机组的运行，使学员准确掌握所仿机组控制系统的控制逻辑、辅机顺控逻辑、各种联锁保护逻辑关系和调节方案。

8）变电运行仿真培训。变电运行仿真培训系统对厂内的 1 个 110kV、1 个 35kV、5 个 10kV 变电站和 5 个 0.4kV 高低压变电站（所）进行详细仿真，以化工分公司联络线、变电站、保护装置和自动装置等为仿真对象，实现对电力系统和变电站仿真相结合。变电运行仿真培训的主要建设内容见表 6-6。

表 6-6　变电运行仿真培训的主要建设内容

110kV 线路及母线停送电仿真培训	110kV 母线倒闸仿真培训
35kV 及以下电气倒闸仿真培训	35kV 及以下电气设备停送电仿真培训
电力系统电气故障及处理仿真培训	电气综合自动化系统仿真培训

变电运行仿真培训以变电站运行学员为主，通过对一次设备、二次设备以及关联电网的描述，模拟了变电站的工作环境。学员可以针对自己的工作内容对虚拟站内设备进行各种操作、观察。通过仿真培训，学员可以熟练掌握变电站如何进行巡视和操作，从而提高正确判断、排除各种异常和故障的能力，缩短熟悉电气设备和理解规程周期，达到快速提高综合操作、控制和反事故能力的目的。

9）继电保护、自动化及电气安全实训。继电保护、自动化及电气安全实训共设立七面保护柜体，包括国内南瑞保护及国外施耐德保护，保护配置全面、覆盖范围广。本套仿真培训系统利用全厂配置的施耐德保护及通用的南瑞保护作为培训教材，实现覆盖全厂变压器及电动机的相关保护，最重要的是增设了发电机的相关保护内容，主要建设内容见表 6-7。

表 6-7　继电保护、自动化及电气安全实训的主要建设内容

电力系统安全知识实训	继电保护理论实训
继电保护装置调试实训	电气自动化后台实训
继电保护测试仪使用实训	

作为电力系统安全运行的继电保护专业，只能进行单一的理论学习，而理论学习又极为困难；同时，现场设备是绝对禁止触动的。继电保护仿真系统不仅可以试验各种保护动作，还能进行保护配置组态、通信管理学习，极大地缩短了继电保护专业培训周期，为学员的理论学习和实际操作培训创造了便捷条件。在无任何危险、不损坏任何设备、没有思想负担的状态下轻松进行培训，可在最短的时间内快速掌握电力系统继电保护专业工作原理，积累运行经验。

10）高压电气二次回路安装实训。高压电器二次回路仿真配置2个组，每组4个单元，共8个单元，每个单元为一面保护屏体，可实现2~4人一个单元操作，最多可容纳32人共同学习。

该仿真培训系统的主要内容包括：高压电气二次回路图样的学习及实体的安装，让学员熟练掌握二次原理识图技能，了解保护实际屏体结构、元器件安装、二次配线原则和二次线号标注原则；并且可以反向学习，由已配好的二次回路来学习二次回路的查线方法，屏体二次回路的校验方法，以及屏内设备的实验方法，从安装配线熟悉设备工作的二次控制，再反向查线并校验试验学习工作原理，见表6-8。

表6-8　高压电气二次回路安装实训的主要建设内容

高压电气二次回路原理及组成实训	二次回路故障查找方法实训
屏体二次回路的校验方法实训	屏内设备的作用及构成实训

11）分析化验实训。分析化验培训由五个实训室组成，涵盖了煤质分析、水质分析、色谱分析、环保分析、成品分析，负责承担生产中心、罐区及进厂原料的分析等任务。

煤质实操室主要有灰熔点仪、量热仪、工业分析仪、灰分挥发分测定仪等14台分析设备，主要用于煤质分析及炉渣等分析；水质分析实操室主要以水质分析为主，有电导率仪、钠离子浓度计、余氯测定仪、离子色谱、硅酸根分析仪、自动电位滴定仪等24台分析设备，可用于一般的工业水、锅炉水等分析；色谱实操室目前共有型号为安捷伦7890B的色谱仪12台，用于液态样品、气体样品、液体和固体粉末中挥发性物质分析；环保分析实操室主要有COD测定仪、烟气分析仪、红外测油仪、粉尘分析仪、紫外分光光度计等24台分析设备，用于大气及污水分析；成品分析实操室目前有注塑机、吹膜机、压片机、熔融指数分析仪、梯度密度分析仪、维卡软化点分析仪、电子拉力万能材料试验机等30台仪器，能满足一般牌号的聚乙烯、聚丙烯成品分析，见表6-9。

表6-9　分析化验实训的主要建设内容

煤质分析实训	水质分析实训
色谱分析实训	环保分析实训
聚乙烯、聚丙烯成品分析实训	

通过实训，学员能够独立操作，完成一般煤质、锅炉水、循环水、凝液、样品、污水、

烟气、大气、物理及力学等分析项目，熟练使用一般玻璃仪器，建立比色分析所需标准曲线，准确判断样品结果是否异常，完成一般环境监测分析，独立制备聚乙烯、聚丙烯样品，掌握常规分析方法。

2. 生产运营建设

（1）生产执行系统（MES）建设情况。在生产管理方面，主要建设了物料管理、生产调度与优化、统计分析、能源管理、操作管理、工艺管理、设备管理、大机组监测、智能巡检、安健环管理、质量管理、实验室信息化、内部市场化等模块，实现了化工生产过程物料、能源、生产调度、质量、安全、设备运行等全业务覆盖。

1）物料管理：建立涵盖整个厂区生产工艺流程的物料平衡模型。运用物料平衡模型，完成全厂日物料平衡计算；用平衡计算的结果数据，完成全厂各类生产统计报表计算；建设装置投入产出、产品收率、装置转化率、原料单耗、装置加工损失、储运损失等指标计算系统，实现对物料移动数据和库存数据的缺失检验；自动获取装置投入产出、库存、进出厂、罐区收付测量数据，并自动实现对这些数据的误差校正。

2）生产调度与优化：主要建设内容包括生产监控、存储监测、生产过程管理等系统模块。汇总下属车间的相关业务信息，并对车间上报的信息进行分析统计，实现对企业下属单位的生产、经营数据的实时采集和生产单位间信息的上传下达，形成综合记录，以便跟踪及落实责任，从而能够及时掌握生产现场实际情况并及时判断和处理，实现调度指挥的日常工作管理和直观的集中调度指挥，实现基层单位安全、生产、运营数据集成。

3）统计分析：提供统计业务模型配置工具，根据统计业务规则，构建工厂统计模型，按时间、班组等多维业务类型进行统计平衡、统计分析，为 ERP 系统、技术经济指标系统和生产营运指挥系统等提供及时、准确和完整的数据，并利用分析报表、多维图形等多种展示分析结果更好地为企业领导提供有效的经营决策支持。

4）能源管理：实现对全厂的能耗介质等公用工程资源的生产和消耗数据进行采集、平衡、统计管理，按照不同粒度分级对用能设备、产耗能装置、能源管网进行操作管理；另外，调度部门和生产部门可查看能源系统的运行状况、装置能源动力的消耗情况信息，并进一步核算生产成本。

5）操作管理：以操作指标、操作监控指标为基础，实现了装置运行监控的偏差监控、偏差原因分析和偏差剔除管理，通过规范操作，协同各岗位工作，保证装置的运行平稳；构建切实可行的优化操作的工作方案，对生产运行的整个过程进行监控、协调和管理（见图 6-5）。

6）工艺管理：实现班组操作工艺卡片管理、工艺过程管理、工艺月报管理、工艺文档及操作规程管理与达标中心管理五方面的功能管理目标，支撑电子化工艺卡片管理，促进班组操作水平的提高。按照经济影响计算的动态技术经济指标管理，为平稳率考核提供更为科学的统计数据。

7）设备管理：通过制订设备编码规则，建立设备层次结构，用户可以方便地查找各装置不同专业设备的运行记录、检修记录、故障记录、状态监测等设备详情；并针对相关设备

图6-5 操作管理模块

进行工作管理，建立故障报告体系，查看设备当前的工单、预防型维护计划、历史维护记录和成本记录；以"一台一档"的管理模式，对设备全生命周期（设计、制造、安装、使用、维护、改造、更新、报废）的静态数据和动态数据进行管理。

8）大机组监测：实现对关键机组状态在线监测，可对动态工艺数据、设备健康指数及报警等信息实时管控，根据采集到的数据进行分析后，进行预警、报警，并通过远程智能诊断分析系统和服务，判断故障类型，分析问题原因，有效辅助消除故障或解决问题（见图6-6）。自系统运行以来，已经提前预警了多起机组故障，并对故障原因给出了分析报告。

图6-6 大机组监测模块使用效果图及分析报告

9）智能巡检：针对外操巡检业务的情况，建设巡检计划、巡检监控、巡检结果及智能终端应用等应用功能，实现规范外操的巡检作业，保证巡检任务按时执行，并落实巡检的各项工作内容，以保证生产的安全运行。利用手持终端、RFID 和无线网络，实现了对点巡检业务的智能化管理，并将巡检发现的设备问题及时通知设备管理人员进行检维修，进行趋势和报警分析，将设备故障消灭在萌芽阶段，延长设备运行周期。

10）安健环管理：以 HSE 管理体系为依准，建设安健环管理系统，规范了各类作业票、安全、环保和消防等业务流程，强化了安全管理意识，提升了公司安全管理水平。建设企业用火作业、进入受限空间作业、临时用电作业、高处作业、破土作业、放射作业等业务的工作流程、作业票现场签发及现场落实确认等功能模块，对已办理的作业票证的状态、级别和类型进行统计，使各级管理层能及时了解作业现场作业许可证的签发和使用情况，为作业现场的安全监督提供依据。

11）三剂及危化品管理：实现三剂及危化品管理业务流程的规范化、标准化，逐步完善危化品计划、采购、使用过程中的监督管理机制，通过系统可以深入了解企业分品种、分牌号的消耗及成本情况，对全过程跟踪及分析，便于分析问题，提出改进方案，从而提高三剂及危化品的使用水平，降低装置用剂成本，提升精细化管理水平。

12）质量管理：通过质量的基础数据，观察产品质量波动情况，研究变量之间的关系，了解产生问题的主要原因，控制产品质量，避免大批量不合格品产生；并通过集成智能汽车上煤系统、实验室管理系统（LIMS）等模块内容，通过系统高度集成、过程深度优化、业务与信息高度融合，形成从原材料采购、过程控制到产品出厂、售后服务覆盖生产全过程的质量管理信息化模式，构建质量事故管理制度；通过系统，管理人员可实现对质量事故管理制度的创建、修改、删除、审批、发布等的管理维护功能。

13）LIMS：实现人员管理、仪器设备管理、标准物质管理、试剂材料管理、文件管理、环境管理等，集成智能上煤系统、质量管理等系统，采用电子标签、条码流转管控等手段，对生产过程的中间产品和成品的质量信息进行全程监控；并可根据各级用户的要求实现各类查询统计，实现无纸化办公，实现检验计划下达至合格证发布全流程电子化，将传统实验室管理转变为现代化实验室管理（见图 6-7）。

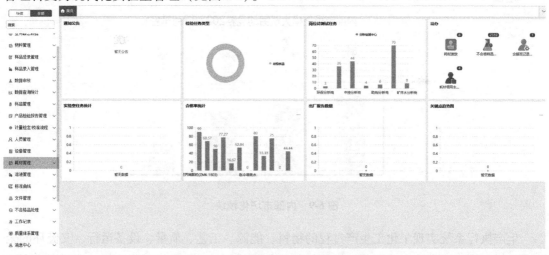

图 6-7　实验室管理系统、质量管理模块

14）内部市场化：集成每天的实际生产数据，实现对全厂、中心、装置、班组的生产作业成本分析并提供多种图表的综合展现，帮助生产管理者对生产作业各个环节产生的成本进行更为合理的分析，为企业制订降本增效策略提供生产作业成本的数据支持和依据（见图 6-8 和图 6-9）。

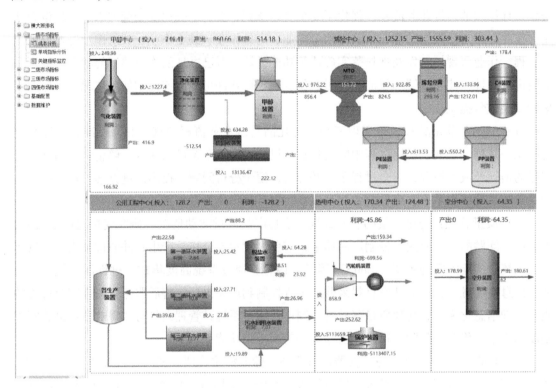

图 6-8　内部市场化模块管理模型

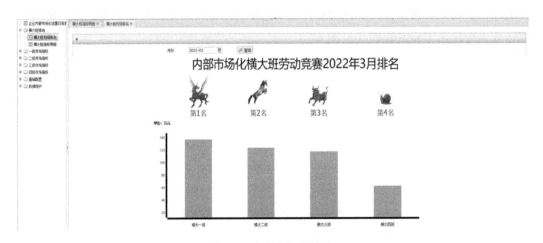

图 6-9　内部市场化模块

生产执行系统实现了化工生产过程的物料、能源、工艺、质量、设备运行、安健环的全业务管控，满足日常生产管理与现场执行的业务需要，经过近两年平稳运行，实现了生产管理在线控制、生产工艺操作优化、产品质量在线控制、设备运行在线监控，以智能化的手段全面提升了生产管理水平，相较国内同类型企业在两化融合的深度、广度方面有大幅提高，企业生产管理精细化、可视化、实时化、智能化水平全面提升。这主要体现在如下几个方面：

通过对全厂的物料、能耗介质消耗数据进行采集、平衡、统计、分析，实现对物料、能源的"日平衡、旬确认、月结算"。该系统目前包括物料移动数据 81740 条、各装置投入产出数据 122000 条、罐存数据 130000 条、仓库出入库记录 50000 条、原料产品进出厂数据及生产平衡数据 81740 条，系统通过严格遵守逐层递接的数据传递方式规范企业的业务流程，实现"数出一门，量出一家"。

对物耗、能耗、三剂消耗、操作平稳率、合格率等操作指标有效监控，全部自动化将每天的生产作业成本落实到每个班组，并与绩效考核集成，实现生产绩效闭环管理，实现企业内部市场管理手段，进行生产过程精细化管控，实现产品单耗的可视化、能效最大化和可优化，大幅降低产品单耗，节约总能源成本。

（2）生产过程自动化系统建设情况。企业各生产装置作业流程已实现自动化控制，配置了新一代自动化控制过程知识系统，实现了生产装置、公用工程、辅助设施和界区外配套工程的实时控制、报警管理、历史数据和事件的采集和存储、报表报告的生成和存储、过程操作、HART 智能仪表的管理和动态监控、SIS 的上位监控、CCS、相关 PLC 系统的上位监控、生产操作数据系统的建立和应用，并实现网络的接口等功能。将霍尼韦尔及非霍尼韦尔过程控制和安全系统集成为一个单一且统一的结构，为用户提供远高于集散系统的能力，包括植入式的决策支持和诊断技术，为决策者提供所需信息；全面实现了 DCS 自动控制，自控投用率、生产工艺数据的自动数采率均达到 95% 以上，不仅为进一步开展基于模型的APC 和在线工艺流程优化奠定了基础，而且对提高生产率、降低生产投入、稳定产品质量、减少操作人员、推进无人值守发挥着极为重要的作用。

（3）环境在线监控与管理系统建设情况。企业目前已实现对环境的在线监控，结合管理规定，建设企业环境保护指标体系和泄漏检测与修复（LDAR）体系，搭建环境保护智能监管平台，从而实现污染源过程监控、环保专业化管理、综合分析、决策支撑的业务协同管理，全面提升化工生产环境保护管理水平，建设绿色低碳智能工厂。主要建设内容包括：

建设企业环境保护指标体系：包括污染源、用排水、废气、固废、污染治理设施、环境监测、环保费用、总量控制、综合利用等九类环保指标及环保相关生产数据指标，数据范围涵盖化工生产各领域。

建设 LDAR 体系：主要包括标准录入、模型建立、检测准备、现场检测、效果评估、泄漏量估算等，通过建立排放清单、VOCs 监控体系、估算模型等，支撑化工生产全流程的泄漏检测与修复的业务要求。

环境保护智能监管系统平台：包括环保计划、环保统计、评价分析、风险管控、综合管理、建设项目环保、决策诊断、污染源监控、VOCs 管理、泄漏检测与修复、特征污染物监控、异常监控报警、过程控制等主要模块。

（4）生产运营异常状况监控预警。针对煤化工企业易燃易爆、有毒有害的特点，在厂区可能产生有毒有害气体和可能泄漏可燃气体的部位安装了816台固定式报警仪，在关键生产装置、要害部位安装了40000余台火灾探测器、457个摄像头以及红外线周界等监控设施，并在乙烯罐区安装激光气体探测装置5套，建立自动气象监测站1套，全厂高点监控2套。另外，基于应急指挥情况下的移动和应急联动，给相关人员配备了1000张人员定位卡、70多台智能移动设备及单兵设备等，实现对全厂生产区域24h在线监控，并通过安防联动平台将报警信息统一整合集成到报警管理系统，可根据报警级别在第一时间安排人员进行处理。利用已搭建完成的全厂4G覆盖网络，实现人员行为、设备运行、现场环境情况监控的移动化，提升生产管理人员对生产现场的监控预警能力，为智能工厂建设提供基础保障。

（5）应急指挥系统建设情况。应急指挥系统平台的架构与业务功能：企业应急指挥系统平台主要实现应急日常管理、应急值守、应急响应、协同会商、信息发布、总结评估、应急演练等功能，建设过程将充分考虑应用已建成的有线和4G-LTE通信网络，监测监控、音视频等设备设施，地理信息系统，激光气体探测装置、火灾报警、门禁、周界等安防系统，在此基础上搭建消气防、急救等多警合一、应急联动、数据融合的安防一体化集成平台。

应急日常管理包括应急预案管理、应急资源管理、危化品库查询、应急事故案例库查询与更新等管理。

应急值守管理包括事故接处警管理、气象预警管理、重大危险源监测监控管理、人员定位及位置异常管理、虚拟电子围栏、应急值班管理等，满足指挥中心对危险源和重点装置等安全监测、环境监测、自控系统、视频监控和事件信息接入、共享及预警联动工作的需要。

应急响应及处置包括人工报警管理、自动报警管理及应急预案响应和启动等。系统设置人工、自动两种报警和接处警方式，通过应急预案分解实现应急预案的自动匹配，提高应急启动速度。

基于情景构建技术的辅助决策采用计算流体力学方法对典型的泄漏、火灾和爆炸等事故进行数值模拟，研究事故的发生发展过程，为企业应急预案的编制、事故预防、救援组织和事故调查等提供技术支撑。

GIS应用基于地理信息平台可实现以下功能：危化品采购、运输、投用、消耗等环节的动态跟踪管理；人员定位与危险作业区域电子围栏管理；危险源、消防设施、安防监控设施可视化管理，并支撑应急联动。

该系统目前已建设完成1套应急指挥软件平台、1套安防一体化应急联动平台、2套高点视频监控设备、1套六要素自动气象站、5套激光气体泄漏探测装置和1套防爆型便携式气体检测装置。它实现了对厂区260多个主要区域视频监控集成联动，打通各自独立的固话、对讲、广播等通信系统终端的互联互通，接入有毒有害气体检测797个；实现了对厂区内200余种危化品全过程监控，形成重要装置、重大危险源的风险监控和预测预警机制，如图6-10所示。

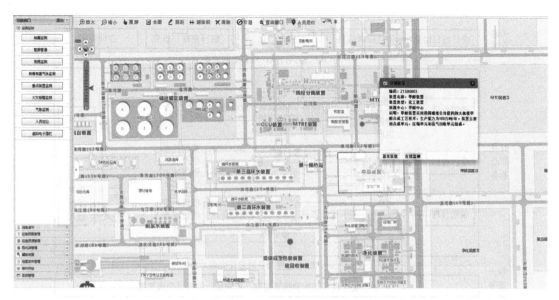

图 6-10　应急指挥系统界面

应急指挥系统解决了跨平台语音通信终端的互联互通，对固话系统、无线对讲系统、扩音广播系统、单兵设备等终端进行融合，实现了点呼、组呼、强拆、会议等语音呼叫功能；实现了视频、门禁、周界、火灾报警、消防出警的安防、消防一体化应急联动，事故报警将联动现场视频、道闸门禁、消防救援力量，形成高效的事故救援响应和人员疏散、交通管制，以及对应急救援全过程的可视化监控管理和调度；构建了典型事故情景分析，根据实时气象数据，能以实现对不同介质气体泄漏扩散速度、影响范围的构建，并基于 GIS 规划合理逃生避灾路线；与地方安监、消防、医院、兄弟单位间的跨组织横向联动，形成立体化应急指挥协同机制。

3. 经营管理建设

在计划管理、计划优化方面，以生产计划资料为基础，建设公司级、计划管理部门、生产中心三级计划管理协同工作平台，实现生产计划基础资料管理、生产规模平衡、生产计划编制和计划完成跟踪检查，以达到生产计划全过程管理；并利用计划优化模型，对生产能力、资源分配等进行综合平衡，形成全厂最佳生产计划，同时进行有效跟踪。

在 ERP 方面，通过使用 ERP 系统的人力资源管理、财务、采购和销售等模块，实现业务驱动的财务核算和管理，以达到从采购到付款、从订单到收款等多条业务财务运营主线的整体管控；并通过统一的集成平台，与生产执行、数字化仓库系统、辅助决策等系统有效集成，基于统一的核算规则和基础数据，将业务内容进行整合，实现生产操作与企业经营管理的数据共享与融合，提升企业的经营管理水平，如图 6-11 所示。在数字化仓库管理方面，利用手持终端实现对仓库的入库、出库和仓库盘点等业务操作，并将数据通过 Wi-Fi 上传至数字化仓库系统，同时将结果返回至 ERP 系统。该系统已有物品属性库记录 3320 条，库存种类数据 16400 种。目前，集成平台上已经管理了 65 个标准接口，真正做到了"数出一家，量出一门"。

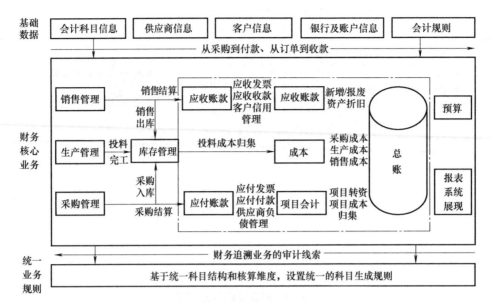

图 6-11　ERP 系统

在绩效管理方面，通过建立生产绩效指标体系，并与生产执行系统、ERP 系统等有效集成，实现对生产、运营管理的监控管理，将生产绩效考核结果与中心、班组进行挂钩，使绩效考核结果精确、透明，督促各中心科学组织生产，及时完成生产任务，并跟踪生产绩效指标的在线计算和量化考核。目前，该系统使用用户数为 40 个、月度生产考核指标 317 个、月度管理考核指标 979 个、年度管理管理指标 1829 个、考核流程 7 个、系统角色 46 个，已实现对产量、生产管理（能耗、物耗）、质量管理、技术管理、设备管理、安全管理、环保管理、消气防管理、综合管理和党群管理等十大类指标的考核。

4. 决策分析建设

通过建设移动办公和智能决策模块，对企业生产、经营、财务等 13 类主题数据进行有效整合，利用数据萃取、转换、钻取等大数据技术，实现对信息的深度挖掘、综合利用，帮助企业领导、各业务管理部门随时随地监控生产经营管理活动，及时发现生产经营风险、隐患问题，追溯问题并解决问题，提升企业风险防控能力和盈利能力，实现决策的智能化。

5. IT 支持建设

（1）数据采集与监控系统建设情况。数据采集与监控系统借助覆盖全厂的工控网、办公网及 4G 专网实现了生产工艺数据的实时采集与监控；应用物联网、移动应用等技术，实现人员行为、设备运行状况及现场环境情况的全面感知与监控，提升生产管理人员对生产现场的监控预警能力，为智能工厂建设提供基础保障；同时建立企业数据库，利用企业集成平台，实现物流、能流、物性、资产等各类生产经营数据的监控与集成。数据采集与监控系统架构如图 6-12 所示。

数据采集与监控系统实现 23 套生产装置及辅助系统、约 67000 个生产工艺数据点的实

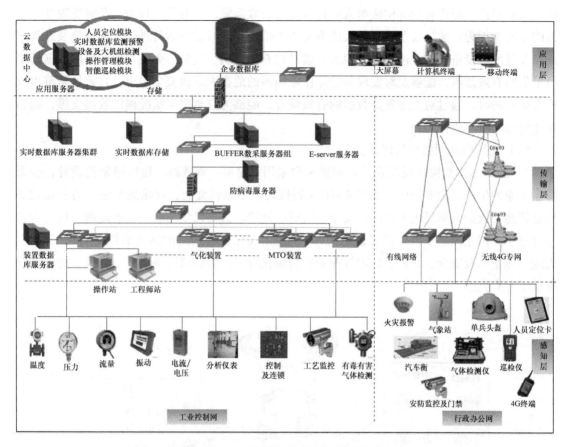

图 6-12 数据采集与监控系统架构

时采集与监控，涉及温度、压力、流量、振动位移、电流电压、质量在线分析、控制回路及联锁回路等仪表，生产工艺数据自动数采率达到 95% 以上；同时还实现了 40000 余台火灾探测器、800 余台有毒可燃气体报警仪、460 多台工业及安防监控摄像头、1000 张人员定位卡、70 余台智能巡检仪，以及红外线周界监控、高点监控、激光机器探测仪、自动气象站、单兵头盔、汽车衡等设备设施的数据自动采集及监控。通过企业数据库，利用企业集成平台，对企业 30 余个应用系统、辅助决策系统的各类生产、经营、财务等 13 类主题数据进行有效整合。

另外，正在建设视频监控的智能化应用，实现周界入侵检测、人员异常运动、停止状态监测，并进行自动追踪、处理和联动，在装置危险部位部署无线仪表，作为现有数据采集及监控系统的有益补充。

通过数据采集与监控系统，企业领导、各级生产管理、生产操作人员通过计算机终端、移动智能终端就能随时了解到生产、工艺变化、设备运行的实时状况，实现实时监测、预警及趋势分析，及时发现生产工艺异常指标，提高生产问题的响应速度和生产调度的指挥决策能力。

通过数据采集与监控系统，企业安全管控水平得到提高：通过人员定位、异常行为分析、智能巡检、操作管理等模块对人员行为进行有效监管，规范员工行为，及时发现并消除人的不安全行为；通过设备管理、大机组监测等模块实现对设备运行进行监测预警及远程诊断，及时发现设备异常，消除设备隐患；通过对有毒可燃、气象、火灾等现场环境数据的实时采集与有效监测，能够及时发现并消除作业场所的危害因素或安全隐患，有效地防范事故的发生；同时，通过对上述各类数据的有效整合，能够为应急突发状况提供数据支撑，提高企业应急救援与指挥能力。

（2）工厂内部网络架构建设情况。

1）网络总体架构（见图6-13）网络平台采用双星型、双链路三层网络架构设计，全面覆盖企业的生产区和办公区，实现40GB/s到核心、千兆到桌面、万兆到汇聚，为公司内部信息传递、数据共享提供了高速、安全、可靠的通道。公司以华为新一代敏捷网络设备为核心搭建了虚拟化网络平台，通过最新的CSS2技术确保核心网络的高可靠性，实现了有线、无线一体化以及安全、认证、权限等业务的精细化管理，为公司网络安全、高效、稳定运行提供了有力支撑。

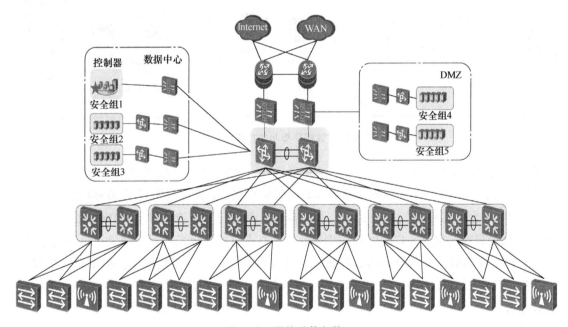

图6-13 网络总体架构

2）企业私有云数据中心。结合信息化建设目标，基于华为公司全套虚拟化产品搭建了企业私有云、桌面云，形成了集中化、虚拟化、可扩展的技术体系，有效降低了运行维护成本，为各类应用系统提供了安全、稳定、可靠的工作环境。目前数据中心建设规范全面、适度超前，能够完全满足企业未来建设智能工厂的需求，已成为华为区域"企业应用示范基地"。

3）方便安全的云桌面系统。企业为生产操作人员及部分办公人员配备了200套云桌面，将传统的基于 PC 主机的桌面操作系统迁移至云端,使桌面可以得到统一的部署、维护和管控,极大提高了日常桌面的运维效率,降低了运维成本,提升了服务质量。

4)规范高效的 IT 运维平台(见图 6-14)。在运维方面,由于数据中心规模较大、各类信息系统较多,为了保障网络和业务系统的可靠、高效运行,企业建设了 IT 运维管理平台,对所有业务系统、服务器、网络设备、数据库、中间件等进行全面监控与分析并规范服务流程,实现 IT 运维从被动处理到主动防范的过渡,为 IT 运维体系的落地打下了坚实的基础。

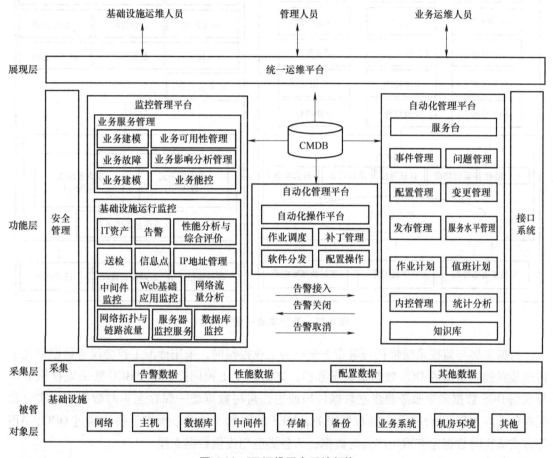

图 6-14　IT 运维平台系统架构

5)系统集成。各应用系统建设之前就对业务整合和数据交互进行了统一规划,构建了覆盖企业的全面统一的工厂模型。在系统集成过程中,以业务为驱动对所有数据流、数据接口、系统逻辑关系等进行梳理并形成规范,采用企业服务总线(ESB)技术建成企业应用集成平台,统一数据标准、界面框架、各系统账号,集中管理分配系统权限,实现灵活安全的单点登录(SSO)等,保障信息系统的集成性、可维护性、可移植性,将各个独立的信息系统连接成一个完整可靠和有效的整体,实现业务管理集成、高效、优化,发挥整体效益最优。目前集成平台上已经管理了 65 个标准接口,今后还将根据业务集成的深入程度,不断丰富接口，逐步提升系统之间的整合程度，真正做到"数出一家，量出一门"，如图 6-15 所示。

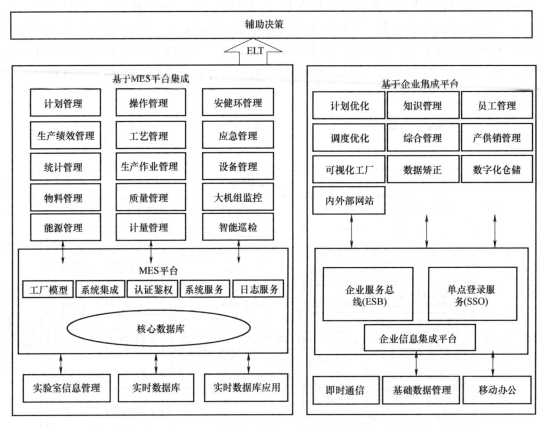

图 6-15 系统集成平台架构

数据采集与监控系统依托与遍布于全厂的工业控制网，采用标准工控协议将数据首先上传至装置控制机房的 DCS 数据采集服务器。之后位于工控网边界的 PMCC 数采缓存服务器与现场 DCS 数据采集服务器建立数据传输通道，再将数据统一保存至实时数据库。实时数据库负责向 MES 平台提供实时数据服务，MES 的物料、能源、操作等模块通过 OPC、API 等方式从实时数据库获取生产实时数据，为各类应用提供数据支撑。

在应用系统的数据集成方面，各系统通过 Web Service 方式在企业集成平台上发布服务，其他系统调用企业集成平台数据服务进行数据对接，实现 ERP 系统与 MES 的数据集成，从而为 ERP 系统提供及时、准确、安全的数据源服务，保证 ERP 系统能够快速获取数据，实现企业经营管理与生产管理的业务协同及数据一致。

6）主数据系统。企业建立集中统一的企业主数据编码规范和管理维护流程，实现主数据编码整个生命周期的全过程管理。搭建支撑主数据编码规范和管理维护流程的主数据管理平台，能够为企业各部门提供集成、全面、准确和及时的主数据服务。目前企业主数据系统已形成生产层面主数据 541 条、数据指标代码 1203 条、物资主数据 94114 条，并建立了化工板块主数据体系，能够为集团公司化工板块兄弟单位提供有力的主数据管理支撑。

企业主数据管理平台是一个集成的、完整的企业标准信息代码管理平台，向上通过集成平台与集团公司主数据管理系统的物资编码进行实时同步，在企业内部通过集成平台将生产主、设备等主数据分发至各系统，从而实现企业范围内信息代码"数出一门"，如图 6-16 所示。

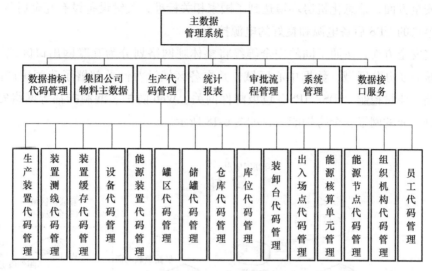

图 6-16　企业主数据系统架构

（3）信息安全建设情况。按照信息化总体规划，从信息安全管理、信息安全风险控制、信息安全技术等方面入手，采用先进可行的技术手段和管理理念，逐步建设了一套全面、完整、有效的信息安全体系，重点加强了办公网核心和工控网安全，切实提高了企业整体信息安全管理水平，如图 6-17 所示。

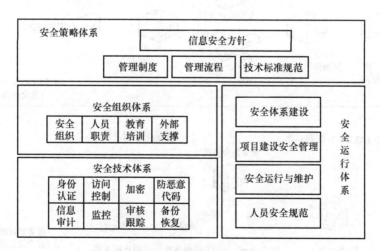

图 6-17　信息安全体系

制订并下发信息化管理办法、信息化工作考核办法、全厂信息化系统运维管理制度、信息安全管理办法等 9 项制度与多项业务流程，逐步优化了信息安全流程，规范了信息安全管理制度，提升了信息安全管控力度。

1）信息安全技术防护体系。在信息安全技术防护体系方面，企业从物理安全、网络安全、主机安全、终端安全、容灾管理、用户管理和单点登录、安全审计等方面入手，全面打造一个立体化信息安全平台。

物理安全方面，信息化机房环境达到了国家相关标准，关键设备设有冗余后备系统，并具有足够容量的 UPS 后备电源和良好的电源接地。

在网络安全方面，按照不同的安全等级将整体呼网络划分为互联网出口区域、DMZ 区域、内网核心及办公区域、数据中心区域，并在各区域针对性地部署了我国国产的负载均衡、防火墙、流量控制、IDS、IPS、垃圾邮件网关、Web 防护、漏洞扫描等网络安全设备，全方位提升企业的网络安全防护能力，如图 6-18 所示。

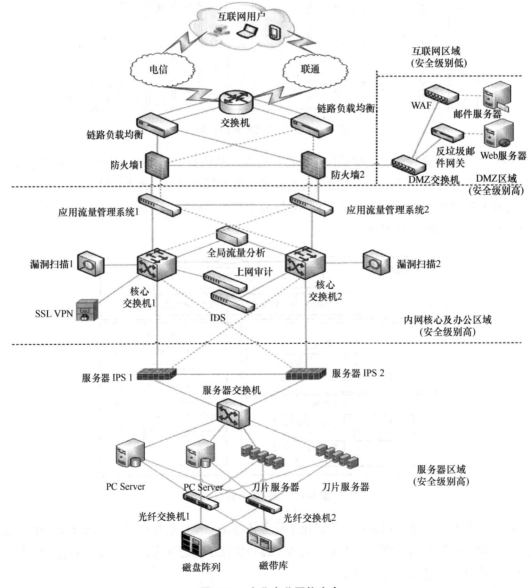

图 6-18 企业办公网络安全

在主机安全方面，集中部署瑞星防病毒软件定期进行病毒查杀，并利用 BMC 自动化平台对企业的所有主机进行安全策略审计、系统状态巡检，以便快速发现安全问题，提升主机安全。

在终端安全方面，企业为生产区域关键岗位配置了云桌面，在桌面终端、网络传输、管理系统、运维管理四个方面加强安全管理，全方位提升了云桌面安全防护水平。

在容灾管理方面，企业统一建设了容灾备份中心，为 IT 系统提供风险预防机制和灾难恢复措施。未来将结合大海则煤矿数据中心的建设，建成城间双活数据中心，增强系统可靠性。

在用户管理和单点登录方面，企业对建成的 30 余个应用系统、1500 名内外部用户实现了统一用户管理和单点登录，有效提高了系统管理效率。

在安全审计方面，通过部署上网行为管理设备和堡垒机，发现和捕获各种用户访问应用操作行为、违规行为，为整体应用系统安全策略的制订提供权威可靠的支持。

2）信息安全运行管理：在信息安全运行管理方面，企业主要就项目建设管理和运维管理两大领域进行了重点管控。

在项目建设方面，对所有信息系统进行等级划分，不同等级的信息系统采用不同的保护方法，使信息系统的重要性及保护更加明确。目前企业已完成所有信息系统的安全测评及整改加固，并完成了关键信息系统的等保备案。

在系统运维方面，依托 IT 运维体系的建设，形成了一套先进的综合网管和流程服务管理平台，为系统运行和维护阶段的安全管理进行保驾护航，确保重要信息系统的实体安全、运行安全和数据安全。

3）应急响应。企业对各类信息系统突发风险进行了详细分析，设计了相应的预防与解决措施，同时提出了完整的应急处理流程，并在此基础上形成信息系统应急预案。

应急预案包含网络、机房、服务器、应用系统和数据库五个方面，对每个方面出现突发事件的情况描述、应急准备、处置方式均进行了详细说明。在此基础上，企业每年开展两次应急演练，提高相关人员的应急意识和知识技能，确保在应急事件发生时，有能力快速恢复业务系统，保障系统安全稳定运行。

4）工控信息安全。工业控制系统安全是企业信息安全的重中之重。企业组织编制了工控信息安全管理体系文件，对工控设备安全检测管理、工控终端安全管理、工控系统网络设备安全管理、工控网络安全监测与审计、工控机房安全管理、工控数据安全管理、工控系统信息安全培训、工控系统安全运维、工控系统日常运行管理与考核等 9 个方面进行详细要求，并通过配套的工控信息安全管理制度进行推广，取得了较好的效果。

在工控信息安全技术防护方面，企业采用工控行业内较为先进的"纵深防御体系"的技术思路，利用工控防火墙对工控网络进行了分层、分区域安全隔离，及时检测工业网络中出现的工业攻击、非法入侵、设备异常等情况，有效地控制了各控制室单元之间病毒等安全威胁的传播，如图 6-19 所示。此外，企业建设了一套工控安全监测审计系统，并在关键工作站部署工业主机安全加固软件，形成工业控制网全生命周期的安全防护体系，做到攻击行为可防护、安全运营可监控，防止由于病毒感染、恶意攻击等造成的损失。

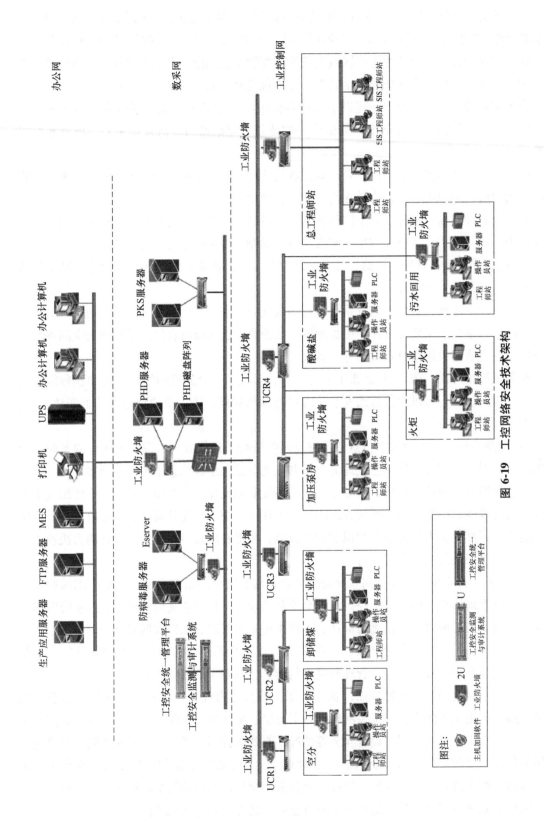

图 6-19 工控网络安全技术架构

在确保安全可控的同时，通过搭建工控攻防实验室，使得工控运维人员能够熟练掌握工控网中攻击的主要入侵途径和方式，并且通过显示、声音、灯光等效果直观看到在有/无安全防护措施条件下，目标业务系统工作状态的变化情况，进一步提高工控运维人员安全防护技能，如图 6-20 所示。

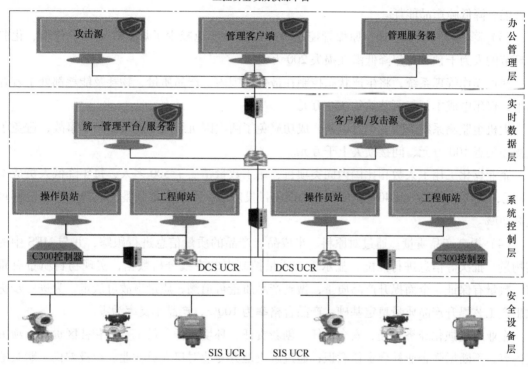

图 6-20　工控安全攻防实验室架构

6.1.4　项目实施效果

智能工厂建设有助于实现扁平化管理，通过应用先进技术、岗位合并、信息化无人值守等方式，减轻了工人工作强度，降低了人工成本，在减员增效、提高运行效率等方面发挥了重要的作用，有效推进了企业两化融合的工作进程，实现了企业的战略目标。与同等规模、同类装置的煤制烯烃项目相比，企业人员编制减少近 500 人，有效提高了生产率，产生了巨大的经济效益。依托智能工厂建设，装置实现平稳高效运行，创造了多项生产运行纪录，取得了骄人的成绩，智能工厂建设应用走在了国内煤化工行业的前列。

这主要体现在以下几个方面：

（1）增加利润。2015 年在聚乙烯、聚丙烯售价比预算分别下降 16.46%、26.52% 的情况下，实现主营业务收入 55.01 亿元、利润 12.26 亿元。投入生产运营当年就创造了国内同等规模、同类装置的最高运行纪录，在聚烯烃价格急剧下跌的艰难情况下，不仅超额完成了全年产品产量和利润指标，而且生产经营成果领先于其他国内同等规模煤制烯烃企业。

（2）提升能源利用率。化工分公司建成了生产自动化装备与自动控制系统，自控投用率、生产工艺数据自动数采率均达到95%以上，达到国内领先水平。通过能源管理和全过程用能优化的节能新技术的应用，公司煤制烯烃单位产品综合能耗低于国内同行业能效水平21.93%，公司能源利用率由35%提高到38%，能源转化率提高3%。

智能化管理有助于提高装置运行负荷，最大限度地挖掘释放装置潜能，从而提高各装置的产能，降低吨产品能耗。

（3）降低运营成本。通过原煤管控系统，最大限度地减少了煤炭在运输、称重、化验等环节的人为干预，每年降低潜在损失200万元。

通过操作管理系统，将生产状态控制在最佳范围内，产品质量、物耗及能耗都处于较好水平，仅用电成本每年可节约约350万元。

大机组监测系统上线8个月以来，成功避免了两次因机组故障造成的停车事故，避免了直接损失近100万元、间接损失上千万元。

企业煤化工用工人数相比国内同类项目，用工数量精简了500多人，每年降低人员成本1亿元，人均生产率高近40%。预期在二期项目投产后，产品产量翻番，人均生产率能够再提高20%。

（4）提高产品质量。通过对原料、半成品、产品的质量信息进行跟踪，并与MES中的实物量、批次等信息进行匹配，显示重要质量控制点的在线分析数据，实现物料质量有跟踪、数量有保证，全面提升产品质量，做到产品质量可追溯、质量事故可认定，为进一步优化生产工艺提升产品质量奠定基础，产品合格率为100%，产品不良率为零。

企业通过强化经济责任、安全责任、创新责任、环境责任、员工责任和社区责任6项关键内容，不断增强企业社会责任意识；通过解决地方专业对口人员就业、积极纳税、购买地方原材料等途径，不断提高企业的社会效益，为地方经济发展做出应有的积极贡献。

智能工厂实施前后的成效对比见表6-10。

表6-10 智能工厂实施前后的成效对比

评价项目	实 施 前	实 施 后	变化情况
运营成本		降低运营成本近亿元	同比降低10%
生产率	同规模装置用工人数为1400多人	用工人数精简500余人	与同规模行业比较，提高40%
产品不良品率		产品合格率为100%	产品不良率为0
能源利用率	35%	38%	同比提高3%

6.1.5 后续工作

智能工厂建设第二阶段：

（1）供应链智能应用。以供应链为主线，将采购、销售、供应商、专家、价格和质量等管理贯穿其中，构成操作、管理和决策三位一体的业务运行体系，通过供应链管理智能应用,实现物资、生产和财务的深度集成,增强物资管理数据的透明度与信息共享,为企业管理层提供及时准确的决策依据,实现物流、资金流、信息流的智能化管理。

(2) 生产经营决策智能应用。以大数据、云计算、移动应用等技术为支撑,继续深度挖掘企业各类生产、经营、财务等主题数据,深化移动智能应用,提升企业对生产经营管理活动的监控、分析、治理、决策能力,提升企业风险防控能力和盈利能力,提升企业生产经营决策的智能应用水平。

(3) 安健环管理智能应用。以现有安健环管理平台为基础,深化安健环管理移动应用,推进环境保护智能监管系统建设,提高企业特征污染物控制水平,实现重点外排污染源前端预测,全面提升企业安健环现场管理、风险防控等的智能应用水平。

(4) 设备管理智能应用。以设备全生命周期管理为核心,深化设备管理移动应用,推进设备可靠性、设备健康、设备预防性维修管理系统建设,全面提升设备管理的智能应用水平。

(5) 能源管理智能应用。以现有能源管理平台为基础,深化能源管理智能应用,提升企业的能源运行和管理水平,打通能源计划、能源运行、能源统计、能源评价、用能分析、全过程用能优化的完整流程,实现能源管理上的闭环,实现能源工质全流程管理,实现用能分析优化,找到能源产、耗的瓶颈,给出节能策略,提升能源管理的智能应用水平。

(6) 生产控制系统优化。以现有生产自动化控制系统为基础,推进生产自动化控制系统优化,实施控制回路的性能诊断及控制回路的性能优化等,提升工厂生产过程的自动化控制水平,提升产品收率,提高生产的平稳性和安全性,增强企业的盈利能力。

面对新形势、新挑战,牢牢抓住智能工厂试点单位的契机,践行"精益求精、止于至善"的理念,继续探索煤化工行业两化深度融合、智能工厂建设的可行之路,实现企业生产经营的智能化,提升对资源优化、低碳节能、安全生产的智能化管控水平,为企业安、稳、长、满、优运行提供保障,为探索和践行智能工厂建设之路提供支撑。

6.1.6　示范作用

面对煤炭行业进入寒冬,积极探索煤化工智能工厂建设,为新型煤化工行业的建设研究出了一条可行、可借鉴的先进技术路线,形成了一套行之有效、有据可依的建设体系,提升了企业核心竞争力。

(1) 在生产运行的精细化、内部市场化和可视化管理方面具有示范作用。主要从生产成本入手,通过系统建模,实现生产作业成本的智能化计算,对企业生产成本数据的整合、处理和分析,为企业建立了一个基于生产数据和生产成本数据的展示分析平台,为企业降本增效提供了数据支持和依据,为企业节能降耗、降低浪费提供了有力抓手,通过丰富的图形化展示,辅助生产成本分析。

在物料、能源管理方面,以物流、能流的生产加工监控为主线,进行生产层面的深化应用,实现对物料、能源的"日平衡、旬确认、月结算",实现将物耗、能耗、三剂单耗、操作合格率、平稳率等生产作业成本指标落实到班组中,进行内部市场化考核、管理,使生产成本有效控制，减少浪费，降低产品单耗，节约总能源成本，增加效益，对企业实现生产过程透明化管理有示范借鉴意义。企业通过对生产运行的内部市场管理，形成了班组成员全员参与，切实将生产产量成本与班组荣誉相结合，调动班组间"比、学、赶、超"的积极性和主动性，形成了全体员工共同为稳定系统、挖掘潜能、稳产高产、优化系统、消除跑冒滴漏的新局面。

在质量管控方面，实现对原料、半成品以及产品的全流程质量信息跟踪，做到产品质量可追溯、质量事故可认定，为进一步优化生产工艺提升产品质量奠定基础。

在设备管理方面，利用手持终端、RFID 射频标签和无线网络，实现智能点巡检管理；对关键机组运行进行状态监测，运用"互联网+"技术，实现远程智能诊断分析服务，有效辅助预防、解决或消除大机组故障。

（2）在节能降耗、绿色制造等建设方面有示范作用。GB 30180—2013《煤制烯烃单位产品能源消耗限额》中规定，新建企业限定值为 4500kgce/t，准入值为 ≤4000kgce/t，先进值为 ≤ 3700kgce/t。企业 2018 年、2019 年、2020 年烯烃综合能耗分别为 3620kgce/t、3608kgce/t、3483kgce/t，均达到国标先进值水平。企业 2020 年甲醇耗原料煤单耗 1.324tce/t，双烯耗甲醇单耗 2.932t/t，聚乙烯装置综合能耗 112kg 标油/t 产品，产品综合能耗 3483kgce/t，处于行业先进水平。企业建成一套环境监测监控平台，率先实现煤化工行业全过程污染物的控制，实现重点外排污染源前端预测，多方面、全方位打造绿色环保、绿色制造的智能工厂。

（3）在煤化工特色专业、师资培训及安全培训等方面的基地建设及资源共享方面有示范作用。煤化工培训中心自成立以来，成功完成了多家单位的实习培训，培训效果良好。

（4）在应急指挥的智能化应用具有示范作用。针对煤化工企业的安全、环保等方面问题，企业研究了"互联网+"技术在加强化工现场安全监测监控能力、提高应急响应与指挥能力等方面具体的应用途径和办法，探索应急指挥平台建设的基本原则和内容，采用先进技术手段和管理理念，搭建一套针对煤化工企业突发事件的事前防范和预警、事发及时应对和处置以及善后管理的智能应急指挥平台。为煤化工行业应急指挥平台建设做了大量有益的、创新性的探索，可供行业内各企业借鉴。

（5）对仿真、云计算、三维可视化等先进技术方面的应用具有示范作用。在智能工厂建设过程中，结合企业实际情况大量采用物联网、云计算、移动互联、大数据、三维可视化、基于机理模型的仿真等先进信息技术和国产成熟产品，信息系统国产化率达95%以上，开展了新技术的创新应用和验证，并取得了良好的应用效果，对促进国产智能设备的推广应用和持续发展，具有良好的示范作用。

（6）对行业智能工厂的实施具有示范作用。鉴于煤化工项目从项目建设起步开始，采用数字化、模型化、智能化的设计及建设理念，与项目基建同步推进两化融合，并提出了基于 PMC 和 EPC 融合的甲乙方联合团队项目管理模式（IPMT）。灵活运用 IPMT 管理模式，从项目管理、项目创新等多个方面进行了创优争先。另外，两化融合管理体系贯标推动智能工厂相关理论、规范研究工作，形成了一系列建设体系、技术标准、应用体系架构和核心业务架构，引领化工行业转型升级和智能工厂的发展方向。整个项目具备良好的可复制条件，对煤化工企业的智能工厂建设具有全面的推广性、良好的可复制性，以及良好的借鉴和示范作用。

6.2　案例二

6.2.1　企业简介

本案例中的企业为唯一一家成功入选国家工信部、财政部《2018 年智能制造综合标准化与新模式应用拟立项项目公示》名单的煤化工企业。

6.2.2　实施背景

我国煤制烯烃产业起步较晚，因技术装备、投资成本、原料价格等因素制约，国内烯烃企业与国外同类企业相比仍有不小的差距。通过应用智能装备技术，保障设备装置"安稳长满优"运行，大力降低企业生产成本，是我国烯烃产业健康发展的关键所在。

为响应"中国制造 2025"和两化融合的号召，推动信息化和工业化的高层次的深度结合，走新型工业化发展道路，实施数字化工厂建设，推动企业管理变革与创新，企业通过与系统集成商、软件开发商和智能装备制造商、高等院校建立智能工厂建设联合体，把信息智能技术贯穿于设计、生产、管理、服务等各个环节，共同推进智能装备、自动化控制、制造执行、资源计划管理、智能物流装备等关键技术在生产制造过程的应用，建设以产品工艺质量为基础、以生产智能化管理精细化为核心、以提高管控水平和产品质量为目标的数字化工厂，增强企业的核心竞争力。

6.2.3　内涵和主要做法

企业以提升效率效益为原则，以建设数字化工厂、提升产品质量和管理水平为目标，针对甲醇制烯烃、烯烃分离、聚乙烯、聚丙烯、碳四综合利用、产品包装储运等工艺过程，对自动化、信息化和智能化建设进行全面规划和设计，构建数据信息统一共享平台，形成了覆盖全厂的高效安全、信息共享、自动化、智能化的"数字化企业"支撑体系，充分运用工业互联网、人工智能技术，推进两化深度融合，配套建设了生产设备、在线检测设备、包装生产线（机器人装箱码垛）、智能成套装备等，配套协同集成 DCS、SCADA 系统、在线检测系统、数据挖掘分析系统、MES 与 ERP 系统等，建设数字化工厂，实现核心装备的智能制造。

智能工厂建设由基础工艺层、智能装备层、智能生产系统、智能管理系统四层体系结构组成。具体做法如下：

1. 智能工厂总体框架的规划与设计

企业按照"顶层规划、分期实施、关键先行、有序推进"的工作思路,本着"全面感知、优化协同、绿色环保、智能工厂"的发展方针,编制了《智能制造与应用项目规划》。

(1)针对智能工厂进行工艺设计优化及数字化建模与仿真。

(2)在智能装备方面,采用智能衡器系统、DCS、(甲醇制烯烃装置、双聚装置)先进控制系统、电子巡检系统、热成像在线监测系统、大机组在线监测预警系统、自动包装码垛系统、在线监测系统、人脸识别系统、视频监控系统、无人机等核心装备。

(3)在智能生产方面,采用实时数据库平台、SCADA系统、SIS、PLC系统、MES、安健环管理系统、设备管理系统以及生产应急指挥系统等。

(4)在智能经营管理方面,采用ERP系统、移动综合应用平台、LIMS等。

(5)在工业互联网方面,基于先进的工业互联网体系结构,通过4G无线网络、工业互联网、工业云、网络安全设备,实现智能工厂的互联互通。

(6)综合集成了经营管理系统、生产管理系统,实现智能工厂信息流的全面贯通。

2. 智能工厂数字化布局的建模与仿真

按照智能工厂建设项目规划,企业扎实推进三维可视化智能工厂整体功能架构建设,主要包括数据中心、服务层、应用层、三维模型管理和系统集成等,奠定了智能工厂建设基础。

数据中心主要是为服务层提供数据服务,数据类型包括模型数据、业务数据、实时数据等。其中,模型数据主要是三维模型数据,以及基于工业大数据所建设的状态、健康、性能等各类计算机数学模型。业务数据主要是集成工厂全生命周期的动静态数据。静态数据包括工厂资产的空间数据(资产空间坐标)、属性数据(如材质、壁厚、口径等);动态数据主要是模型对象化资产相关的实时数据、管理数据、检维修数据等)。实时数据主要是设备或系统(某一工艺系统、回路)等有相互关联的实时数据及历史信息。

服务层是总体技术架构的核心部分,由三维渲染引擎、数据整合引擎、业务规则管理引擎、任务调度引擎等部分构成。

应用层是总体技术架构支撑企业各管理域的技术逻辑表现。三维可视化工厂基于全热点、知识视图、智能适配引擎等技术,以组态式(配置)开发作为业务支撑的基本方式,具有强大的业务实现能力,并且基于角色、面向对象进行设计,可为多个角色提供各自不同的视图与对应的数据,实现企业不同人员的个性化的访问控制,使企业业务解决方案简单灵活、低成本、高扩展、智能化。

在三维模型管理和系统集成中,三维平台充分考虑到智能工厂建设"数字化、自动化、模型化、智能化、可视化"的特征,将模型、属性、接口、报表、监控、方案等功能以基本组件的形式进行开发。模型属性可根据工厂的实际自定义并可参与运算,能够保证员工通过这些基本的功能灵活地组合出丰富的业务应用方案。三维平台具备与企业的实时数据库、LIMS、MES、ERP系统、EAM系统、HSE管理系统、大机组监测系统、腐蚀监测系统、机泵监测系统、视频监控系统、环保监测系统、应急受控系统等的数据集成及数据的加载、显示和应用功能的实时调用能力，可满足整个工厂模型（包括全厂装置、厂房、道路、地下管网等三维模型）同时渲染和大规模并发企业人员访问。

3. 智能工厂管控系统的构建与集成

构建多种智能装备系统、先进智能生产系统、智能经营管理系统，利用人工智能技术和工业互联网技术，实现各个系统之间的协同集成。

（1）建立自动化生产线。应用 APC 优化与控制技术，实现聚乙烯、聚丙烯生产过程自动化控制和信息化管理，实现聚烯烃设备装置的连续化生产。

（2）建立工业云与大数据分析平台。建设虚拟化云服务中心，利用云桌面、云服务器等大数据云系统，形成云数据资源池，实现云数据共享、资源统一管理、数据集中分析，提高办公效率，并为周边企业提供多层次的信息化产品服务。

（3）建立产品在线监测分析系统。自动识别产品质量的发展趋势，做到及时发现问题、解决问题、掌握工艺参数，在源头上发现不合格产品产生的因素，及时指导调整工艺参数；同时，应用大数据分析技术，提前预知、预判产品分析化验数据，能够有效控制产品质量。

（4）建立 MES。将其与 DCS、ERP 系统高度集成，实现了甲醇制烯烃生产工艺与工业控制系统、信息系统的深度融合，消除信息孤岛，突破了企业传统控制体系的层次概念，统一数据管理、通信、平台，将分散的控制系统、生产调度系统和管理决策系统等有机地集成起来，实现了工艺过程、质量管控、经营决策等业务的实时化、公开化、透明化管理。

（5）建立三维可视化智能巡检系统。应用先进的光纤检测、人脸识别、热成像、大数据分析等高端技术，结合三维可视化平台，集成生产实时数据、可燃报警、工业视频、动静设备状态监测等数据，实现生产装置巡检无人化，提高人员及生产运行的安全性。

（6）建立甲醇卸车及副产品装车智能防爆机器人控制系统。实现甲醇及副产品等危化品装卸车无人化，降低作业安全风险，同时，大幅提高工作效率。

（7）建立大机组远程诊断与分析平台。为设备管理人员提供分析决策依据，及时识别机组的运行状态，发现故障的早期征兆，对故障真伪、故障部位、故障类型、严重程度、发展趋势做出准确判断，自动存储振动分频、相位、波形、起停机等有诊断价值的数据，降低运营成本达 20% 以上。

（8）建立经营管理综合管控平台。集成 MES、IT 运维、OA（办公自动化）、ERP 等 22个应用系统，实现了智能工厂信息流的全面贯通。

4. 智能核心技术装备的改进与应用

积极引进智能技术装备，强化智能装备的集成与应用，不断提升企业智能管控水平，推进智能工厂建设迈上新台阶。

（1）高性能光纤传感器。由于甲醇制烯烃工艺和安全要求的特殊性，在全厂范围内采用高性能光纤传感器技术，将光纤传感器应用在厂区周界安防、高危区域防护、管道异常振动监测、管道渗漏监测、多点式温度监测等方面，提高公司智能管控水平。

（2）先进仪表应用。①电液转换器的应用。电液转换器是专用于汽轮机电液调速器电-位移转换元件，它能把微弱的电气信号通过液压放大转换为具有相当大作用力的位移输出，进而调整调节气门的开度，改变汽轮机的进气量，调节汽轮机的转速。利用电液转换器可将电动仪表与液动执行器相结合，利用信息化智能化网络平台，实现汽轮机运行的自动优化控制。②在线色谱分析仪的应用。在线色谱分析仪具有很高的可靠性和稳定性，作为工艺操作开环指导或直接参与闭环控制，同时也为工艺人员调整参数提供重要依据。在线色谱分析仪采用特殊设计的硬件和软件，完备的网络能力可使多台在线色谱的扩展系统中彼此协调工作，同时将化工厂的所有在线色谱分析仪集中到一个工程师并在线实时监测和操作，实现现代化网络操作技术。③温度、压力、流量、物位、振动传统仪器仪表的应用。各工序段广泛采用温度、压力、流量、物位、振动的常规仪表，累计使用25000多台，布局在生产的各个环节当中，用于测量各种工艺及设备参数，如甲醇进料温度、反应器压力、蒸汽流量、机泵振动等，实现远传仪表自动采集与系统联锁，生产装置自动化水平得到提升；传统仪表参数均通过数采机集中采集，进入DCS及信息网MES层，作为数据分析与决策的重要依据。

（3）无线仪表应用。应用振动、温度等无线仪表对机泵进行振动、温度测量，灵活方便；在边远场所应用无线仪表，可节省电源和信号电缆的铺设；在有限空间作业场所应用无线智能终端、智能手环、四合一气体浓度检测仪表、移动工业视频，实现有限空间作业的安全管控。

（4）挤压造粒机在线监测系统。采用高频无线振动探头，轴承监测包络冲击技术，对双聚装置两台挤压造粒机组减速器、螺杆、齿轮泵减速器等转动部位轴承、齿轮运转进行时时监控，并采用高频振动监测分析技术，对滚动轴承、齿轮进行早期故障的监测分析和预警。

（5）关键机泵在线监测智能预警系统。能够及时掌握全厂115台关键机泵的运行状态，通过引进轴承振动、温度，工艺运行参数等实时变化趋势，设立运行参数变化报警提示功能，及时提醒操作人员和设备维护人员处理运行过程中的异常事件，并进行大数据分析，实现机泵运行故障智能化诊断。

（6）热成像在线监测系统。企业装置及设备、管线等分布面广而分散，安全防控困难。采用热成像在线监测系统，可对设备、管线局部是否过热，管壁是否减薄，管束是否内漏等故障现象进行在线分析判断，同时对温度过热等信息进行报警，实现对设备、管线等进行全方位管控。

（7）三维可视化智能巡检系统。应用人脸识别、光纤传感器、智能摄像头、无线仪表等人工智能技术，集成视频监控，有毒有害气体、振动、温度和声音传感器数据，一方面通过多种传感途径进行自动化、智能化风险识别和情景化展示；另一方面通过视频监控及工作人员在三维可视化空间中虚拟巡检两种方式，实现虚拟巡检代替人工巡检。

（8）DCS。结合甲醇制烯烃工艺特点，合理布局工艺装置，采用最先进、自动化程度最高的DCS，实现全流程自动化控制。利用DCS和SCADA系统的功能，实现与成套设备PLC系统、SIS和CCS之间实时信息交互，做到全厂控制系统分散控制集中管理，通过建设基于纵深防御安全体系的工业控制网，实现各设备单元互联互通。

（9）PLC系统。在生产过程中，采用PLC系统，采集连续变化的量，如温度、压力、流量、液位和速度等模拟量，并编写顺控逻辑系统，实现局部单元自动化控制。

（10）电气 SCADA 系统。由 OPEN-3000 电网调度自动化集成系统和 NS3000 变电站综合自动化系统组成。

（11）自动化包装装备。聚乙烯、聚丙烯产品共建有六条全自动包装线，应用全自动智能化系统，自动包装装备实现了物料装袋、自动称重、袋口热封、智能分拣和自动码垛等功能。

（12）APC 系统。聚乙烯、聚丙烯装置采用的 APC 系统及工艺包引进的成套控制技术，分别应用于两个装置的反应控制及生产过程中，一方面通过树脂性能控制，改善树脂质量控制，减少不合格品生产，另一方面可以计算许多重要的工艺参数，可将其作为工艺操作的依据。

（13）智能衡器装备。自动车辆称重系统与汽车衡配套使用，实现车辆自动称重功能。该系统由车辆自动识别系统、车辆定位系统、车辆行驶指示系统、监控系统、语音提示及现场显示系统、自动打印系统、电气智能控制系统等组成，在防作弊的同时，大幅提高了工作效率和工作质量。

（14）人脸和图像识别系统。通过人脸识别技术，确认人员身份，应用周界防护技术，划定防护区域，有非法闯入时报警；同时，运用人脸识别技术，对操作人员的精神状态进行识别，对精神状态欠佳的操作人员进行警示，避免因精神不集中导致误操作、人身伤害等。

（15）质量在线监测分析系统。利用化验室精密分析设备、软测量和在线仪表，建立产品质量和半成品质量及工艺过程分析大数据平台，创新应用大数据分析技术，挖掘数据之间的内在关联，当工艺过程分析数据发生变化时，应用智能化大数据质量管控系统，判断质量出现变化的根本原因，及时做出操作调整，实现产品质量管制前移到工艺控制过程中。

（16）大机组远程监控与故障诊断系统。采用全息监测技术，依托大机组状态监测分析大数据库，建立故障特征数学模型，将专业的诊断技能与计算机技术不断融合，实现大机组预警、智能诊断分析、预知性维修、性能分析等智能制造功能。系统能适时远程监控大机组运行状态，准确判断故障类型，保障大机组全天候稳定可靠运行，减少计划维修次数，缩短维修时间。

该系统融合了信号处理技术、计算机技术、网络技术、数据库技术、故障诊断技术等多学科多门类技术，利用数据采集器、数据交换机通过服务器和网络对大机组振动、轴承温度进行实时监控。通过在软件系统设置软报警，将大机组运行数据和报警信息自动存储并上传软件系统登录页面，可及时提醒设备管理人员。利用云技术平台开发手机 APP，及时推送和提醒机组的运行信息、故障信息，实现了大机组运行故障预警、分析诊断，达到预知性检维修的目的。

（17）研发尿素加药成套装备。综合应用工业机器人、视觉传感器、管链式输送机，实现尿素加料作业无人化，消除安全隐患。

（18）建立事故预测与处置模型。实现应急指挥、应急处置、事故预警、医疗和物资保障、人员疏散等应急工作的快速、协同、高效、智能。

5. 智能工厂建设中的创新与突破

企业注重结合自身实际，积极探索信息化、智能化技术装备在煤化工企业应用的新途径，用于进行智能工厂建设的创新与实践，走出一条具有煤化工企业特色的智能工厂建设的新路子。

（1）DMTO装置先进控制。采用在线闭环自学习、自校正建模方法及多变量智能协调控制技术，实现在线辨识闭环系统中的连续过程模型和多变量智能控制，解决装置运行中多变量、非线性等多约束控制难题，提高自控回路自控率和操作平稳率，实现卡边控制，提高产品收率和产品质量。对于锅炉风门的控制，应用大数据统计分析方法，对执行机构耦合特性进行研究；采用基于模型的智能预估控制方法和先验知识的安全运行区间控制保证技术，解决液力耦合机构纯滞后控制难题，保证锅炉炉膛氧含量和炉膛负压处于最优数值，提高锅炉热效率和运行安全性。

（2）作业现场和设备监控及智能巡检。应用4G无线网络和移动视频及有毒有害气体检测等技术，将作业现场的画面和有毒有害气体浓度等信息实时上传监控室，建立预警模型，应用图像识别和人脸识别等技术，当有异常或作业人员身体或情绪不正常时，系统通过视频通信系统自动报警，作业现场采取防范措施或警示人员撤离现场；现场人员监管，建立施工及现场管理人员数据库，应用电子地图和人脸识别等技术，对有管理权限和施工资质的人员建立白名单，对作业人员进行管控，对无资质进入危险作业现场人员，由现场扩音系统自动告警提示或者由管理人员强行阻拦其进入作业现场；机泵群监测与故障诊断分析，对于旋转设备运行状态进行预测分析和远程故障诊断是目前行业研究与应用的难点。企业将对重要机泵增加无线测量仪表，采集振动、温度、声音等信息，利用4G无线网络平台，实时上传数据，消除监测时间和监测位置盲点，应用大数据分析技术和旋转设备运行特性及专家智慧、历史数据，建立故障诊断与分析数学模型，实现对机泵运行故障的诊断、分析、预测及远程运维服务，避免发生设备安全事故和装置停车。

建立智能巡检系统，集成应用物联网、各种传感器、三维数字化、视频监控等技术，建立三维可视化虚拟巡检系统，使员工在三维可视化装置中巡检。系统进行智能化风险识别和情景化展示，自动形成巡检报表，发现异常自动报警，提醒员工及早发现生产和设备问题，消除安全隐患。同时，减少员工巡检现场的安全风险。

（3）工业防爆机器人应用。用于药剂加装等作业，创新性体现在机械关节型机器人防爆要求的研制，通过视觉、光电等传感器元件，实现接口和开盖位置自动识别、执行机构到位判定等智能化识别系统；通过智能化的控制和传感器感知系统对执行机构进行自主控制，实现接管、开盖和抓袋、开袋等操作精准完成。

（4）建立产品质量在线监测分析系统。实现产品质量管控前移。甲醇纯度和含水量是影响产品质量的主要因素，目前不能在线实时监测，入厂原料化验滞后。应用快速色谱分析仪和工业机器人，使单批次样品在1.5min内分析出甲醇浓度和含水量，根据结果及时决定甲醇是否卸车，避免不合格甲醇进入罐区。聚乙烯、聚丙烯生产过程中的密度是影响最终产品质量的重要因素，传统的测量方法需要5h以上才能得出聚合物的密度，并且还需特殊的预处理。企业应用核磁共振技术，可在 1min 内测出聚合物的密度，并精确地测量聚合物中晶质相与非晶质相之比，从而及时调整工艺操作，保证产品质量。

综合利用软测量和在线仪表，建立产品质量和半成品质量及工艺过程分析大数据平台，创新应用大数据分析技术，挖掘数据之间的内在关联。当工艺过程分析数据发生变化时，应用智能化大数据质量管控系统，判断质量出现变化的根本原因，及时做出操作调整，将质量管控前移到工艺控制过程中。

（5）地下管网泄漏可视化监测。企业的甲醇及循环水等装置有部分地埋管线，由于热胀冷缩及管道沙眼等问题的存在，易发生管道渗漏，污染周围土壤，甚至引起火灾爆炸。应用光纤测温技术，解决了管道渗漏监测技术难题，当发生介质渗漏时，管道周围的温度会升降，分布式拉曼光缆测温技术可感知 0.5℃ 的温差变化，定位精度在 2m 左右，可有效避免管线介质泄漏损失和事故发生。

6.2.4　实施效果

1. 管理水平提升

（1）通过自建 4G 基站实现全厂无线网络全覆盖，为移动视频、无线仪表、无线视频对讲等业务提供了网络通信支撑，改变了传统的信息传递办法，业务办理高效快捷。

（2）利用三维可视化工厂模型模拟起重机吊装、土方挖掘等业务，改变了传统的施工方法，在设备检修、工程施工、人员培训等业务上的应用达到了科学精细。

（3）两聚产品全自动包装线和甲醇卸车衡器系统作业环节部分实现了无人操作，改变了传统人工操作和计量统计办法。

（4）实现了大机组和机泵群远程监控与故障诊断，通过技术共享，改变了工厂技术单一的管理模式。

（5）生产运营方面，实现了电子交接班，从原料进厂到产品出厂全流程管控，生产数据做到"班跟踪、日平衡、月结算"，改变了原来不能及时对数据进行分析的状况。

（6）应急指挥集成工业视频、气象站、可燃有毒气体检测、实时数据库、消防和医院等系统资源，使信息互联互通和集成联动，改变了单一电话指挥的状况。

2. 经济效益显著

（1）定量效益。①降低生产成本。实施全流程智能控制，双烯甲醇单耗显著降低，在同类装置中处于领先水平。②提高生产能力。在不断优化工艺和提高控制质量的条件下，装置设备实现了"安、稳、长、满、优"运行。③提升企业效益。坚持"以市场为导向、以效益为中心"的经营理念，借助先进控制手段，扎实推进产品差异化生产，加快了研发速度，取得了较好的经济效益。④提高工作效率。通过智能工厂建设，部分操作单元实现了由机器操作代替人工操作，提高了工作效率，降低了人工成本。DMTO 装置内操人员减少 45%；锅炉内操人员减少 35%；设备装置巡检人员减少 30%；计量系统、加药系统实现无人操作。⑤降低能源消耗。采用 APC 智能控制，甲醇单耗降低 1%，年减少甲醇消耗量 1.791 万 t，有效降低了企业生产成本，减少了企业碳排放量。

（2）定性效益。①变革经营管理模式。利用各种现代化技术，实现工厂的办公、管理及生产自动化，达到加强及规范企业管理、减少工作失误、堵塞各种漏洞、提高工作效率的目的。②掌握经营管理数据。利用信息采集系统，对生产运行、物料消耗、成本支出、管理费用等数据进行时时采集，保持数据的真实性和有效性。③提升企业形象和客户满意度。提高产品质量，做到"客户至上"，提升了企业的美誉度。④加强安全管理。实施智能监控、在线监测，提升了企业的安全管控能力和水平，促进了安全生产。⑤提供决策支持能力。系统自动采集数据，实时显示信息，为决策管控提供了可靠依据。⑥提升员工素质。智能制造让一线员工摆脱了重复性的枯燥工作，同时，对员工的技能和素质提出了新的更高的要求，促进员工不断提升综合素质。

3. 社会效益显著

（1）推动了先进工艺技术和智能控制技术的行业创新应用。

1）引领甲醇制烯烃装置的技术创新：①新型催化剂的应用，提高了乙烯丙烯收率。②碳四、碳五回炼裂解产乙烯、丙烯，提高副产品附加值，降低了甲醇单耗，提高了双烯收率。③污水汽提塔、水洗塔再沸器在线清洗技术，延长了装置的运行周期。④DMTO 先进控制（APC）系统的创新应用。

2）引领智能装备在煤制烯烃企业的应用：①包装成套装备及检测系统的创新与应用。②工业软件和网络设备的创新与应用。③原料、副产品装卸机器人、加药系统机器人、智能传感与控制装备研发。④智能检测与装配装备研发。⑤智能仓储装备、工业软件及网络设备等领域应用。采用哈尔滨博实自动化股份有限公司的智能装备和在线监测系统，实现物流与仓储的智能化。

（2）推进了工业防爆机器人、智能巡检等技术在行业中的应用。煤化工装置三维可视化智能巡检技术是在三维数字化工厂平台中，利用各种视频、声音、设备参数采集设备，模拟采集操作人员现场巡检眼睛看到的、耳朵听到的、鼻子闻到的各类信息，通过网络将这些采集信息以数字化的方式传输到后台，并在煤化工装置三维场景中，根据巡检的路线按序展示出来。巡检人员在智能巡检系统里，无须到装置现场就能一站式了解现场的情况，达到现场巡检的作用，同时通过增加各种数据报警和连锁，通过声光等方式提醒巡检人员，提高巡回检查的质量。不仅可以减少现场巡检频次，达到风险管控目的，还提高了巡回检查的质量，预防事故的发生。

三维可视化智能巡检技术可以很好地解决传统的巡检方式的弊端和不足，减少现场巡检人员数量，降低巡检人员意外伤害的风险，增强巡检的效果，提升煤化工生产装置的安全性和稳定性，增加企业效益。

（3）有力推进了智能工厂示范基地、行业标杆的建设进程。

1）引领化工企业智能工厂平台建设。利用数字化、智能化集成控制与管理新模式，为DMTO 等装置的智能控制、碳四综合利用装置智能巡检等项目的开展和实施提供了较好的应用平台，在一定程度上改变或颠覆了传统化工企业的日常运行方式，技术和管理水平大幅度提高，打造了我国煤化工行业数字化生产"示范基地"，树立起行业标杆，成为国内甲醇制烯烃产业的引领者。

2）引领煤化工行业向数字化、智能化、绿色化方向发展。研究开发的数字化优化控制和监控系统，推动了我国煤化工行业的生产技术进步，并可应用于石油化工等行业，具有显著的经济效益和社会效益。

该企业智能工厂建设的探索与实践取得了丰硕成果，对我国煤化工产业实施两化深度融合，推动转型升级发展，起到了典型、示范和引领作用，为推动煤化工行业持续、健康、科学发展做出了积极贡献。

参 考 文 献

［1］安筱鹏. 重构：数字化转型的逻辑［M］. 北京：电子工业出版社，2019.

［2］中国信息通信研究院. 中国数字经济发展白皮书［Z］. 2020.

［3］中国化工经济技术发展中心. 石化行业智能工厂课题研究报告［R］. 北京：中国石油和化学工业联合会，2015.

［4］国家标准化管理委员会. 智能制造能力成熟度模型：GB/T 39116—2020［S］. 北京：中国标准出版社，2020.

［5］国家标准化管理委员会. 信息化和工业化融合管理体系 基础和术语：GB/T 23000—2017［S］. 北京：中国标准出版社，2017.

［6］国家标准化管理委员会. 信息化和工业化融合管理体系要求：GB/T 23001—2017［S］. 北京：中国标准出版社，2017.

［7］国家标准化管理委员会. 信息化和工业化融合管理体系实施指南：GB/T 23002—2017［S］. 北京：中国标准出版社，2017.

［8］国家标准化管理委员会. 信息化和工业化融合管理体系评定指南：GB/T 23003—2018［S］. 北京：中国标准出版社，2018.

［9］索雷斯. 大数据治理［M］. 匡斌，译. 北京：清华大学出版社，2014.

［10］程广明. 大数据治理模型与治理成熟度评估研究［J］. 科技与创新，2016（9）：6-7.

［11］中国电子技术标准化研究院. 数字孪生应用白皮书［Z］. 2020.

［12］李俊杰，马春雷，贺海波，等. 煤化工行业智能工厂理论与应用［M］. 北京：经济科学出版社，2017.

［13］马兆林. 中国制造2025强国之路与工业4.0实战［M］. 北京：人民邮电出版社，2016.

［14］彭瑜，王健，刘亚威. 智慧工厂：中国制造业探索实践［M］. 北京：机械工业出版社，2016.

［15］延建林，孔德婧. 解析"工业互联网"与"工业4.0"及其对中国制造业发展的启示［J］. 中国工程科学，2015（7）：141-144.

［16］胡晶. 工业互联网、工业4.0和"两化"深度融合的比较研究［J］. 学术交流，2015（1）：151-158.

［17］杨春立. 我国智能工厂发展趋势分析［J］. 中国工业评论，2016（1）：56-63.

［18］新华三大学. 数字化转型之路［M］. 北京：机械工业出版社，2019.

［19］赵兴峰. 数字蝶变：企业数字化转型之道［M］. 北京：电子工业出版社，2019.

［20］华为公司数据管理部. 华为数据之道［M］. 北京：机械工业出版社，2020.

［21］王立平，张根保，张开富，等. 智能制造装备及系统［M］. 北京：清华大学出版社，2020.

［22］周剑，陈杰，金菊，等. 数字化转型架构与方法［M］. 北京：清华大学出版，2020.

［23］尼克. 人工智能简史［M］. 2版. 北京：人民邮电出版社，2021.

［24］吴为. 工业4.0与中国制造2025从入门到精通［M］. 北京：清华大学出版社，2015.

［25］龚仲华，龚晓雯. 工业机器人完全应用手册［M］. 北京：人民邮电出版社，2017.

［26］西贝尔. 认识数字化转型［M］. 毕崇毅，译. 北京：机械工业出版社，2021.